KB123245

첨성대의 건축학적 수수께끼

첨성대의
건축학적
수수께끼

김장훈 지음

동아시아

머 리 말

　'의심'은 '신뢰' 또는 '믿음'의 반대말로, 주로 부정적인 뜻으로 사용되는 말
이다. 누군가를 또는 무엇인가를 의심하다 보면 자칫 좋게 유지될 수도 있을
관계가 멀어지거나 아예 회복 불가능한 상태로 망가질 수도 있으니 부정적
인 뜻이 있음에 분명하다. 하지만 '열 길 물속은 알아도 한 길 사람 속은 모른
다'라든지 '아는 길도 물어가라'라거나 '돌다리도 두드리며 건너라'라는 우리
속담은 합리적 의심은 반드시 필요하다는 것을 말해준다. 그러므로 '의심'은
사용하기에 따라 긍정적인 효과가 있는 것도 분명하다. 학자의 합리적 '의심'
은 학문을 발전시키고, 언론의 합리적 '의심'은 정치와 사회를 건강하게 유지
시키기도 하고 회복시키기도 함을 지금도 볼 수 있다.

　30여 년 전 유학했던 대학의 도서관을 보고 놀랐던 기억이 아직도 생생하
다. 당시 우리나라 대학 도서관에서 책을 대출받으려면 먼저 가지런히 정리
된 서지목록에서 원하는 책을 골라 제목과 필요한 정보를 대출카드에 써서
제출하고 기다리면 책을 찾아 가져다주었다. 대출 신청자가 서가에 접근하

는 것 자체가 허용되지 않던 시절의 일이다. 책이 훼손되는 것을 막고자, 그리고 무엇보다도 원인 모르게 분실되는 것을 막고자 그렇게 했던 같다. 그런데 외국 대학의 도서관에 들어서니 책이 가득 정리된 서가가 마치 비현실적인 그림같이 통째로 바로 눈앞에 펼쳐졌다. '어떻게 이런 일이?' 처음에는 '역시 선진국 사람들이라서 무단으로 책을 들고 나가는 사람이 없는가 보다' 하고 생각하였다. 그런데 몇 차례 도서관을 이용하며 눈에 들어오기 시작한 것이 있었다. 도서관 입구에 설치된 전자 감지장치가 들어오는 사람만 통제하는 것이 아니고 나가는 사람도 통제하는 것이 아닌가? 정상적인 대출절차를 거치지 않고서 책을 들고 나갔다가는 여지없이 큰 경고음이 울려 도서관에서 책을 밀반출하려는 시도 자체를 할 수 없게 막아놓은 것 같았다. 지금은 우리나라에서도 흔히 볼 수 있는 시스템이지만 당시에는 몹시 신기하게 생각되었다. 나중에 깨달은 것은 선진국 국민이라서 양심적인 것이 아니라 그런 장치 때문에 사람들이 양심적으로 행동했다는 것이었다.

그러면 도서관에 전자 감지장치를 설치하게 된 동기는 무엇일까? 일단 모든 사람을 잠재적인 도둑으로 의심하여 시스템을 개발하고 설치했던 것은 아닐까? 즉 의심하고 대책을 수립하였더니 그 결과 비양심적인 사람들마저도 설계자의 의도대로 양심적으로 행동하는 행태를 보인 좋은 사례라고 할 수 있다. 이를 두고 사람에 대한 믿음을 저버리는 행위라고 비난하는 것은 마땅치 않다고 생각한다.

이런 경험을 통하여 '의심'이 가져오는 긍정적인 면을 깨달아 알게 된 후 대학의 선생으로서 나는 학생들에게 모든 배움에는 '과연 그럴까?'라는 의혹의 마음가짐이 필요하다고 가르쳐왔다. 학생들이 보는 교과서와 참고문헌 그리고 논문뿐만 아니라 심지어 이런 말을 하는 선생인 나의 강의내용까지도 의혹의 눈초리로 바라보라고 권하곤 한다. 그렇다. 우리가 배워 알고 있는 알량한 지식은 이 세상의 너무나 복잡하고 오묘한 이치를 이해하고 설명하기 위하여 적어도 한 가지 이상의 가정을 바탕으로 성립되는 상대적인 것이지 절대적인 진리라고 할 수 없기 때문이다. 이것이 첨성대를 포함하여 무엇인가를 논하는 모든 이들이 겸손해야 할 이유라고 하겠다.

첨성대는 우리나라에서 가장 오랜 세월의 흔적을 지녔으면서도 그 형상을 온전히 갖춘 채 전해져 내려오는 귀중한 건축문화유산이다. 논란의 소지는 있지만, 세계에서 가장 오래된 현존하는 천문대로 알려져 있기도 하다. 더욱이 그 형태도 독특하여 한번 보면 쉽게 잊을 수 없는 그런 건축물이다. 우리나라의 전통과학에 대하여 논할 때면 거의 빠지지 않고 등장하고, 경주 일대에 지진이라도 발생하는 날에는 가장 먼저 그 안부가 언론에 보도되기도 한다. 한마디로 첨성대는 우리나라 사람이라면 모르는 사람이 거의 없을 정도로 친숙한 대상이자 자랑거리라고 할 수 있다.

그런데 이 책은 이런 첨성대를, 즉 지금까지 우리가 첨성대에 대하여 들어 알고 있는 거의 모든 것을 의혹의 눈초리로 바라보며 써 내려간 것이니 첨성대에 특별한 애정을 지닌 이들에게는 그리 달갑지 않을 수도 있겠다. 그렇지만 의혹의 눈초리로 바라본다는 것이 반드시 그 모든 것을 부정한다는 뜻이 절대로 아님을 짐작할 것이다. 경우에 따라서는 의혹의 눈초리로 검증하여 확증할 수도 있는 것이니 의심 자체를 금기시할 일만은 아니다. 다만 진실은 알 수 없다는 것을 인정하는 마음가짐으로 있는 그대로의 모습을 바라보자는 것이다.

그래서 이 책에서는 첨성대에 대하여 그동안 제기된 모든 주장을 '이야기'로 취급하였다. 과학적으로 검증되지도 않았고 검증할 수도 없는 것이니 현재로서는 그렇게 하는 편이 마땅하다고 생각하였다. 비록 객관적으로 관찰 가능한 사실을 바탕으로 하여 추론했지만 내가 펼치는 이야기라고 하여 예외로 취급하지 않았다. 모든 이야기는 공평하게 다루어졌고, 그에 대한 판단은 오롯이 독자와 앞으로 첨성대 연구를 이어갈 연구자의 몫으로 남겨두었다.

이 책을 읽는 데 도움이 되도록 책의 얼개를 말해두어야 하겠다. 이 책은 '이야기의 시작', '새로운 이야기', '이야기의 끝', 이렇게 크게 세 부분으로 나누어 기록하였다. '이야기의 시작'에서는 첨성대에 대하여 언급한 옛 문헌, 실측자료, 첨성대의 얼개, 첨성대에 포함된 수와 그 상징성, 지금까지 알려진 다양한 이야기를 정리하여 소개함으로써, 첨성대를 둘러싸고 진행된 그간의 내력을 독자들이 알게 하였다. 여기에 첨성대의 실측도와 복원도를 포함시켜 앞으로 첨성대에 관심을 갖고 연구하고자 하는 사람들이 필요한 정보에 쉽게 접근할 수 있는 길을 마련하였다. 또한 옛 문헌의 원본과 번역본을 바로 볼 수 있도록 관련된 부분 곳곳에 인터넷 하이퍼링크(URL)를 심어두었다. 하지만 더러는 회원에 가입해야 하거나 뷰어프로그램을 설치해야 하거나 요금을 요구하는 사이트도 있으니, 이에 대한 독자들의 이해를 구한다.

다음으로 '새로운 이야기'에서는 지금까지는 없던, 새로 지어낸 이야기를 두 가지 펼쳐 보였다. 하나는 1,400여 년 전 신라인들이 첨성대를 어떻게 지었을지 건축공학적 측면에서 논리적으로 생각해 보는 것이고, 다른 하나는 첨성대 입면곡선 곡률의 변화가 하지부터 동지까지(또는 동지부터 하지까지)의 낮의 길이(또는 밤의 길이)의 변화와 유사함을 수학적으로 보인 것이다. 둘 다 객관적으로 관찰 가능한 사실을 근거로 추론했지만 그 어느 것도 '참'이라고 주장하지는 않았다.

마지막으로, 어쩌면 독자들에게는 이 부분이 더 흥미로울지 모르겠는데, '이야기의 끝'에서는 이 모든 이야기를 정리하며 '이야기'로 만들어지기까지의 과정과 그에 얽힌 사연을 담담하게 기록하였다. 아울러 이 책의 이야기는 여기에서 끝나겠지만, 앞으로 이어질 새로운 이야기의 시작일 수도 있다는 여운을 남겨 후속 연구자들이 이야기를 이어가도록 초대하였다.

전문적인 용어나 추가설명이 필요한 어휘에는 별도의 설명을 붙였으며, 책의 말미에 이들을 한데 모아 부록으로 '용어설명'을 덧붙였다. 또한 이 책을 쓰며 참고한 여러 문헌 및 자료의 목록을 각 장이 끝나는 부분에 정리했으며, 역시 책의 말미에 한데 모아 부록으로 '참고문헌'을 덧붙였다. 이렇게 함으로써 호기심 많은 독자들이 이야기의 근거를 추적하여 알아낼 수 있도록 하였다.

　내가 첨성대 연구를 시작한 것은 지금으로부터 꼭 10년 전의 일이지만 우여곡절 끝에 이제야 책으로 엮어내게 되었다. 책을 시작하기 전에는 얼마 안 될 것 같았던 작은 이야기보따리라고 생각했는데 막상 펼쳐내어 보니 얇지만 그래도 한 권의 책으로 태어났다. 처음에는 거의 모든 이들에게 잘 알려진 첨성대 이야기를 굳이 책으로 낼 것까지야 있겠느냐며 반문하기도 했지만 책을 낸 데에는 내 나름대로 타당하다고 생각되는 이유가 세 가지 있다. 첫째는 첨성대를 잘 안다고 스스로 생각하고 있지만 실제로는 제대로 알 기회마저 갖지 못한 이들에 대하여 첨성대를 10년 정도 연구한 사람으로서 빚진 마음을 떨쳐내기 위함이었다. 둘째로는 한번 시작한 일을 어떻게 마무리해야 하는지, 자신이 알고 있는 지식을 다른 이들과 어떻게 나누어야 하는지 그리고 진실을 알 수 없는 실체에 어떻게 접근하여 논해야 하는지 선생으로서 내가 가르치는 학생들에게 본을 보이기 위함이었다. 셋째로는, 1,400여 년 동안 보존되어 있는 귀중한 문화유산인 첨성대에 대하여 일목요연한 객관적인 자료를 남기고자 함이었다.

　세상에는 하도 엄청난 일이 많이 일어나기에 그에 비하여 이 정도의 책을 낸다는 것은 별것 아니겠지만, 그래도 나 자신에게는 특별한 이 책을 내는 데 도움을 준 이들에 대한 감사의 마음을 전하고자 한다. 먼저 재미과학자 이동우 박사께 한없는 고마움을 전하고 싶다. 이동우 박사는 오래전에 첨성대 연구를 마치고 더는 필요하지 않아 묻어두었던 첨성대 실측도 및 복원도 17매를 찾아내어 미국으로부터 항공편으로 보내주었다. 아울러 문화재청 정보화담당관에서는 비록 내가 이동우 박사의 이름으로 2008년 문화재청에 기증한 것이지만 지금은 문화재청 소유로 되어 있는 첨성대 도면의 이미지를 이 책에 싣는 것을 기꺼이 허락해주었다. 이를 위하여 수고한 기록관 김계수 선생에게 감사의 마음을 전한다. 다음으로 2008년 당시 국립문화재연구소 전통건축연구실에 근무한 김덕문 박사에게 고마움을 전하고자 한다. 김덕문 박사는 바쁜 답사일정을 쪼개어 일면식도 없던 나에게 첨성대 내부를 학술 목적으로 관측하도록 허락하였다. 이 책을 쓰는 데 중요하지만 귀찮은 일을 감당해준 두 사람에게도 특별한 감사의 마음을 전해야 하겠다. 먼저 실측도의 원통형몸통 각 단 평면도를 컴퓨터 이미지에 담아 조합하여 실측도에 가까운 복원도를 만들어준 박상훈 군에게 감사의 마음을 전한다. 그리고 그로부터 10년 후 서로 알지 못하는 사이로 사연을 알지 못하면서 같은 작업을 수행하여 비슷한 결과를 보여준 정다운 군에게도 감사의 마음을 전한다. 마지막으로 나와 같은 대학의 국문학과에서 학생을 가르치는 조하연 교수에게도 감사의 마음을 전한다. 조하연 교수는 조위의 생애에 대하여 알고자 헤매던 내게 조위의 문집 『매계집』을 소개해주었고 작품 중 하나인 「만분가」를 해설해주며 그 배경과 함께 조위의 생애를 설명해주었다.

이 책을 쓰는 데 앞서 언급한 이들처럼 직접적인 도움을 주지는 않았지만, 항상 곁에서 응원해 주고 안식처가 되어준 아내 영주에게 이 자리를 빌려 무한한 감사를 전하고 싶다. 그리고 어느새 어른이 되었지만 지금도 내 삶의 즐거움이 되는 필립과 안나에게도 따스한 사랑의 마음을 전한다.

2019년 7월 여우골에서
김장훈

차례

1부

이야기의 시작

'첨성대' 하면 우리의 생각 속에 가장 먼저 떠오르는 것은 아마 '세계에서 가장 오래된 천문대'일 것이다.

　첨성대는 우리 눈앞에서 살아 숨 쉬고 있는 유적임에 틀림없지만, 애석하게도 우리가 첨성대에 대하여 아는 바는 그리 많지 않다. 특히 민족적 자부심이 강한 사람들은 첨성대가 '세계에서 가장 오래된 현존하는 천문대'라고 어린 시절 학교에서 배운 대로 단순하게 믿고 싶겠지만, 엄밀하게 따지자면 그 근거가 확실하지 않을뿐더러 신뢰성마저 그리 크지 않은 것이 현실이다. 이를 반영하듯 당장 누군가 '첨성대가 정말로 천문대 맞느냐'고 묻는다면 마땅히 대답할 말이 궁색해진다. "그렇게 배우지 않았나요?", "아니면 뭐죠?", "나는 그렇게 믿어요." 대개 이 정도의 반응을 보인 후에는 할 말이 별로 없을 것 같다.

　그럼에도 첨성대가 서기 632년부터 647년 사이, 신라 27대 왕 선덕의 재위 기간에 지어졌다는 것에 대하여 이의를 제기하는 사람은 거의 없다. 사실이 두 가지 주장 중 첨성대가 선덕왕[*] 대에 건립되었을 것이라는 주장은 야사로서[**] 첨성대에 대하여 짧게나마 언급한 『삼국유사』의 기록이 최초라고 할 수 있으며, 그 후 첨성대를 언급한 최초의 정사[***]라 할 수 있는 『세종실록지리지』를 비롯한 여러 역사서 및 지리서에 기록되었다. 건립 시기 자체는 사람에 따라 비록 십 수년의 차이는 날지언정 첨성대가 선덕왕 대에 건립되었을 것이라는 주장은 사실로 받아들여지고 있다. 반면, 첨성대의 기능 및 쓰임새가 천문대였다는 주장은 『세종실록지리지』 이후 발간된 『신증동국여지승람』에 이르러서야 최초로 기록된 것이라서 그런지 기록된 그대로 받아들이는 사람이 있는가 하면 그렇지 않은 이들도 있어, 20세기 후반 들어 현재에 이르는 수십 년간 논란의 대상이 되고 있으니 아이러니가 아닐 수 없다.

그렇다면 왜 동일한 역사기록에 언급된 두 가지 주장 중 하나는 일치하게 받아들여지는 반면, 다른 하나는 기록된 그대로 받아들여지지 않을 뿐만 아니라 논란의 대상까지 되는 것일까? 이에 대한 대답은 그리 간단하지 않기에 후에 여러 가지 정황을 따져가며 자세히 살펴보아야 하겠지만, 우선 생각의 시작을 위하여 간단하게나마 정리하자면, 추론(推論)하는 대상의 존재 양식 때문일 것 같다. 즉 첨성대가 선덕왕 재임 시기 중에 건립되었다는 주장을 뒷받침하는 것이라고는 첨성대 건립 후 수백 년이 지나서야 작성된 역사기록 외에 아무것도 없는 상황인지라 그대로 받아들이거나 받아들이지 않거나 둘 중 하나를 택할 수밖에 없기 때문이다. 선덕왕 재임 시기에 건립되었다는 주장에 반(反)하는 결정적 증거나 또는 객관적이고도 합리적인 다른 주장이

---

[*]   선덕여왕은 성 차별적인 어휘라고 생각되어, 선덕왕이라고 표기하였다. 이 책에서
      인용한 국사편찬위원회 한국사데이터베이스 삼국유사의 해당 번역본에도 신라 제27
      대 '선덕왕'이라고 분명하게 반복적으로 언급하고 있다. 신라 제37대 선덕왕과는 구
      분해서 보기 바란다.
[**] 야사(野史)는 민간에서 사사로이 기록한 역사를 일컫는다.
[***] 정사(正史)는 정확한 사실에 기반한 역사 또는 정부에서 공식적으로 기록한 역사를
      일컫는다.

등장하지 않는 한 달리 말할 여지가 없는 것이다. 하지만 첨성대의 기능에 대한 주장은 현재 우리에게 남겨진 역사기록이 너무나 간략하면서도 단편적이라는 사실에 더하여 우리 눈앞에 우뚝 서 있는 첨성대 실물의 독특한 형상에 자극된 상상력과 개인적인 취향을 지닌 사람들의 거센 도전에 맞설 만한 마땅한 방어논리가 없다. 이렇게 하여 지금까지 제기된 첨성대의 기능 및 쓰임새에 대한 다양한 주장은 10여 개에 이르게 되었고, 각각 그 나름대로 타당하다고 여겨지는 근거도 있겠지만, 이들 주장은 대부분 설득논리가 취약한 '개인적인 의견' 제시의 수준에 머무르고 있는 실정이다. 이는 한마디로, 조금 심하게 표현한다면, 첨성대에 관심 있는 사람이라면 어느 누구나 그 기능에 대한 자신의 소견을, 다른 사람들의 동의나 설득 여부에 상관없이, 제시하였다는 뜻이기도 하고, 동시에 증거 부족으로 현재로서는 무엇이 정답인지 알 수 없는 논제라는 뜻이기도 하다.

첨성대의 기능 또는 건립 목적에 대한 지금까지의 논란은 증거가 부족하여 정답을 찾지 못하는 논제에 대하여 저마다 논리적으로 설익은 상태에서 결론을 서둘러 내리려다 보니 초래된 바가 크다고 하겠다. 지금부터라도 순서를 달리하여 첨성대로부터 객관적이고 과학적으로 추론할 수 있는, 가급적 여러 가지 물증과 정황을 모으는 일에 먼저 힘을 쏟고, 그런 연후에 그렇게 모아진 논리적 증거들을 엮어서 결론을 내리는 일은 후대의 누군가에게 맡기는 것이 어떨까? 비록 그렇게 도달한 결론이 정답이라고 장담할 수는 없겠지만, 적어도 그런 과정으로부터 파생될 수 있는 첨성대에 대한 다양한 관점이 논리적으로 정리되고 다듬어지고 보존되는 효과를 기대할 수 있지 않을까? 덤으로 그런 과정 자체가 하나의 문화가 될 수도 있고, 동시에 문화재를 대하고 연구하는 전통이 될 수도 있지 않겠는가!

따라서 이 책에서는 정답이 없는 논제에 매달려 기존의 논란에 또 하나의 불필요한 논쟁거리를 더하기보다는 논쟁의 여지가 덜한 다른 길을 통하여 첨성대의 신비에 한 걸음 더 다가서고자 한다. 이를 위하여 다음 세 가지 제한 조건을 두어 그 테두리 안에서 길을 찾고 논리를 전개하고자 한다.

① 첨성대의 기능에 대하여 주장하지 않는다.
② 객관적으로 관찰 가능한 자료를 근거로 추론한다.
③ 보편·타당한 상식과 지식을 활용한다.

여기서 '객관적으로 관찰 가능한 자료'라 함은 첨성대의 현재 모습과 얼개 및 그 주변의 지형 그리고 그 지역 내에 존재하는 동시대 유적 등 누가 보더라도 동일한 것일 수밖에 없는 자료와 정보를 뜻하며, 이로부터 상식의 범위 안에서 유의미한 첨성대 이야기를 미루어 짐작하고자 한다. 그렇다. 첨성대에 대한 진실은 알 수 없는 것이기에 이 책에서는 객관적으로 관찰 가능한 자료에 근거한 논리전개마저도 '이야기'로 취급하려고 한다. 이는 현재 그 실체는 존재하지만 역사기록이 부실하여 진실을 알 수 없는 첨성대를 대하는 나의 마음가짐을 나타내고자 그렇게 하는 것이다. 즉 한두 개의 작은 편린(片鱗)을 보고 침소봉대(針小棒大)하여 그런 비늘을 가진 물고기는 이렇게 생겼을 것이라며 그림을 그리기보다는 알 도리가 없는 것은 알 수 없는 것으로 인정하고 그대로 남겨두고자 한다. 그래서 첨성대에 대하여 지금까지 제기된 다른 모든 '주장'들도 마찬가지로 그냥 '이야기'로 취급하기로 한다.

이 책에는 첨성대에 대한 새로운 이야기가 두 개 들어 있다. 하나는 첨성대가 1,400여 년 전에 어떤 공법으로 어떻게 건립되었을지 건축공학적으로 생각해 보려는 것이고, 다른 하나는 첨성대의 아름다운 입면 곡선에는 어떤 뜻이 담겨 있을지, 즉 곡면이 어떻게 만들어졌을지 융·복합 학제적* 관점에서 생각해 보려는 것이다. 이들에 대한 역사적 진실은 알 수 없는 것이기에

---

* 융·복합 학제(multidisciplinary)라 함은 여러 학문 분야가 함께 관여하여 만들어지는 새로운 학문적 관계를 일컫는 말이다.

정답이 없기는 마찬가지겠지만, 첨성대의 얼개라는 실체이자 눈앞의 증거에 대한 세심한 관찰로부터 발견된 바를 이야기하려고 한다.

이 모든 과정을 함께 짚어가는 독자의 이해를 돕기 위하여 먼저 역사 문헌에 등장하는 첨성대에 대하여 언급된 내용을 소개한 후, 첨성대의 얼개와 그에 얽힌 이야기를 자세히 설명하고, 20세기 들어 제기된 첨성대의 기능 또는 건립 목적에 대한 다양한 주장의 요지를 요약하여, 첨성대 이야기를 본격적으로 전개하기에 앞서 배경지식을 제공하려고 한다.

참고문헌

아래의 참고문헌 목록은 이 장에서 참고한 자료의 목록을 인용한 순서에 따라 정리한 것이다.

▎ 일연. 1281. 『삼국유사』, 한국사데이터베이스. 국사편찬위원회.
   http://db.history.go.kr/item/level.do?sort=levelId&dir=ASC&start=1&limit=20&page=1
   &pre_page=1&setId=-1&prevPage=0&prevLimit=&itemId=sy&types=r&synonym=off&
   chinessChar=on&brokerPagingInfo=&levelId=sy_001r_0020_0330_0010&position=-1

▎ 정인지 외. 1454. 『세종실록지리지』, 조선왕조실록. 국사편찬위원회.
   http://sillok.history.go.kr/id/kda_40006001

▎ 이행 외. 1530. 『신증동국여지승람』, 한국고전종합DB. 한국고전번역원.
   http://db.itkc.or.kr/dir/item?itemId=BT#dir/node?grpId=&itemId=BT&gubun=boo
   k&depth=5&cate1=G&cate2=&dataGubun=최종정보&dataId=ITKC_BT_1299A_0220_
   010_0020

▎ 이행 외. 1530. 『신증동국여지승람』 원문, 규장각. 한국연구원.
   http://kyujanggak.snu.ac.kr/home/index.do?idx=06&siteCd=KYU&topMenuId=206
   &targetId=379

1954년의 첨성대

1장
옛 문헌 속의 첨성대

서기 632년부터 647년 사이에 건립된 것으로 추정되는 첨성대는 당시의 재료와 원형이 그대로 보존되어 남은 몇 안 되는 유적으로서 과학과 예술에 대한 우리 민족의 열정과 실력을 유감없이 드러내고 있으며, 우리가 자부심을 갖기에 부족함이 없는 귀중한 문화유산이자 자산이다. 그러나 첨성대의 명성과 중요도에 비하여 그에 대한 역사기록은 그 수와 양도 매우 적을 뿐만 아니라 내용도 너무 간략하여, 기록이 아예 없는 것보다는 낫겠지만, 큰 아쉬움이 있다.

여기서는 첨성대에 대한 역사기록의 시작이라고 할 수 있는 『삼국유사』를 비롯하여 이를 확장·보완하여 기록했을 것으로 생각되는 『세종실록지리지』, 『신증동국여지승람』, 『동사강목』 등에 언급된 첨성대에 대한 기록을 살펴보며 역사 속의 첨성대에 대하여 생각해 보기로 한다.

1. 『삼국유사(三國遺事)』

『삼국유사』는 서기 1281년 고려 25대 임금 충렬왕 7년에 승려 일연이 지은 것으로 야사(野史)로 알려진 책이다. 일반적으로 야사는 민간 차원에서 사사로이 기록한 역사를 일컫는 것이기에 어딘가 못 미더운 구석이 있는 것 같아서 공식적으로 인정된 사실을 기록한 역사라는 뜻을 지닌 정사(正史)에 비하여 그 신뢰성에 문제가 제기되곤 한다. 하지만 '역사적 사실'이라고 인정되는 정사 역시 관찰자나 기록자의 주관적 판단이 완전히 배제되었다고는 생각하기 어려운 면이 있는 것도 사실이다. 또한 야사에 비하여 그럴 가능성은 현저히 적겠지만, 정사 역시 기록 당시 외압(外壓)이나 자발적 동조 또는 무지 등의 요인에 의하여 왜곡될 가능성도 있는 것이므로 야사 또는 정사라는 이유만으로 그 신뢰성을 단정 짓는 것에는 다소 무리가 따를 수도 있겠다. 특히 서기 935년에 신라를 복속(服屬)시킨 고려 후기에 고려 승려에 의하여 기록된 멸망한 나라 신라의 역사이기 때문에 더욱 조심스럽기도 하다. 따라서 옛 문헌 속의 첨성대를 논하는 데 야사나 정사 여부는 참고만 할 뿐, 이야기의 추론(推論)에는 영향을 미치지 않도록 하는 것이 좋겠다.

『삼국유사』의 국역 및 원문은 국사편찬위원회의 한국사데이터베이스에서 찾아볼 수 있다. 첨성대에 대하여는 권 제1 기이 제1(卷 第一 紀異 第一) 중 선덕왕 지기삼사(善德王 知幾三事), 즉 선덕왕이 미리 알았던 세 가지 일에 대한 기록의 말미에 다음과 같이 언급되어 있다.

> 별기에 이르기를 이 왕대에 돌을 다듬어 첨성대를 쌓았다고 한다.
>
> 別記云是王代鍊石築瞻星臺
>
> http://db.history.go.kr/item/level.do?sort=levelId&dir=ASC&start=1&limit=20&page=1
> &pre_page=1&setId=-1&prevPage=0&prevLimit=&itemId=sy&types=r&synonym=off&
> chinessChar=on&brokerPagingInfo=&levelId=sy_001r_0020_0330_0010&position=-1

어떤 이야기가 기록되었을지 잔뜩 기대했는데 허탈할 정도로 너무 간략하다. 그럼에도 『삼국유사』가 첨성대에 대하여 알려주는 것은 두 가지로 분명하다. 하나는 '선덕왕 대에 건립되었다'는 것이고, 또 다른 하나는 '돌을 다듬어 첨성대를 쌓았다'는 것이다. 만일 첨성대가 역사기록으로만 전해질 뿐, 눈으로 볼 수 없는 유실된 대상이었다면, 돌을 다듬어 첨성대를 쌓았다는 정도의 언급만으로는 어떤 모양으로 얼마나 크게 어느 곳에 쌓았는지 후대에 억측이 많을 수도 있었겠지만, 다행스럽게도 첨성대는 우리 눈앞에 우뚝 서 있는 현존하는 유물이므로, 이 기록이 사실이라는 것을 확인하는 정도로 의미를 부여할 수 있겠다. 하지만 첨성대를 왜 쌓았는지 그리고 어떻게 쌓았는지에 대한 의문은 남게 된다. 실제로 20세기 후반 들어 이 '왜'에 대한 의문이 학계를 중심으로 제기되어 많은 논란을 불러일으켰으며, 세기가 바뀐 지금은 당시 논란을 주도하던 당사자들이 타계하였거나 연로하여 논란이 잦아들었을 뿐 아직도 해소되지 않은 채 여전히 진행형에 있다고 하겠다.

하지만 이와는 대조적으로 첨성대가 선덕왕 대에 건립되었다는 것은 우리 눈으로 확인할 도리가 없을 뿐만 아니라 검증할 수단조차 마땅치 않다. 이 경우 우리가 할 수 있는 것이라곤 둘 중 하나밖에 없을 것이다. 믿거나 믿지 않거나, 즉 받아들이거나 받아들이지 않거나. 하지만 선덕왕 대에 건립되었다는 주장에 반(反)하는 결정적 증거나 또는 객관적이고도 합리적인 다른 주장이 등장하지 않는 한, 믿고 받아들이는 것 말고는 선택의 여지가 없을 것 같다. 눈에 보이는 증거는 어떻게든 분석하고 따져볼 여지가 있는 반면, 눈으로 확인할 수 없는 대상에 대하여는 오히려 믿음으로 받아들일 수밖에 없는 이 상황은 많은 것을 생각하게 한다.

『삼국유사』는 첨성대 건립 후 634~649년이 지나서, 그리고 동시에 신라가 멸망한 후 346년이 지나서 발간된 문학서이자 역사서로서 첨성대에 관한 내용을 담은 최초의 책이다. 하지만 첨성대 건립 후 634~649년이 지난 다음에야 그에 대한 기록이 쓰였다는 것은, 1370~1385년쯤 고려 말에 세워진 유적에 대해 2019년에 와서 누가 언제 만든 것이라고 기록하는 것이나 다름없다. 상식적으로, 누군가 실제로 이렇게 쓴다면 생각할 가치도 없는 허무맹랑한 소리라고 무시될 것이다. 그러나 『삼국유사』의 첨성대 관련 언급은 이후 『세종실록지리지』, 『신증동국여지승람』, 『동사강목』 등으로 이어지며 인용된 것 같고, 간략하지만 첨성대에 관한 이들 기록의 근간이 된 것 같기도 하다. 따라서 『삼국유사』의 저자 일연에게는 첨성대가 선덕왕 대에 건립되었다는 진술을 뒷받침하는 무엇인가 신뢰할 만한 참고자료가 있었을 것이라고 생각하는 것이 합리적일 것 같다. 다만 현재로서는 그 참고자료의 존재 여부조차 명확하게 알 수 없는 노릇이니 안타까울 따름이다. 첨성대 실물은 일연이 『삼국유사』를 집필할 당시에도 서 있었을 터이니 돌을 다듬어 쌓았다는 것은 자신의 눈으로 확인한 바를 그대로 서술했을 것이므로 이에 대한 논란의 여지는 없다고 하겠다.

이 둘 외에도 위 인용문에서 우리의 눈길을 끄는 것은 바로 '별기에 이르기를'이라는 대목이다. 별기의 사전적 뜻으로는 본문에 덧붙여 따로 작성된 기록이라고 할 수 있겠다. 이는 무엇인가를 참고하였다는 뜻이므로 그 출처를 따져볼 여지가 있다. 하지만 『삼국유사』 전문을 보면, 위에 인용된 문장 이전 문장과의 문맥상, 여기에 인용된 별기는 양지사전(良志師傳)의 별기(別記)일 것 같고, 이에는 첨성대 건립에 대한 보다 구체적인 정황이 기록되어 있을 수도 있겠지만 아쉽게도 전해지지 않는 것 같다.

이에 반하여 『삼국사기』는 현존하는 가장 오래된 역사서로서 정사이며, 야사로 간주되는 『삼국유사』보다 무려 136년이나 앞선 서기 1145년 고려 17대 임금 인종 23년에 왕의 명을 받아 관료이자 학자 김부식이 지은 것인데 여기에는 첨성대에 대한 언급이 아예 없다. 즉 첨성대에 관한 내용이 야사에는 간단하게나마 언급되었지만, 그보다 136년 전에 기록된 정사에는 그마저도 없는 것이다. 이는 어쩌면 『삼국사기』 필진(筆陣)에게는 첨성대의 국가적 중요도가 그리 크지 않았거나 또는 크지 않았을 것으로 간주할 만한 이유가 있었기에 누락된 것 같기도 하여 '선덕왕 대에 건립되었다'고 언급할 정도로 중요하게 다룬 『삼국유사』의 기록과 대조되어, 오늘의 우리를 매우 혼란스럽게 한다.

이와 같이 첨성대의 역사적 위상이 그리 견고하지 않을 수도 있다는 가능성으로부터 첨성대에 대한 언급 자체가 일연의 『삼국유사』에서 역사상 처음으로 등장한다는 것은 현실적으로 또 다른 합리적 의구심을 불러올 수도 있다. 즉 '별을 올려다보는 높은 곳'이라는 뜻을 지닌 첨성대(瞻星臺)라는 명칭이 과연 건립 당시에도 동일하게 '첨성대'였을까? 이런 의심이 가능한 것은 첨성대라는 이름이 첨성대 건립 후 634~649년이 지나서야 처음으로 언급되는 현실 때문이다. 어쩌면 『삼국유사』를 집필한 일연이 자의적으로 이름을 지어 그렇게 일컬은 것일 수도 있고, 또는 일연이 인용한 '별기'에 언급된 것일 수도 있겠다. 또는 기록만 없을 뿐이지 『삼국유사』를 집필할 당시 고려시대 사람들은 신라시대 사람들이 부르던 대로 그렇게 부르고 있었을지도 모를 일이다. 역사기록이 부실하기 때문에 어떤 주장이든 가능하고, 동시에 모든 것을 의심해야 하는 정황이다.

2. 『세종실록지리지(世宗實錄地理志)』

『세종실록』은 서기 1452년 조선 5대 임금 문종 2년에 편찬을 시작했고 1454년 6대 임금 단종 2년에 정인지(鄭麟趾), 성삼문(成三問), 최항(崔恒), 박팽년(朴彭年), 신숙주(申叔舟), 양성지(梁誠之) 등 당대의 뛰어난 관료이자 학자 60여 명이 분담 편찬하여 총 163권으로 발간되었다고 하는데, 『지리지』는 그중에서 148~155권에 수록되어 있다.

『세종실록지리지』의 국역 및 원문은 국사편찬위원회의 조선왕조실록에서 찾아볼 수 있다. 첨성대 관련 사항은 제150권 『지리지』 경상도 경주부(地

理志 慶尙道 慶州府)에 언급되었으며 내용은 다음과 같다.

첨성대 【부성의 남쪽 모퉁이에 있다. 당나라 태종 정관 7년 계사에 신라 선덕여왕이 쌓은 것이다. 돌을 쌓아 만들었는데, 위는 방형이고, 아래는 원형으로 높이가 19척 5치, 위의 둘레가 21척 6치, 아래의 둘레가 35척 7치이다. 그 가운데를 통하게 하여, 사람이 가운데로 올라가게 되어 있다.】

瞻星臺。【在府城南隅, 唐 太宗 貞觀七年癸巳, 新羅 善德女王所築。累石爲之, 上方下圓, 高十九尺五寸, 上周圓二十一尺六寸, 下周圍三十五尺七寸。通其中, 人由中而上。】

http://sillok.history.go.kr/id/kda_40006001

여기서 '방형(方形)'이라 함은 사각형을 뜻한다. 또한 척(尺)과 치(寸)는 오늘날에는 거의 사용되지 않지만 예로부터 사용되었고 20세기 중·후반까지만 해도 미터법과 병행하여 사용되던 척관법의* 길이 단위이다. 위의 인용문 중 치(寸)를 국사편찬위원회의 번역본 원문에서는 '촌'(마디 촌)으로 기록하였지만 본문에서는 길이 단위를 뜻하는 '치'라고 읽기로 한다. 조선시대에는 세종대왕 때 완성된 우리 고유의 표준도량형 척관법이 있었지만, 20세기 초부터 일제의 영향 아래 일본식 척관법이 사용되기 시작하여 미터법이 대세가 된 오늘날까지도 우리 사회에 그 잔재가 남아 있다.

본래 도량형은 지역별로 차이를 보이고 시대별로 변천했으며, 왕조가 바뀌면 새로운 표준도량형을 정하여 반포했다고 한다. 따라서 『세종실록지리지』에 수록된 위의 치수를 조선시대 건축 및 토목공사에 사용된 영조척에**

---

* 척관법(尺貫法)은 길이의 단위를 척(尺), 부피의 단위를 승(升), 무게의 단위를 관(貫)으로 하는 옛 도량형 법을 일컫는다.

** 영조척(營造尺)은 목수들이 건물이나 성곽 및 다리 등을 지을 때 사용하던 자를 일컫는다.

따라 1척을 0.312m이자 10치로 환산하면, 높이 19척 5치는 6.08m, 위의 둘레길이 21척 6치는 6.74m, 아래 둘레길이 35척 7치는 11.14m가 된다. 이들 환산된 치수를 1962년 말부터 1963년 초 사이에 실측된 치수(높이 약 9.11m, 위 둘레길이 약 8.95m, 아래 둘레길이 약 15.51m)와 비교하면, 비교한다는 것이 의미가 없을 정도로 상당한 차이를 보인다. 하지만 이들 치수를 높이 : 윗둘레길이 : 아랫둘레길이의 비로 바꾸어보면 세종실록지리지에 기록된 치수의 비는 1 : 1.109 : 1.832가 되고, 1963년 초 실측된 치수의 비는 1 : 0.984 : 1.701이 되어 아직도 차이는 나지만 그 나름대로 비슷하다고 볼 정도라고 하겠다.

이를 다시 조선시대의 표준도량형 중 하나로 옷감의 재단에 사용된 포백척에* 따라 1척을 0.467m로 환산하면, 높이 19척 5치는 9.11m, 위의 둘레길이 21척 6치는 10.09m, 아래 둘레길이 35척 7치는 16.67m가 되어 오히려 20세기에 실측된 치수에 더 가까워진다. 하지만 높이는 거의 일치하는 반면, 원통형몸통의 둘레길이가 위와 아래로 각각 1m 정도씩 차이가 나는 것에 주목할 필요가 있겠다. 즉 여기서 논하는 높이가 지표면으로부터 첨성대의 꼭대기 정자석 상부까지 측정한 전체 높이라면 20세기에 실측된 높이와 같게 되지만, 원통형몸통만의 높이라면 20세기 측정치가 약 8.1m이므로 둘레길이와 마찬가지로 1m 정도의 차이가 난다. 이는 원통형몸통의 상하부 둘레길이와 거의 동일한 차이를 보이는 후자의 높이, 즉 원통형몸통의 높이를 언급한 것으로 추정하는 편이 더 타당할 것 같기도 하다. 단정할 수는 없지만 이 정도의 차이는 『세종실록지리지』를 편찬하던 서기 1450년대와 근래에 실측했던 1960년대 사이의 측량기술의 차이 때문이라고도 할 수 있겠다. 하지만 이러한 추론이 옳다고 하더라도, 건물이나 성곽 및 다리 등을 지을 때 사용하던 영조척을 사용하지 않고 굳이 포목점에서 옷을 사고팔거나 옷을 만들 때

---

* 포백척(布帛尺)은 바느질을 하거나 가죽옷감을 재는 데 사용하는 자를 일컫는다.

사용하던 포백척을 사용하여 첨성대의 치수를 기록한 이유가 무엇인지 궁금할 따름이다.

『세종실록지리지』는 첨성대 건립 후 807~822년이 지나서 발간된 지리서이며, 정사로서 첨성대의 존재에 대하여 언급한 최초의 공식적인 문서라고 하겠다. 아마 첨성대의 존재에 대하여 최초로 언급한 『삼국유사』의 기록을 참고했을 것이다. 『세종실록지리지』는 『삼국유사』의 내용에 더하여 첨성대의 위치와 제한적이나마 첨성대의 평면 형상, 대략적인 얼개 및 치수 그리고 첨성대 꼭대기까지의 접근성에 대하여 언급하였다. 하지만 이는 오늘날에도 실물을 관찰하여 확인할 수 있는 사실이므로 새로운 것이 더해졌다기보다는 『삼국유사』의 기록을 뼈대 삼아 기록 당시 눈으로 관찰하고 측량한 바를 단순히 추가했을 것이라고 미루어 짐작할 수도 있겠다. 이런 추측을 뒷받침하듯 『삼국유사』에서와 마찬가지로 첨성대의 기능이나 건립 목적에 대한 이야기는 일절 찾아볼 수 없다. 그때나 지금이나 첨성대에 대하여 신뢰할 만한 마땅한 기록이 없기는 마찬가지였는가 보다. 또한 첨성대의 건립 연도로 기록된 당 태종 정관 7년 계사년은 서기 633년으로 선덕왕 2년에 해당한다. 첨성대 건립 후 807~822년이 지나기까지 구체적인 건립 연도에 대하여 아무런 언급이 없다가 느닷없이 『세종실록지리지』에 기록된 것으로 보아 정확한 건립 연도는 분명하지 않은 듯하다. 이는 1197~1212년 고려 무신정권 때 있던 일을 지금 2019년에 기록한 것과 다름없기 때문이다.

3. 『신증동국여지승람(新增東國輿地勝覽)』

『신증동국여지승람』은 서기 1486년 조선 9대 임금 성종 17년에 노사신(盧思愼), 강희맹(姜希孟), 서거정(徐居正), 성임(成任), 양성지(梁誠之), 김종직(金宗直) 등이 편찬하여 총 55권으로 발간한 『동국여지승람』을 1530년 조선 11대 임금 중종 25년에 이행(李荇), 홍언필(洪彦弼) 등이 교정 및 증보하여 역시 총 55권으로 발간한 지리서이다.

『신증동국여지승람』의 국역은 한국고전번역원의 한국고전종합DB에서 찾아볼 수 있고, 원문은 규장각의 자료를 참고하여 구성하였다. 첨성대에 관한 사항은 제21권 경상도 경주부(第21卷 慶尙道 慶州府)에 기록되었으며 내용은 다음과 같다.

첨성대(瞻星臺) 본부 동남쪽 3리에 있다 ○선덕여왕(善德女王) 때에 돌을 다듬어 대(臺)를 쌓았는데, 위는 모나고 아래는 둥글다. 높이는 19척이며 그 속은 비어서, 사람이 속으로부터 오르내리면서 천문(天文)을 관측한다.

瞻星臺 在府東南三里 ○ 善德女主時 鍊石築臺 上方下圓 高十九尺 通其中 人由中而上
下以候天文

안축(安軸)의 시에, "전대(前代)의 흥망이 세월이 지나 천척(千尺)의 석대(石臺)만이 하늘에 솟아 있네. 어떤 사람이 오늘날 천상(天象)을 살핀다면, 문성(文星)의 한 점이 사성(使星)으로 되었다 하리" 하였다.

安軸詩 前代興亡歲月經 石臺千尺聳靑冥 何人今日觀天象 一點文星作使星

정몽주(鄭夢周)의 시에, "월성 가운데 첨성대 우뚝하고, 옥피리 소리는 만고의 바람을 머금었구나. 문물은 이미 신라와 함께 다하였건만, 슬프다. 산과 물은 고금이 같구나" 하였다.

鄭夢周詩 瞻星臺兀月城中 玉笛聲含萬古風 文物已隨羅代盡 嗚呼山水古今同

『신증』 조위의 시에, "늘어진 벼와 기장으로 밭둑 길 어두운데, 한가운데에 100척이나 되는 높은 대가 있네. 기단은 대지(大地) 속에 깊숙이 뻗쳤고, 그림자는 청산(靑山)과 마주하고 구름 밖에 뾰족하다. 치병(齒餠)으로* 임금을 정

* 치병(齒餠)은 떡을 깨물어 이[齒]가 많은 사람을 신라 3대 왕으로 정하였다는 『삼국사기』에 소개된 이야기이다.

하던 당시에 민심은 순후했는데, 희씨(羲氏)·화씨(和氏)의 역상(歷象)의 관측도 차례로 베풀어졌네. 규표를[*] 세워 그림자를 재서 일월(日月)을 관찰하고, 대(臺)에 올라 구름을 바라보고 별로 점쳤네. 건문이^{**} 도수에 순하여 태계(泰階)가 평온하고, 낭렵(狼鬣)이^{***} 나타나지 않으니 하늘이 맑았다. 기후가 알맞아 백성이 재앙 받지 않으니, 사방 들에 풍년을 즐기는 노래 소리 터졌네. 천지 만고에 구렁에 감춘 배나 견고한 금사발도 끝까지 온전한 것은 못 보았네. 어지러운 인간 세계 몇 번의 먼지인가? 화려한 궁궐 모서리 모두 가시밭이 되었어도, 겁화(劫火)에도 타지 않고 저만 홀로 남아 있어, 포개진 돌이 풍우(風雨) 밖에서 우뚝하네. 노나라의 영광전(靈光殿) 지금도 있는지? 신라 때의 제작(制作) 한 번 감탄할 만하구나" 하였다.

『新增』 曹偉詩 離離禾黍暗阡陌 中有崇臺高百尺 根連黃嫗地中深 影對靑山雲外矗 齒餠 富年民物醇 羲和曆象次第陳 立圭測影觀日月 登臺望雲占星辰 乾文順度泰階平 狼鬣不現 天宇淸 雨暘不愆民不瘥 豐登四野謳謠聲 乾坤萬古舟藏壑 不見金甌終妥帖 紛紛人世幾番 塵 金碧觚稜盡荊棘 劫火不燒渠獨在 累石巍然風雨外 魯中觀臺今有無 羅時制作堪一噫

http://db.itkc.or.kr/dir/item?itemId=BT#dir/node?grpId=&itemId=BT&gubun= book&depth=5&cate1=G&cate2=&dataGubun=최종정보&dataId=ITKC_ BT_1299A_0220_010_0020 [한국고전종합DB]

http://kyujanggak.snu.ac.kr/home/index.do?idx=06&siteCd=KYU&topMenuI d=206&targetId=379 [규장각]

『신증동국여지승람』은 첨성대 건립 후 883~898년이 지나서 발간된 지리

---

* 규표(圭表)는 해 그림자를 재는 기구를 일컫는다.

** 건문(乾文)은 하늘의 해, 달, 별을 가리킨다.

*** 낭렵(狼鬣)은 낭성(狼星) 또는 천랑성(天狼星)이라고도 하며, 밤하늘에서 가장 밝은 별이라고 한다. 이 별은 큰개자리에 있는 쌍성(雙星)으로서, 두 별 중 밝은 별은 태양보다 약간 크고 온도도 상당히 높으며, 50년 회귀주기로 지구에 접근한다고 한다.

서인데, 『세종실록지리지』의 내용에 비하여 첨성대의 위치가 조금 더 구체적으로 언급되었고, 첨성대를 오르내리며 천문을 관측했다고 기록하고 있다. 이는 첨성대의 천문관측 기능에 대하여 언급한 최초의 공식적인 역사문서라는 점에서 큰 의미를 부여할 만하다. 하지만 시기적으로 건립 후 너무 오랜 세월이 지난 후의 기록인지라 그 의미가 다소 퇴색되는 것 같기도 하다. 즉 건립 후 무려 900년 가까이 지나도록 알려지지 않았던 첨성대의 기능이 역사의 어느 한 시점에서 그야말로 갑작스레 드러났으니 그 이름이 '별을 올려다보는 높은 곳'이라는 뜻임에도 첨성대에 대한 역사기록의 신뢰성 문제로 귀결되기에 충분한 여건이 갖추어지게 된 것이라고 할 수 있다. 그렇다고 하여 공식적인 역사기록을 가차없이 무시할 수도 없는 노릇이니 이러지도 저러지도 못하는 오늘날 학계의 곤란한 상황이 이로부터 비롯되었다고 하겠다.

문제의 본질에 조금 더 가까이 다가가기 위하여 해당 구절을 다시 한 번 떠올려보자. "그 속은 비어서, 사람이 속으로부터 오르내리면서 천문을 관측한다." 빈 속으로 사람이 오르내릴 수 있다는 것은, 자연스러움과 부자연스러움, 타당함과 부당함 또한 편리함과 불편함 등에 대한 개인적인 반응 및 취향이나 철학을 떠나서, 오늘날에도 관찰하고 경험할 수 있는 것이기에 크게 문제 될 것은 없을 것 같다. 다만 문제의 소지가 있다면 '천문을 관측'한다는 대목이다. 『신증동국여지승람』의 이 기록은 첨성대 건립 후 883~898년이나 지나서 나온 기록이기에, 마치 2019년에 1121~1136년 당시의 일을 기록한 것이나 다름없다.

이에 더하여 『신증동국여지승람』에는 첨성대를 노래한 안축, 정몽주, 조위의 시가 함께 수록되어 있다. 특히 이전의 역사서나 지리서의 첨성대 관련 기록에는 전혀 없던 '천문을 관측'한다는 언급이 조위의 시와 함께 처음으로 등장한 것은 눈여겨 볼 부분이다. 이는 비록 시(詩)라는 문학작품 속에서이지만 첨성대의 '천문관측' 기능을 암시하는 최초의 기록이기 때문이다. 또한 조위의 시에서는 첨성대를 통하여 일월성신을 관측 및 관찰하고 점을 쳤다고 노래하고 있기에 『세종실록지리지』의 기록에는 없던 첨성대의 천문관측 기능을 언급한 것이 조위의 시 때문이었을 가능성도 배제할 수 없을 것 같다. 마치 첨성대의 천문관측 기능을 언급한 근거로서 조위의 시를 수록한 형국이다. 다만 조위의 시 속에 언급된 해 그림자를 재는 규표가 첨성대 자체를 일컫는 것인지 아니면 첨성대의 위나 아래 주변 어딘가에 별도로 세운 것인지는 분명하지 않아 더 따져볼 여지가 있을 것 같다.

만일 『신증동국여지승람』을 편찬한 이들이 조위의 시를 참고하여 그렇게 기록한 것이라면, 조위는 어떤 근거로 그렇게 노래했을까? 매계(梅溪) 조위 (曺偉)는 서기 1454년 조선 6대 임금 단종 2년에 태어나 1474년 9대 임금 성종 5년에 21세의 나이로 과거에 급제하여 관직을 시작하였고, 1498년 10대 임금 연산군 4년 무오사화(戊午士禍)로 유배생활을 하다가 1503년 연산군 9년에 50세를 일기로 작고한 조선 전기 최고의 문장가로 평가되는 문신이라고 한다. 조위가 작고한 지 200여 년이 지난 1718년 조위의 후손 조술(曺述)이 조위의 시가 389수를 모아 간행한 『매계집(梅溪集)』에 포함된 조위의 배다른 동생 조신(曺伸)이 기록한 연보에 따르면 조위가 첨성대에 대하여 공부했거나 무언가를 참고한 흔적은 보이지 않는다. 다만 1484년 성종 15년에 영천, 경주, 양산, 밀양을 방문했던 기록이 있고, 같은 해 노부모를 봉양하고자 임금에게 간청하여 함양 군수에 임명되어 6년 정도 근무했던 기록이 보인다. 이들 지역은 경주와 그리 멀지 않은 거리이기 때문에 조위가 첨성대를 직접 방문하여 눈으로 볼 기회도 있었을 것이고, 이들 지역에 널리 퍼져 전하여져 내려오는 첨성대에 대한 이야기를 접할 기회도 있었을 것이다. 따라서 문학적 상상력이 뛰어난 조위는 첨성대의 범상치 않은 모습을 본 후 자신의 느낌 그리고 그와 관련하여 전하여 들은 이야기들을 엮어 첨성대를 노래한 것이라고 추측할 수도 있을 것 같다. 단순히 문학적 상상력으로 그렇게 노래한 것인지에 대하여는 관련된 정황이나 자료를 더 찾을 수 있다면 더듬어 따져볼 일이다. 하지만 『신증동국여지승람』의 편찬 시기가 서기 1530년 조선 11

대 임금 중종 25년으로 조위가 작고한 지 27년 후이니, 조위의 시를 인용하여 첨성대의 천문관측 기능을 언급했을 개연성은 충분하다고 하겠다.

서기 1670년 조선 18대 임금 현종 11년에 경주부사 민주면(閔周冕)이 집필한 『동경잡기(東京雜記)』 역시 권2(卷二)에서 첨성대에 대하여 언급하고 있지만, 『신증동국여지승람』의 내용을 그대로 기록한 것으로 새로운 것이 없기에 중복을 피하기 위하여 여기서는 인용하지 않기로 한다.

4. 『동사강목(東史綱目)』

『동사강목』은 서기 1783년 조선 22대 임금 정조(正祖) 7년에 실학자 순암(順菴) 안정복(安鼎福)이 저술한 총 20권의 역사서이다. 『동사강목』의 국역 및 원문은 한국고전번역원의 한국고전종합DB에서 찾아볼 수 있다. 첨성대에 대한 사항은 권3하(卷三下)에 기록되었으며 내용은 다음과 같다.

> 정미년 신라 선덕여주 16년, 진덕여주 원년, 고구려 왕 장 6년, 백제 왕 의자 7년(당 태종 정관 21년)
>
> 丁未年 新羅 善德女主 十六年, 眞德女主 元年, 高句麗 王 臧 六年, 百濟 王 義子 七年(唐 太宗 貞觀 二十一年)
>
> 신라에서 첨성대를 만들었다.
>
> 新羅作瞻星臺
>
> 돌을 다듬어 첨성대를 축조했는데, 위는 방형이고 밑은 원형이며 그 속은 비게 하여 사람이 그 속으로 통해서 올라가게 되었는데 높이가 19척(尺)으로 천문을 관찰하고 분침(氛祲, 요망스러운 기운)을 살펴보는 곳이다. 지금 경주부(慶州府) 동남 3리(里)에 있다.
>
> 鍊石等之上方下圓 而通基中 人由中而上 高十九尺 而候天文察氛祲 在今慶州府東南

三里

http://db.itkc.or.kr/dir/item?itemId=BT#/dir/node?dataId=ITKC_BT_1366A_0
110_000_0310

여기서 당 태종 정관 21년 정미년은 서기 647년에 해당하여, 더러는 이를 근거로 첨성대의 건립 연대를 서기 647년으로 단정하기도 한다. 하지만 이는 이보다 329년이나 앞서 "당 태종 정관 7년에 건립되었다"라고 언급한 『세종실록지리지』의 기록과 14년의 차이가 나는 것으로, 첨성대 건립 연대에 대한 기록마저 작지만 논란의 대상이 될 여지가 있는 형편이다. 따라서 첨성대의 건립 시기로 어느 한 해를 꼭 집어내어 주장하기보다는 선덕왕 재임기간인 서기 632년부터 647년 사이의 어느 시기에 건립되었을 것이라고 추정하는 편이 더욱 타당할 것 같다. 그러므로 첨성대 건립 연대로 추정되는 선덕왕 재임 시기인 서기 632~647년을 기준으로 하면 『동사강목』은 첨성대 건립 후 1136~1151년 만에 발간된 역사서가 된다. 독자들은 이런 건립 연대 표기방법이 앞서 소개된 다른 역사서들에서도 적용되었음을 간파했을 것이다. 『동사강목』은 253년 앞서 발간된 『신증동국여지승람』을 참고하여 집필한 듯 그 내용이 많은 부분 유사하고, 건립 연대 외에는 새로이 언급된 부분이 없다.

참고문헌

아래의 참고문헌 목록은 이 장에서 참고한 자료의 목록을 인용한 순서에 따라 정리한 것
이다.

▌ 일연. 1281.『삼국유사』, 한국사데이터베이스. 국사편찬위원회.
　　http://db.history.go.kr/item/level.do?sort=levelId&dir=ASC&start=1&limit=20&page=1
　　&pre_page=1&setId=-1&prevPage=0&prevLimit=&itemId=sy&types=r&synonym=off&
　　chinessChar=on&brokerPagingInfo=&levelId=sy_001r_0020_0330_0010&position=-1

▌ 김부식. 1145.『삼국사기』, 한국사데이터베이스. 국사편찬위원회.
　　http://db.history.go.kr/item/level.do?itemId=sg

▌ 정인지 외. 1454.『세종실록지리지』, 조선왕조실록. 국사편찬위원회.
　　http://sillok.history.go.kr/id/kda_40006001

▌ 이행 외. 1530.『신증동국여지승람』, 한국고전종합DB. 한국고전번역원.
　　http://db.itkc.or.kr/dir/item?itemId=BT#dir/node?grpId=&itemId=BT&gubun=book
　　&depth=5&cate1=G&cate2=&dataGubun=최종정보&dataId=ITKC_BT_1299A_0220_
　　010_0020

▌ 이행 외. 1530.『신증동국여지승람』원문, 규장각. 한국연구원.
　　http://kyujanggak.snu.ac.kr/home/index.do?idx=06&siteCd=KYU&topMenuId=206
　　&targetId=379

▌ 조위. 1883.『매계집』, 이동재 역. 평사리, 2009. pp.602.

▌ 조위.『매계집』원문, 한국문집총간, KRpia.
　　http://www.krpia.co.kr/viewer/open?plctId=PLCT00005160&nodeId=NODE05248697

▌ 안정복. 1783.『동사강목』, 한국고전종합DB. 한국고전번역원, .
　　http://db.itkc.or.kr/dir/item?itemId=BT#/dir/node?dataId=ITKC_BT_1366A_0110_0
　　00_0310

2장
첨성대 실측자료
실측도 및 복원도

　건물이나 문화재의 보수나 보강 또는 복원이나 보존 및 연구 등 어떤 특정한 목적을 가지고 기존의 건축물을 조사할 때 가장 먼저 하는 일은 도면을 보고, 현장을 답사하고, 실측하는 것이다. 하지만 도면이 전해지지 않는 첨성대와 같은 경우에는 도면 보는 일은 불가피하게 접을 수밖에 없으니, 현장답사와 실측으로부터 시작해야 할 것이다. 이는 옷을 만들 때 먼저 체형과 몸의 치수를 파악하는 것과 마찬가지 이치이다. 또한 병원에 가서 진료를 받을 때 키와 몸무게를 재고 혈압, 심전도, X-선, 내시경, 혈액검사 등 각종 검사를 먼저 하는 것과 동일한 이유로 필요하다. 한마디로 현장답사와 실측은 누가 보더라도 동일하고 객관적으로 신뢰할 만한 정보를 얻기 위한 행위라고 할 수 있다. 이런 면에서 첨성대의 최초 실측은, 비록 20세기 실측치와 다소 차이는 나지만, 아마 첨성대의 높이와 원통형몸통의 상하부 지름의 구체적인 치수가 역사상 최초로 언급된 『세종실록지리지』를 집필한 시기로 알려진 서기 1452~1454년 즈음에 이루어졌다고 볼 수 있다. 이후 500여 년이 지난 해방 후 최초의 실측은 1962년 12월 하순부터 1963년 1월말까지 약 1개월여간 당시 국립경주박물관장 홍사준과 박물관 직원들이 실시했으며, 이후 필요에 따라 여러 연구자와 엔지니어들이 여러 차례에 걸쳐 실측하였다는 기록이 있다.

홍사준의 실측이 의미가 있는 것은 현장답사와 실측을 수행한 것에 그치지 않고 역사상 최초로 그 결과를 도면화하고 기록으로 남겼다는 것이다. 홍사준은 자신의 실측자료를 한국미술사학회에서 발간하는 학술지 《미술사학연구》(구《고고미술》)의 「자료」로서 발표하였다. 여기서 홍사준은 자신이 수행한 첨성대 실측의 목적을 "학계의 연구자료로 활용되도록 하고 아울러 장래 불의의 사태에 대비하는 것"이라고 분명히 밝히며 실측도와 복원도를 첨부하였다. 이런 바람대로 홍사준의 실측도면은 이후 수행된 첨성대에 대한 대부분의 연구 및 복원·보수 작업의 발판이 되었다고 할 수 있다. 또한 홍사준이 작성한 실측도면은 여러 손길을 거치며 트레이싱(tracing)을* 통한 사본이 다수 만들어져 보존되는 것으로 알려져 있다. 따라서 일반적으로 '실측도면'이라 함은 홍사준이 작성한 실측도면 또는 그 사본을 일컫는다고 하겠다.

홍사준의 실측자료는 첨성대와 관련된 기존의 여러 자료들뿐만 아니라 이 책의 맥락을 이해하는 데에도 도움이 될 것이기 때문에 홍사준의 실측자료와 관련하여 한국미술사학회의 《미술사학연구》(구《고고미술》)에 발표되었던 글의 전문을 한국미술사학회의 허락을 받아 여기에 그대로 인용하여 보이고자 한다. 《미술사학연구》(구《고고미술》)에 「자료」 형태로 실린 두 개의 글 중 하나는 1962년 학술지 편집실에서 작성하여 발간한 글이고(아래의 「자료」 1), 다른 하나는 1965년 홍사준이 자신의 이름으로 직접 발표한 글(아래

---

* 트레이싱(tracing)은 기존의 도면 위에 반투명한 건축도면 용지를 덮어대고 그 밑으로 보이는 선을 따라 그려 도면을 재생하는 과정을 일컫는다.

의 「자료」 2)이다. 다만 당시만 해도 국한문 혼용을 넘어 조사와 접속사 및 술어를 제외한 거의 모든 것이 한자로 쓰였고 문장도 해석이 필요할 정도로 난해한 부분이 적지 않기 때문에 날것 그대로 인용하기보다는 글의 뜻과 구성은 가급적 원본대로 유지하되 내용은 알기 쉽게 풀어 표현하였다. 아울러 홍사준이 학술지에 첨부했던 실측도와 복원도 원본의 이미지는 아니지만, 사본 중 하나에 포함된 각 도면의 이미지를 실어 참고하도록 하였다.

첨성대의 실측 후 홍사준이 그에 대한 별도의 공식적인 보고서를 썼는지의 여부는 현재로서는 확실하지 않다. 이를 확인하고자 관련된 업무를 담당할 것으로 생각되는 여러 기관과 관청에 알아보았지만, 오래전의 자료라서 그런지 명쾌한 답변을 들을 수 없었던 점은 아쉬움으로 남는다. 「자료」 2의 제목을 '첨성대 실측조서'라고 붙인 것 그리고 이에 포함된 서문의 날짜가 첨성대 실측 마지막 날로 알려진 1963년 1월 31일인 것으로 보아, 정황상 어쩌면 「자료」 2가 실측 후 작성된 공식적인 보고서의 내용을 그대로 담은 것일수도 있겠다. 하지만 「자료」 1의 내용 중에는 「자료」 2에서 언급되지 않은 내용이 여럿 포함된 것을 보면 과연 「자료」 2가 실측보고서의 전부였을지 의심스럽기도 하다.

1. 《미술사학연구》(구《고고미술》) 「자료」 1

▌ 한국미술사학회. 1963. 《미술사학연구》(구《고고미술》), 제4권 제5호, 통권 34호, p.395.

첨성대 실측

1962년 12월에 실측되었으며, 그 결과 작성된 도면의 목록은 다음과 같다.

　　　　배치도 및 입면도 2매

단면도 2매

평면도 2매

각 단 평면도 7매

각종 상세도, 중간 level도 및 전개도 각 1매

실측을 위한 기준은 기단으로 잡았다. 돌의 수는 층단부 맨 아랫단부터 제27단까지 362개이고, 기단의 하단인 지대석에 8개, 그 위의 기단에 12개, 상부 정자석 2개 단에 8개, 중간 정자석(제25, 26단 및 제19, 20단) 8개, 남측문설주 2개, 제27단의 판석 1개로 구성되어 있다.

매 층의 평균 높이는 1척(尺)(303mm)이고* 총높이는 동서남북 사방을 평균하여 30.6척(9.3m)이다. 층단부 맨 아랫단의 지름은 16.3척(4.94m)이고 맨 윗단의 지름은 9.4척(2.85m)이다.

전체의 기울기는 중심선으로부터 동북 방향으로 1.5척(455mm) 정도이며 상부가 1척(303mm) 정도 우회전하였다.

제12단까지는 흙이 채워져 있고 그 위에 남문이 뚫려 있으며 제19단에는 2개의 돌 막대가 수평으로 평행하게 놓여 있고 제20단에는 제19단의 돌 막대 위에 그보다 짧은 돌 막대가 평행하게 놓였으나 그 끝은 밖으로 노출되지 않았다.

제25단 및 제26단의 정자석도 역시 수평으로 평행한 돌 막대가 교차되어 놓였는데 그 끝은 ㄇ형으로 되어 있고 서쪽과 북쪽 면에는 2치(寸)(61mm) 정도 길이로 ㄴ형 홈이 파여 있다.

상부 정자석은 십자맞춤으로 되어 있는데 아랫단은 4개의 돌 막대를 대충 맞춤 하여 철물로 연결했던 것 같은데 현재는 철물이 없다.

제27단에는 내부의 반을 덮는 8치(242mm) 정도 두께의 판석이 있고 그 반대

---

* 해방 후 17년 남짓 후에 실측한 것임을 감안하여 일본식 척관법대로, 1척(尺)은 10/33m, 10치(寸)로 환산하였다.

편에는 나무 판을 놓았던 자리로 보이는 흔적이 있어 주의를 끌었다.

기단 주위에 남아 있는 돌덩어리들을 보건대 원래는 기단 주변 전반에 이와 같은 돌덩이들이 배열되었던 것으로 추정된다.

이 실측은 홍사준 씨 주재로 정명호, 유문룡 등 여러 사람이 수행하였다.

2. 《미술사학연구》(구《고고미술》)「자료」2

■ 한국미술사학회, 1965. 《미술사학연구》(구《고고미술》), 제6권 제3·4호, 통권 56·57호, pp.63~65.

경주 첨성대 실측조서

홍사준

1963년 1월 홍사준 관장(당시 경주박물관장) 지휘하에 첨성대의 실측작업이 수행되었으며, 여기 홍관장이 작성한 조서 전문을 실어 후대에 참고하도록 한다.

국보 제31호 경주 첨성대 실측조사

1962년 12월 하순부터 1963년 1월 31일까지 여러 날에 걸쳐 많은 인력이 첨성대 실측작업과 실측도면 및 복원도 작성에 참여하였다. 계절이 겨울철인지라 낮의 길이가 짧고 더욱이 매일 계속된 한파와 강풍으로 인하여 작업이 어려웠지만, 1,300여 년 전의 신라유물을 상세한 도면으로 남김으로써 학계의 연구자료로 활용될 수 있고 아울러 장래 불의의 사태에 대비하여서도 도움이 될 것으로 생각되어 의의가 크다고 하겠다.

아래에 실측상황을 해설함에 앞서 실측을 수행한 정명호, 실측 및 작도작업을 수행한 유문룡, 김완영 등 여러 사람들의 노고에 감사 드린다.

1963년 1월 31일

해설

첨성대는 신라 제27대 선덕여왕 대에 창건(『삼국유사』 별기에 이르기를 이 왕대에 돌을 다듬어 첨성대를 쌓았다고 기록)된 동양에서 가장 오래된 천문관상대로서 하늘의 별을 관찰함으로써 당시 국가가 안전할지 또는 위태로울지, 국왕이 얼마나 평안할지, 농사에 바람과 비와 서리와 눈이 얼마나 내릴지 등을 판단했던 것으로 추정된다. 그래서 연로한 노인들에 따르면 지금도 그 부근을 속칭 비두(比斗, 별을 북두칠성에 비교한다)라 하여 부근 마을을 비두골 또는 비두거리라고 일컫는다고 한다.

(1) 첨성대의 위치

경주시 인왕리 839-1.

첨성대 위에서 사방을 바라보면 동쪽으로는 십여 리 떨어진 거리에 보문리(普門里) 저수지 제방이 보이며, 남쪽으로는 가까이에 계림(鷄林)이 보이고, 월성북문(月城北門)(?)을 통하여서는 멀리 남산해목령(蟹目嶺)이 바라보인다. 서쪽으로는 선도산(仙桃山)과 멀리는 송사산봉(宋砂山峰)이 보이며 북쪽으로는 현 경주 시가지가 눈 아래 펼쳐진다.

(2) 첨성대의 현황

첨성대를 기단부(基壇部), 층단부(層段部)* 및 상부 정자석부(上部井字石部)로 구분해 보면 아래와 같다.

---

* 이 책의 다른 부분에서는 층단부를 '원통형몸통'이라고 일컫는다.

① 기단부

기단부의 석질은 결이 고운 화강암이고, 크고 작은 12개의 돌로 이루어진 정사각형 받침대를 크고 작은 8개의 돌로 이루어진 지복석(地覆石)이[*] 지지하고 있으며, 이 지복석은 그 2/3가 지표면 아래에 묻혀 있는데 보통 크기의 나무베개(木枕大) 형태의 자연석으로 괴었다. 특히 지복석의 서쪽 면에는 11개의 평면 형태의 자연석이 일렬로 나열되어 있다. 추측하건대 동서남북 모든 면에 그와 같은 땅속 돌 받침 보강용 돌들이 있었지만 후에 유실된 것으로 생각된다. 그리고 남쪽 출입창구 아래 지면에도 2개의 평면석이 있고 이곳으로부터 10m 떨어진 지면에도 평면석이 있다. 이들 석재는 출입창구로 통하는 사다리를 놓기 위한 돌들일 것으로 생각된다.

② 층단부

원추형 층단석들은 모두 27개 단이고 들여쌓기 식으로 쌓아졌으며, 맨 아래 제1단으로부터 제9단까지는 강한 재질의 화성암으로, 제10단부터 제27단까지는 화강암으로 이루어져 있다. 아마 아랫부분은 바람에 마모되고 비에 씻겨나갈 위험이 크기 때문에 그렇게 축조한 것 같다. 그리고 첨성대 외벽 석재의 연마 정도를 보면 제1단으로부터 제18단까지는 거칠게 다듬어졌고 각 단마다 표면이 위아래로 약간씩 안으로 굽어져 중간이 부풀어 오른 느낌을 주지만 제19단부터 제27단까지 각 단의 표면은 수직을 유지하면서 곱게 다듬어졌다. 첨성대를 입체적으로 보면 가운데 배가 북서 방향으로 내밀어졌고 전체적으로는 동북 방향으로 기울어져 있다. 전해지는 바에 따르면 첨성대 앞으로 도로가 새로 나기 전 그 뒷면 바로 아래에는 옛 도로가 있었으므로 6·25 전쟁 당시 무거운 전차가 통행하면서 기울어짐이 더욱 진행되었다고 하며, 층단부 하단부의 동쪽

---

[*] 원문에는 지복석(地覆石)으로 표기되었지만 실측도에는 지대석(址臺石)으로 표기되었으며, 2개의 단으로 구성된 기단의 아랫단을 일컫는 것으로 추정된다.

과 서쪽 양 측면에 균열이 심한 것도 그 때문이었을 것이라고 한다.

각 단의 둘레를 따라 돌의 수를 세어보면 단별로 최소 9개(제19단)에서 최대 18개(제7단)로 축조되었음을 알 수 있다. 제1단으로부터 창구 아래 제12단까지 각 단에 쌓인 돌의 총수는 182개이고 제13단 이상에 쌓인 돌의 총수가 180개로 합계 362개이다. (이상은 남창구 양쪽 문설주와 제19단과 제20단, 제25단과 제26단에 놓인 내부 정자석을 제외한 수이다.)

첨성대 내부는 제19단 및 제20단에 긴 막대 모양의 돌이 정자형(井字形)으로 놓였는데 동서 방향으로 놓인 돌 막대는 외부 표면까지 관통해 있으며, 제25단의 2개 돌 막대는 남북 방향으로 외부 표면에 노출되었고, 제26단의 2개 돌 막대 역시 동서 방향으로 외부 표면까지 관통하여 위에서 보면 정(井)자형으로 보인다. 이들 정자형 돌 막대는 상부로 통하는 사다리를 걸치는 용도로 사용되었던 것으로 보인다.

③ 상부 정자형석부

원추형의 첨성대 꼭대기에는 각 단 4개의 돌 막대가 정사각형의 정자형을 이루는 정자석 2개 단이 있다. 아랫단은 돌 막대를 남쪽과 북쪽에 1개씩 놓고 동쪽과 서쪽에는 그보다 약간 작은 돌 막대 머리를 받치기 위하여 남북의 돌 막대 양쪽 끝부분 안쪽을 약간 파서 맞추었는데 그 돌머리를 맞춘 면에는 보이지 않게 연결철물을 끼워 넣었던 흔적이 있다. 윗단 정자석은 돌 막대 양 끝이 서로 엇물리도록 위·아래로 절반씩을 파내서 맞추어 네 모퉁이가 평면을 이루게 하였다. 상부 정자석 안쪽으로 즉 층단부 제 27단 윗면 내부 동쪽에는 판석을 깔았으며, 제27단 서쪽에 놓인 3개의 돌부리에는 마루를 놓은 듯 V자형 홈이 파여 있다.

특히 층단부 제25단 서쪽 돌 막대 머리 양 끝과 제26단 북쪽 돌 막대 머리 양 끝의 외부로 돌출된 면의 윗면으로부터 중간 안쪽으로는 ⌐ 모양이 새겨져 있고 내부 쪽은 인위적으로 가는 목이 만들어져 있다. 석재 운반을 위하여 밧줄을 감았던 것으로 추정된다.

이상은 첨성대 실측에 대한 소견을 간단하게 기록한 것이며 실측도 및 복원도를 별첨한다.

3. 실측도 및 복원도

여기에 실은 실측도와 복원도는 재미과학자 이동우의 도움으로 입수한 것으로 본래 표지를 포함하여 모두 17매로 구성된 A0 크기의 사본이고, 독자들이 참고하도록 축소 스캔한 이미지이다. 입수한 도면 일체는 문화재청에 이동우의 이름으로 기증했으며, 문화재청 정보화담당관의 허락을 받아 이 책에 그 이미지를 싣는다. 도면의 목차는 아래와 같다.

0. 표지
1. 배치도
2. (복)입면도
3. (복)단면도(동, 남)
4. (실, 복)평면도
5. (실)단 평면도(1, 2, 3)
6. (실)단 평면도(4, 5, 6)
7. (실)단 평면도(7, 8, 9)
8. (실)단 평면도(10, 11, 12)
9. (실)단 평면도(13, 14, 15, 16, 17)
10. (실)단 평면도(18, 19, 20, 21, 22)
11. (실)단 평면도(23, 24, 25, 26, 27)
12. 각종 상세도
13. 중간 level도
14. (복)전개도
15. (실)입면도(남, 동)
16. (실)단면도(남, 동)

※ 위에서 (실)은 실측도를, (복)은 복원도를 뜻한다.
※ '14. (복)전개도'는 한 장의 도면에 넣으면 잘려나가는 부분이 있어서인지 두 장의 도면으로 구성되었다.

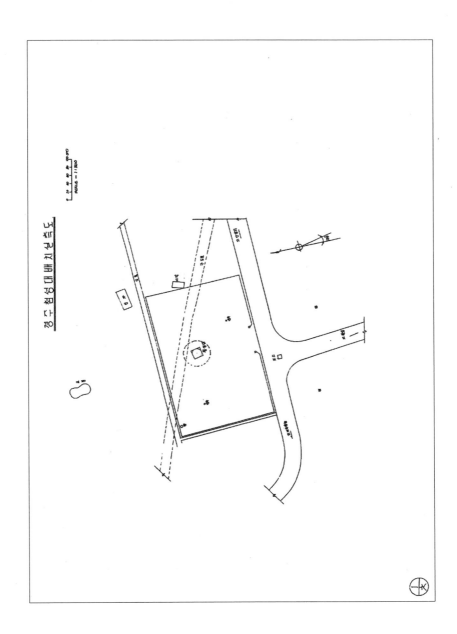

경주 첨성대 배치 실측도

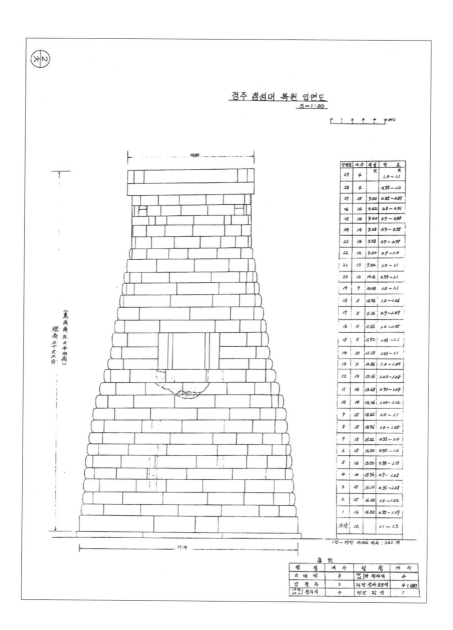

경주 첨성대 복원 입면도

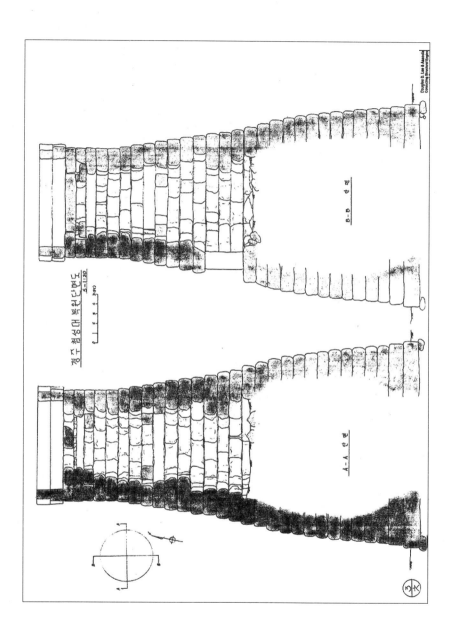

경주 첨성대 복원단면도 5~1:20

A - A 단면

B - B 단면

Douglas D. Lee & Associates
Consulting Structural Engineers

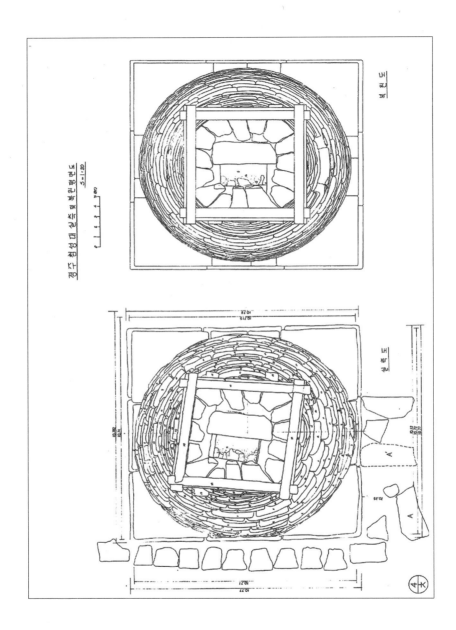

경주 첨성대 실측 및 복원평면도
S = 1 : 20

평 면 도

횡 단 면 도

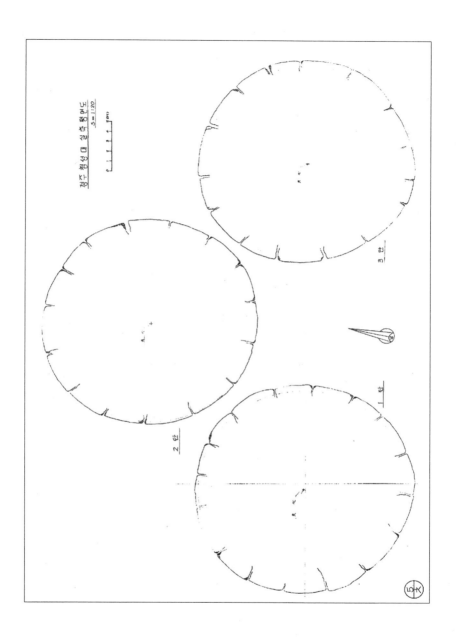

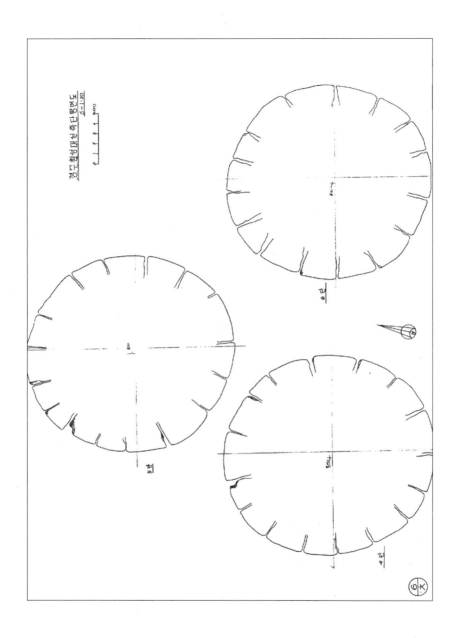

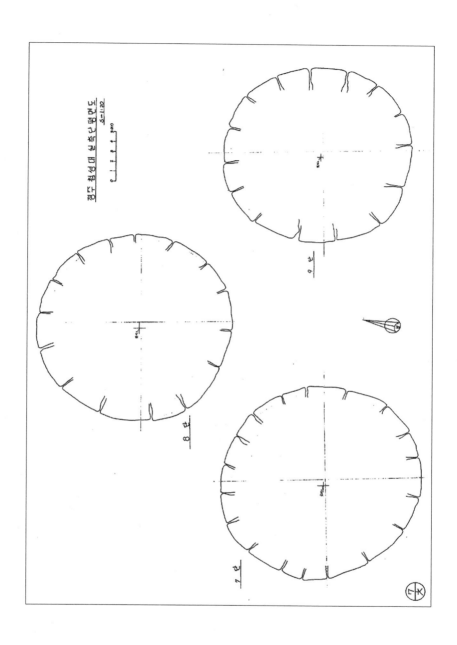

경주 첨성대 실측단면연도

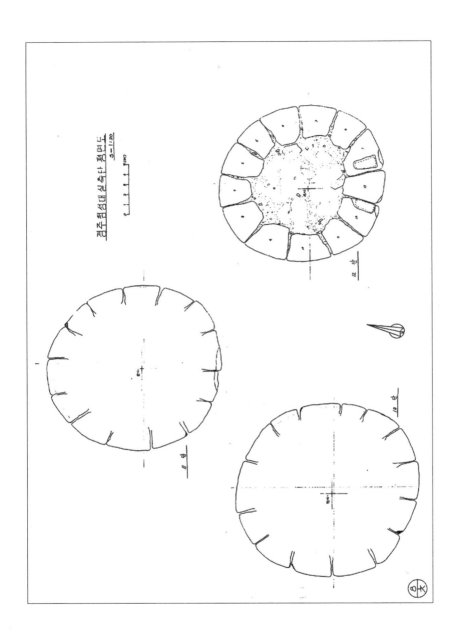

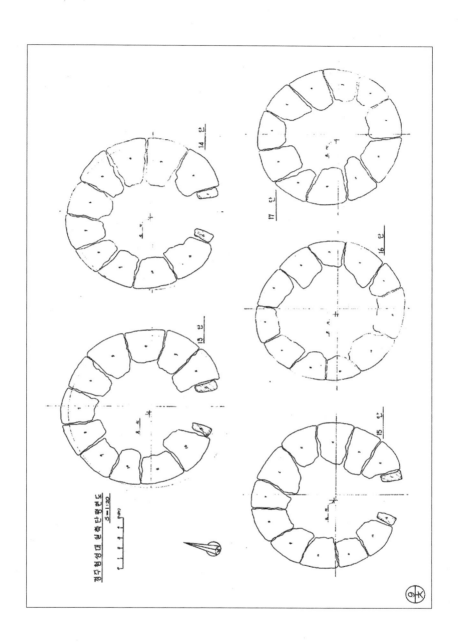

경주첨성대 단측단 평면도

S=1:20

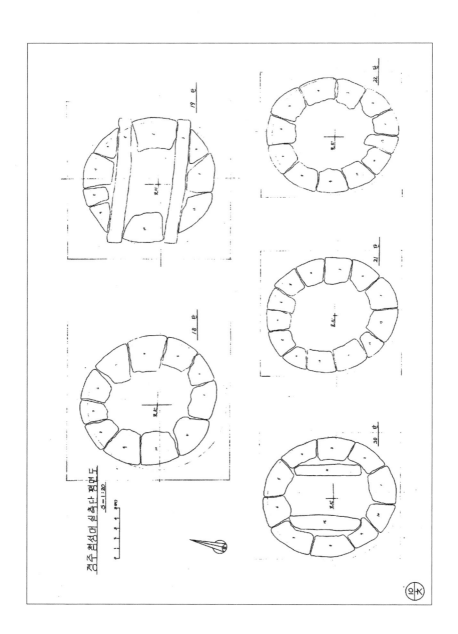

경주 첨성대 실측단 평면도

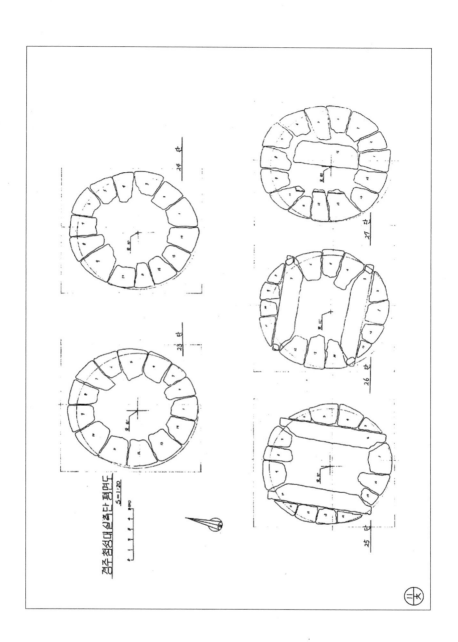

경주 첨성대 실측자료 평면도

S=1/20

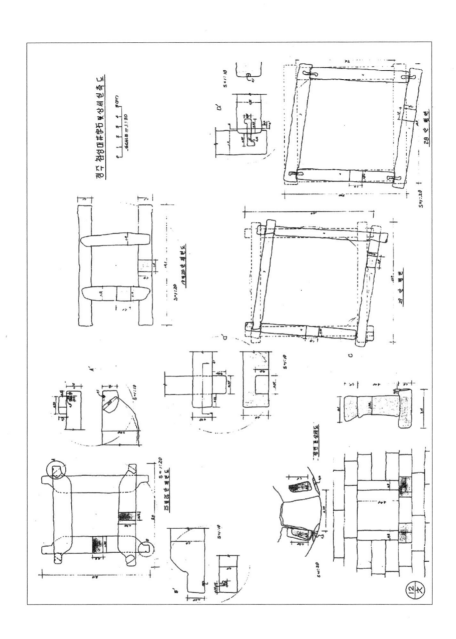

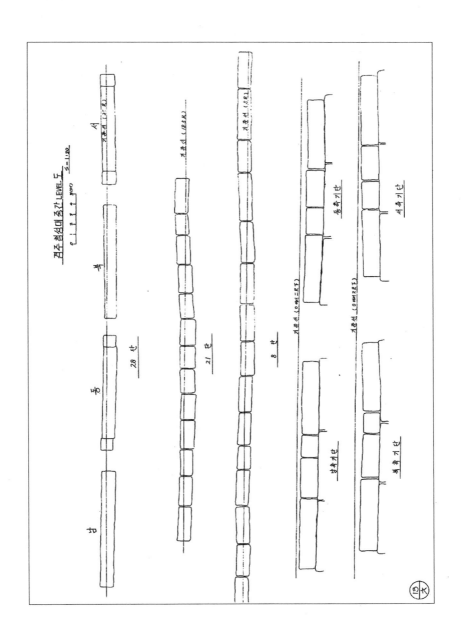

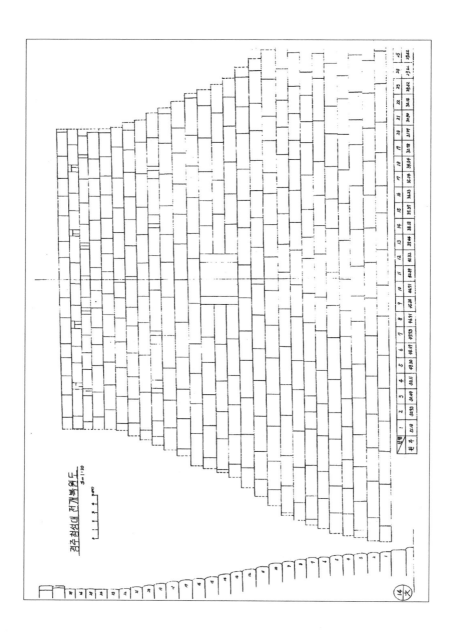

경주 첨성대 전개 투영도

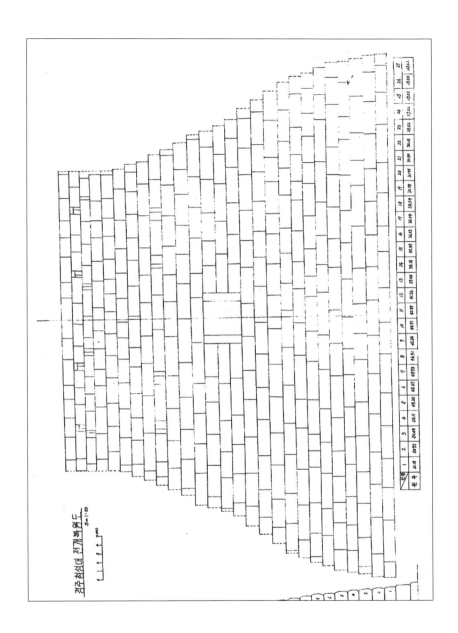

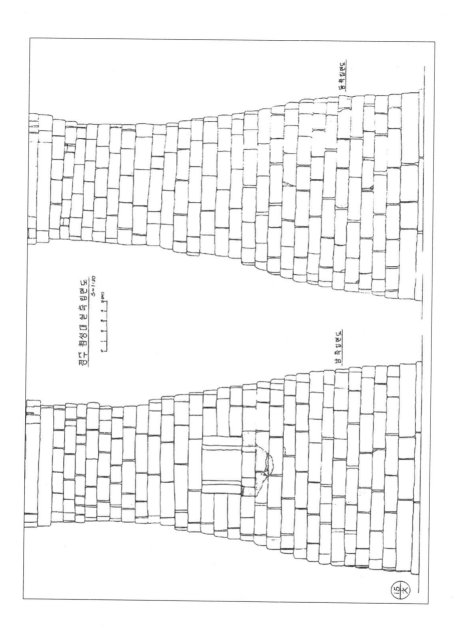

경주 첨성대 실측 입면도
S=1/120

동측 입면도

북측 입면도

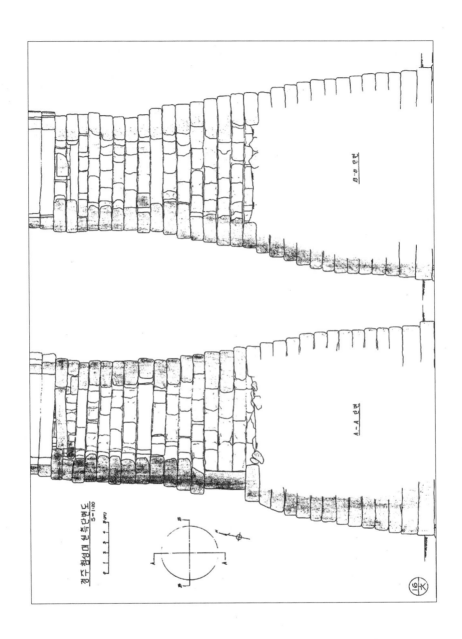

경주 첨성대 실측단면도
5~1:100

B-B 단면

A-A 단면

참고문헌

아래의 참고문헌 목록은 이 장에서 참고한 자료의 목록을 인용한 순서에 따라 정리한 것이다.

▌ 한국미술사학회. 1963. 「첨성대 실측」, 자료기사. 《미술사학연구》(구《고고미술》), p.395.

▌ 홍사준. 1965. 「경주 첨성대 실측조서」. 《미술사학연구》(구《고고미술》). 한국미술사학회, pp.63~65.

▌ 이동우. 1986. 「경주첨성대의 형태와 구조 ─ 왜 첨성대는 오늘날까지 그 형태를 유지해 왔는가?」. 《건설기술 연구속보》, 4(10). 한국건설기술연구원, pp.4~18.

▌ 이동우. 1998. 「경주 첨성대의 축조에 관한 구조공학적 고찰」. 《한국전통과학기술학회지》, 4(1), pp.59~86.

▌ 이동우. 2008. 『경주첨성대 실측도 및 복원도』, 표지 포함 도면 17매.

3장
첨성대의 얼개

우리가 잘 알지 못하는 대상에 대하여 알고자 할 때 가장 먼저 하는 것은 일반적으로 얼개를 파악하는 일일 것이다. 얼개의 사전적 뜻은 '어떤 사물이나 조직의 전체를 이루는 짜임새나 구조'이다. 즉 얼개란 알고자 하는 대상의 구성요소들이 어떻게 유기적으로 조직되어 전체가 이루어지는지 그 짜임새를 보여주는 것으로서, 얼개를 파악하는 일은 눈으로 볼 수 있는 어떤 대상에 대한 앎의 가장 기본적인 단계라고 할 수 있겠다. 그러므로 첨성대 이야기를 전개하기에 앞서 그 얼개를 파악하는 일은 마치 건축학도가 본격적인 건축 수업을 받기에 앞서 건축물의 얼개를 파악하는 것이나 의학도가 본격적인 의술을 배우기에 앞서 인체의 얼개를 파악하는 것만큼 중요하다고 하겠다. 이는 이 책에서 논하게 될 첨성대에 관한 모든 이야기가 그 얼개를 중심으로 전개될 것이기 때문이다.

그렇다면 첨성대의 얼개는 어떻게 파악할 수 있을까? 현장에 가서 실물을 직접 관찰하고 실측하는 것 이상의 좋은 방법은 달리 없을 것이나, 첨성대는

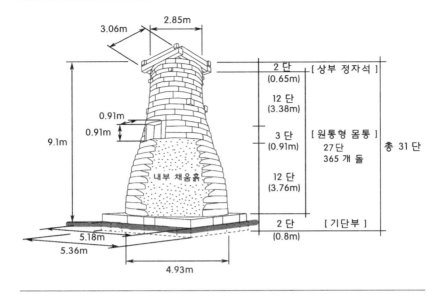

첨성대의 얼개

1962년 국보 31호로 지정된 유물인지라 일반인의 접근이 현실적으로 쉽지 않다. 그래서 먼저 실측도와 복원도를 포함한 실측자료와 첨성대에 대한 기존의 연구논문을 활용하여 대부분의 정보를 습득한 후 문화재청 산하 국립문화재연구소 담당 연구원의 도움을 받아 첨성대에 한 차례 접근하여 눈으로 직접 확인하고 보완하는 방법으로 얼개를 파악하였다.

첨성대의 얼개는 크게 세 부분으로 나누어 기단부, 원통형몸통 그리고 상부 정자석으로 구성되어 있다. 첨성대와 같이 지표면으로부터 꼭대기까지의 높이가 9.1m 남짓한 아담한 크기의 건축물을 굳이 세 부분으로 나눌 것까지 있을까 하는 생각도 들겠지만, 직선과 곡선, 원과 사각형 등 평면 형상의 차이와 각 부분의 위치 등을 고려하여 분류한 것이므로 얼개 파악을 위하여 그 나름대로 편리하고도 합리적인 분류 방법인 것 같다. 그래서인지 홍사준의 실측 이래 홍사준 자신을 비롯하여 첨성대에 관한 연구결과를 발표한 대부분의 연구자들도 이렇게 세 부분으로 나누어 논하였다.

1. 기단부

기단부는 첨성대의 맨 아래에 놓여 있는 잘 다듬어진 여러 개, 여러 크기, 여러 모양의 직육면체 돌로 구성된 두 개의 단을 일컫는다. 아랫단은 전체적으로 한 변의 치수가 5.36m인 정사각형 평면으로, 두께는 395mm인데 일부만 지표면 위로 노출되어 있을 뿐 그 대부분이 땅속에 묻혀 있다. 이를 두고 1960년경 행해진 첨성대 주변의 정지공사* 후 남은 흙을 걷어내지 않고 그대로 두었기 때문이라고 주장하는 한 연구자의 논문이 있어, 문화재청에 확인한 결과 애석하게도 정지공사에 대한 기록은 남아 있지 않다고 하였다. 대신 국립문화재연구소의 문화유산연구지식포털에 게시된 1916년 조선총독부 발행 조선고적도보(朝鮮古蹟圖譜) 제3권에 실린 첨성대의 사진 하나를 참고하도록 안내해 주었다.

사진 속 첨성대는 동남쪽 면을 보이고 있으며, 첨성대의 서쪽 측면에 인접하여 작은 농가가 서 있고, 동쪽으로부터 난 밭두렁이 첨성대 북쪽 측면을 지나 농가로 이어지고, 첨성대 남측과 북측으로는 밭이 펼쳐져 있다. 밭두렁은 첨성대로 가까워지며 보이는 완만한 오르막 경사로 인하여 첨성대를 지나는 밭두렁과 그 아래 밭 지표면 간에는 적지 않은 높낮이의 차이가 있는 것으로 보인다. 이로 인하여 첨성대의 남측 기단 아랫단을 덮고 있는 흙은 마치 우리 몸의 잇몸처럼 그 둘레를 두르고 있지만 그리 단단하게 지지하는 것 같지 않아 불안해 보인다. 사진 속에는 북측 기단의 상황은 보이지 않지만 북측으

---

* 정지공사(整地工事)란 지반을 단단하게 다져서 안정되게 하는 작업을 일컫는다.

1916년 조선총독부 발행 『조선고적도보 3』에 실린 첨성대 전경
출처: http://portal.nrich.go.kr/kor/filePopUpImage.do?relmenucd=616&relkey=3&
fileTypeCd=364&popType=P&file_idx=199125&rowType=Y&st=1&sk=첨성대#link

로도 밭이 펼쳐진 것으로 보아 남측 기단 아랫단과 비슷한 사정일 것으로 생
각된다. 따라서 정확한 시점은 모르지만, 이후 어느 때인가 첨성대 주변 지
표면을 현재와 같이 평탄하고 고르게 하기 위한 정지공사를 수행했던 것은
분명한 듯하다. 하지만 그 때문에 기단의 아랫단이 땅속에 묻힌 것은 아닌
것 같다. 어쩌면, 그 이유는 분명하지 않지만, 기단의 아랫단은 1,400년 전
첨성대 건립 당시부터 지표면 속에 묻혀 있었는지도 모를 일이다. 그래서인
지 홍사준은 1962~1963년 실측 후 작성된 보고서에서 아랫단을 기단이라
칭하지 않고 땅속에 묻힌 돌이라는 뜻을 지닌 지복석(地覆石)이라 했으며 실
측도면에서는 지대석(址臺石)이라 했는데, 실측 당시 이미 그 2/3가 지표면

아래에 매몰되어 있었다고 하였다. 또한 지복석을 자연석으로 괴었다고 했으니, 아랫단 전체가 지표면 위로 노출되기는 쉽지 않은 구조였던 것 같다.

기단부의 윗단은 한 변의 치수가 5.18m인 정사각형 평면으로 아랫단과 마찬가지로 두께가 395mm지만, 지표면 위로 돌출되어 있다. 남측 기단 면의 방향은 정남으로부터 동쪽으로 19°만큼 돌아간 방향을 향하고 있으며, 그 모서리는 동지 일출의 방위와 일치한다고 한다.

2. 원통형몸통

첨성대의 몸통은 모두 27개 단의 원통형으로, 일반적인 벽돌 쌓기와 달리 모르타르를* 사용하지 않은 채 화강암 돌덩어리들을 단순 접촉 식으로 쌓아 올렸다. 원통형몸통의 외부 지름은 제1단의 4.94m부터 제23단의 2.85m까지 들여쌓기를** 통하여 비선형적으로 변화하며 줄어들지만, 제23단부터 제27단까지는 변하지 않고 거의 일정하게 유지된다. 이렇게 하여 첨성대의 아름다운 입면 곡선이 만들어진다.

원통형몸통의 중앙에는 한 변의 치수가 910mm인 정사각형 꼴의 창(窓)이 뚫려 있는데 창의 중앙이 정남(正南)으로부터 동쪽으로 16° 방향을 향하고 있다고 한다. 첨성대 연구자들은 이 창을 남쪽을 향하여 뚫린 창이라고 하여 남창구(南窓口)라고 부르기도 한다. 창의 양 옆에는 제13단부터 제15단까지

---

* 　모르타르(mortar)란 건설공사에서 벽돌이나 블록 및 돌을 쌓을 때 사용하는 일종의 접착제로서 시멘트와 물과 모래를 섞어 만들며, 이웃하는 벽돌과 벽돌 간의 수평을 맞추는 역할도 하고 굳은 후에는 줄눈이 된다.

** 　들여쌓기란 한 단의 돌덩이를 그 아랫단의 돌덩이에 맞추어 수직 정렬하여 올려놓지 않고 내부로 조금씩 어긋나게 쌓아 전체적으로는 비스듬하게 쌓는 공법이다. 첨성대의 경우 들여쌓기로 인하여 아랫단보다 원통형몸통의 지름이 줄어들게 된다.

이르는 3개 단 높이의, 역시 돌로 된 문설주가 서 있다. 현재의 지표면으로부터 창 아래까지의 높이, 즉 원통형몸통 제12단의 윗면이자 제13단 아랫면까지의 높이는 4.16m이다. 이로써 원통형몸통을 이루는 돌의 단은 창 아래로 12개 단과 창 위로 12개 단을 합하여 모두 24개 단이고, 창 높이에 해당하는 3개 단을 합하면 모두 27개 단이 된다.

원통형몸통 제12단까지는 내부에 잡석과[*] 흙이 섞여 채워져 있기 때문에 창을 통해서 첨성대 내부로 들어서면 마치 지표면으로부터 제12단까지에 해당하는 높이의 땅을 딛고 서 있는 것과 같은 셈이 된다. 내부채움흙이 첨성대 전체의 무게중심을 아래로 낮추어 지진에 의한 진동이나 강풍에도 넉넉히 견딜 수 있는 여건을 제공했을 것이라고 주장하는 연구자들이 있는데, 이는 구조공학적으로 충분히 공감할 수 있는 의견이다. 다만 첨성대를 지을 당시부터 이런 효과를 기대하고 의도적으로 내부채움흙을 채워 넣은 것인지는 분명하지 않다.

원통형몸통의 제19단에는 내부공간을 가로질러 마구리가[**] 밖으로 튀어나온 평행한 한 쌍의 돌 막대가 있고, 제20단에는 제19단의 평행한 돌 막대 위에 받쳐진, 역시 내부공간을 가로지르지만 마구리는 내부에 머물러 있는 평행한 한 쌍의 돌 막대가 있어서, 이 두 쌍의 돌 막대가 서로 교차하며 평면상 우물 정(井)자와 같은 형태를 이루고 있다. 제25단과 제26단에 걸쳐서도 이와 비슷한 내부 정자석이 있는데 이들의 마구리는 모두 몸통 밖으로 조금씩 튀어나와 있으므로 밖에서도 보아 알아볼 수 있을 정도이다. 이들 내부 정자석은 거의 다듬어지지 않은 자연 상태로 설치된 듯 비정형의 형상이다. 또한 내부 정자석을 이루며 제26단을 가로지르는 평행한 돌 막대 위에는, 즉 제27단과 같은 높이에는, 원통형몸통 내부공간의 절반가량을 덮는 넓적한

---

[*] 잡석(雜石)이란 다듬어지지 않은 여러 크기와 다양한 형태의 돌무리를 일컫는다.
[**] 마구리란 길쭉한 막대의 양쪽 끝 머리를 일컫는다.

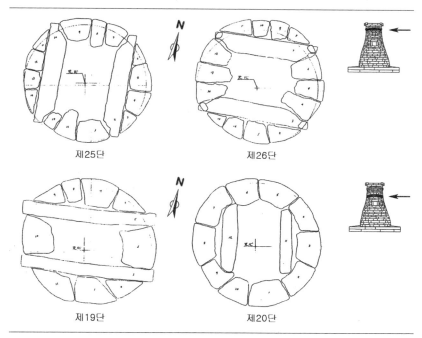

제25단   제26단

제19단   제20단

첨성대 원통형몸통에 설치된 내부 정자석

판석이 설치되어 있다.

　지금까지 발표된 연구자료에 따르면 이들 내부 정자석의 역할은 크게 두 가지로 정리할 수 있다. 그중 하나는 제12단으로부터 내부공간을 통하여 꼭대기로 올라가는 수단으로 활용되었을 것이라는 설이다. 『세종실록지리지』와 『신증동국여지승람』의 언급대로 사람이 속을 통하여 오르내릴 수 있으려면, 위로 올라가며 좁아지는 첨성대의 구조적 특성으로 인하여 제12단으로부터 제23단까지의 내벽은 수직을 훨씬 넘어, 오르고자 하는 면의 앞으로 기울어져 가는 형국이고, 그 위로 제27단까지는 수직에 가까우니 내부 정자석과 같이 공간을 가로지르며 징검다리 역할을 하는 돌 막대가 큰 도움이 되었을 것이다. 나아가 내부 정자석이 원통형몸통 내부에 설치되었을 것으로 추정되는 사다리를 걸치는 용도로 활용되었을 것이라고 주장하는 이도 있다. 하지만 제12단까지 채워진 내부채움흙을 딛고 위를 올려다보며 서 있노라면, 누군가의 주장대로 불가능한 일은 절대로 아니었겠지만, 왜 저런 험난한 경로를 통하여 꼭대기로 올라가도록 했을까 하는 합리적 의문이 솟구쳐 오름을 금할 길 없다. 굳이 속을 통하여 오르내리도록 의도된 것이었다면, 더 편리한 방법을 고안해 낼 수도 있었을 터인데 말이다.

내부 정자석의 역할론 두 가지 중 또 다른 하나는 제12단까지 채워진 내부 채움흙과 함께 구조물의 안정에[*] 기여했을 것이라는 설이다. 즉 첨성대와 같은 조적조[**] 구조물은 중력에 의한 단과 단 사이의 마찰력으로 안정을 유지하는 메커니즘을 갖춘 구조시스템인데 내부 정자석의 존재는 이를 더욱 견고하게 잡아준다는 것이다. 실제로 첨성대의 축소모형에 지진에 의한 지반의 진동을 인위적으로 가하여 그 반응을 관찰하는 진동대[***] 실험을 수행하여 내부 정자석의 효과를 실험적으로 입증한 연구가 보고되기도 하였다. 축소모델이 실물의 특성을 얼마나 제대로 반영했는지 여부에 따라 실험결과의 신뢰도가 결정되는 실험연구인지라 검증해야 할 여지는 있지만, 내부 정자석이 없는 것보다는 더 나을 것은 분명한 것 같다. 다만 첨성대의 건축자가 처음부터 이를 의도하고 내부 정자석과 내부채움흙을 설치한 것인지 아니면 하다 보니 우연히 이런 결과가 나온 것인지는 분명하지 않다.

또한 현장을 답사하여 관찰한 바에 따르면 잘 다듬어진 외부표면과는 달

---

[*] 안정(安定, stability)은 미끄러지거나 넘어지지 않고 일정한 상태를 유지하려는 경향을 일컫는다.

[**] 조적조(組積造)란 벽돌, 블록, 돌과 같이 일정한 규격의 자재를 쌓아 건축구조물을 건립하는 구조형식을 일컫는다.

[***] 진동대(shaking table)란 구조물의 지진에 의한 동적 특성을 파악하기 위하여 만들어 놓은 크고 견고한 지지대이다. 지진의 발생을 흉내 내어 진동대가 지반의 변위, 속도, 가속도의 물리량을 갖도록 흔든 후 그 위에 설치된 건축물 모형의 반응을 관찰하고 분석하여 설계에 적용한다.

원통형몸통 내부채움흙 표면과 제13, 14, 15단에 해당하는 석재 내부 표면
2008년에 국립문화재연구소 담당 연구원의 허락을 받고 촬영하였음.

리 원통형몸통 내부표면은 거칠거나 날카롭게 쪼개어지지는 않았지만 돌을 다듬지 않은 상태로 쌓아 불규칙하게 들쑥날쑥하고, 단과 단이 만나는 표면 조차도 평편하게 다듬어진 것 같지 않아 첨성대 내부 벽면에 눈을 밀착시키지 않고서도 석재와 석재 사이의 틈을 통하여 밖의 정경이 파악될 정도이다. 원통형몸통 제12단부터 제15단 사이의 외부표면으로부터 내부표면까지의 깊이는 대체로 850~950mm인 것으로 측정되었다.

3. 상부 정자석

원통형몸통은 제27단에서 끝나지만 첨성대 돌의 단은 그 위로도 계속되며 꼭대기로 이어져 2개 단의 상부 정자석이 놓여 있는 제28, 29단에 해당하는 단에 이른다. 이들은 다듬어지지 않은 채 제19, 20, 25, 26단에 설치된 내부 정자석과 달리 잘 다듬어진 사각형 단면의 정자석이다. 나아가 이들 상부 정자석이 특이한 것은 제20단의 돌 막대가 제19단의 돌 막대 위에, 제26단의 돌 막대가 제25단의 돌 막대 위에 단순하게 올려진 내부 정자석과는 달리 돌 막대 전체가 잘 다듬어지고 서로 교차되는 부분은 마치 목재처럼 홈이 파여 잘 맞추어져 4개의 정자석이 1개 단을 이루고 있다는 것이다. 만일 이렇게 맞추어진 것이 아니었다면 상부 정자석의 전체 단수는 2개 단이 아니라 내부 정자석과 마찬가지로 4개 단으로 설치되었을 수밖에 없었을 것이다.

어떤 연구자에 따르면 상부 정자석이 전체적으로 약 10°가량 우회전한 상태로 놓여 있다고 한다. 우회전하였다는 것은 그 마주보는 부분은 좌측으로 이동한 것이 되어 상당히 모호한 표현일 것 같다. 실측도면을 확인한 결과, 여기서 '우회전'하였다는 것은 '시계방향으로 회전'했다고 해야 타당한 표현일 것 같다. 그리고 심하지는 않지만 동남 방향 모서리와 북서 방향 모서리를 잇는 대각선 길이는 조금 더 길어진 반면 동북 방향 모서리와 남서 방향 모서리를 잇는 대각선 길이는 조금 더 짧아져, 가벼운 마름모꼴이나 평행사변형꼴로 살짝 일그러진 것으로 보인다. 사실 이 정도의 어긋남은 첨성대의 외부 그것도 사람의 눈높이에서는 알 수 없을 정도이며, 첨성대의 꼭대기에 올라서서 본다고 하더라도 감지하기가 결코 쉽지 않을 것이다. 아마 실측도면을 그리거나 카메라를 장착한 드론을 이용하여 날아다니는 새의 눈높이에서 이리저리 살펴보아야 그나마 알아챌 수 있을 것이다.

마치 목재의 맞춤과 같이 맞추어진 상부 정자석과 제26단의 내부 정자석에 놓인 판석
저 아래 기단에 대하여 시계방향으로 회전된 모습

4. 돌의 단수, 개수 및 무게

첨성대를 이루는 단의 수와 돌의 개수는 앞으로 전개될 여러 이야기와 관
련이 깊은 데다가 첨성대의 얼개에 익숙하지 않은 사람들에게는 그 얼개와
명칭이 매우 복잡하게 느껴져 이야기를 따라가는 데 어려움을 겪을 수도 있
기 때문에, 나중에 반복되더라도 지금까지 소개된 기단부, 원통형몸통, 상부
정자석에 속한 단과 돌의 개수를 이쯤에서 정리하고 넘어가는 것이 좋을 것
같다.

첨성대는 기단부 2개 단, 원통형몸통 27개 단 그리고 상부 정자석 2개 단
을 합하여 모두 31개 단으로 이루어져 있다. 땅속에 묻힌 기단부 아랫단을

첨성대 원통형몸통 각 단별 돌의 개수, 지름(m) 및 높이(mm)

단	개수	지름	높이	단	개수	지름	높이	단	개수	지름	높이
1	16	4.94	288~330	10	14	4.32	309~339	19	9	3.16	303~336
2	15	4.91	303~309	11	14	4.15	282~330	20	10	3.08	294~336
3	15	4.88	288~327	12	13	3.98	309~327	21	13	2.98	303~336
4	16	4.84	273~318	13	11	3.81	303~324	22	12	2.91	273~303
5	16	4.78	288~348	14	10	3.69	312~336	23	14	2.84	273~294
6	15	4.70	288~303	15	11	3.61	318~336	24	14	2.84	273~288
7	18	4.61	288~303	16	11	3.50	303~318	25	14	2.85	212~264
8	15	4.53	303~318	17	11	3.38	273~324	26	14	2.85	242~276
9	15	4.43	303~336	18	11	3.26	303~321	27	15	2.85	258~264

※ 이 자료는 첨성대 실측도면의 것을 미터 단위로 고쳐 정리한 것이다. 이를 위하여 1
척(尺)은 10/33m 그리고 10치(寸)로 환산하였다.

제외하면 모두 30개 단으로 지표면으로부터 꼭대기까지 약 9.1m의 높이가
되어, 1개 단 평균 높이는 303mm인 셈이 된다. 홍사준의 실측자료에 따르면
기단의 아랫단은 모두 8개의 평판석으로, 윗단은 모두 12개의 평판석으로
구성되어 있다고 한다. 하지만 이는 외부에서 눈으로 보아 추정한 것일 뿐
원통형몸통 바로 아래 놓여 몸통을 지지하는 부분의 기단부 얼개는 알 수 없
는 것이므로 정확한 개수가 아닐 수도 있다.

원통형몸통 제1단부터 제27단까지 내부공간을 두르며 몸통을 구성하는
돌의 수는 각 단에 놓인 돌의 수를 모두 합하여 362개가 된다. 이는 각 단에
평균 13.4개의 돌이 놓인 셈이 된다. 여기에 남창구 양 옆의 문설주 2개, 제
26단의 정자석 위에 올린 판석 1개가 추가되어 원통형몸통을 이루고 있다.
이로써 원통형몸통을 이루는 돌의 개수를 모두 합하면, 27개 단의 몸통에서
362개, 문설주 2개, 판석 1개로 신기하게도 1년의 날수에 해당하는 365개가

된다. 여기서 원통형몸통을 이루는 돌의 개수에 제19, 20, 25, 26단의 내부 정자석 8개는 포함시키지 않았는데, 이는 내부 정자석이 원통형몸통 자체를 직접적으로 구성하기보다는 몸통 속을 통하여 오르내리는 수단을 제공하는 보조재나 구조적 안정을 제공하는 보강재의 역할을 한다고 생각하여 원통형 몸통을 구성하는 돌의 개수로는 고려하지 않았기 때문이다.

상부 정자석은 제28, 29단의 2개 단으로 각 단에 4개씩의 돌 막대가 있으므로 상부 정자석 돌의 개수는 모두 8개이다.

그러면 첨성대를 구성하는 돌의 총개수는 몇 개나 될지 몹시 궁금하다. 우선 원통형몸통을 이루는 돌의 개수는 내부 정자석을 제외하면 365개인 것으로 파악되었다. 여기에 상부 정자석 8개를 더하면 373개가 되고, 사용된 돌의 총개수를 따지는 것이니 내부 정자석 8개도 합하면 381개가 된다. 그리고 홍사준의 실측자료에 제시된 기단부 돌의 개수가 정확하다는 가정하에, 윗단 돌의 개수 12개를 합하면 393개가 되고, 여기에 땅속에 묻혀 있는 아랫단 돌의 개수 8개까지 더하면 첨성대 건립에 사용된 돌의 총 개수는 401개가 된다.

1980년대 수행된 한 연구에서는 첨성대를 구성하는 돌의 부피를 일일이 가늠한 후 여기에 화강암의 밀도 2.75t중/m³를 곱하여 돌의 무게를 추정하였다. 그에 따르면 실측도를 참고하여 산정한 원통형몸통 제12단부터 제27단까지와 꼭대기의 상부 정자석 2개 단까지 내부채움흙 위로 노출된 총 212개[*] 단위 석재의 무게는 0.5kN~8.7kN으로[**] 추정되었고, 이를 평균하면 석재당 3.6kN이 될 것이라고 하였다. 하지만 원통형몸통 제12단 아래 제1단

---

[*] 원통형몸통 제12단부터 제27단까지 돌의 개수는 193개이고, 여기에 남창구 문설주 2개, 제19단, 제20단, 제25단 및 제26단의 내부 정자석 8개, 제27단에 놓인 판석 1개, 상부 정자석 2개 단의 돌 8개를 합하면 212개가 된다.

[**] 1 Newton은 (1kg)×(1m/sec²)으로 1N = 1kg·m/sec²와 같이 나타낼 수 있다. 여기서 kg은 질량의 단위이고, m/sec²은 가속도의 단위이다. 1kg중은 중력가속도를 g = 9.81m/sec²라고 할 때 1kg중 = (1kg)×(9.81m/sec²) = 9.81kg·m/sec² = 9.81N이 된다. 따라서 1kN은 100kg중 정도에 해당하는 힘이자 무게이다.

부터 제11단까지의 단에 놓여 일부분이 내부채움흙 속에 묻혀 있는 나머지 단위 석재의 크기는 그나마 가늠해 볼 도리조차 없지만, 원통형몸통 외부에서 보이는 바로는 제12단 이상의 단에 놓인 석재보다 훨씬 더 클 것이므로 그 무게도 이보다 훨씬 더 무거우리라는 것을 어렵지 않게 짐작할 수 있다.

5. 침하, 기울기, 변형

이야기를 본격적으로 전개하기에 앞서 먼저 소제목의 어휘부터 정리해야 할 것 같다. 건축에서 '침하'는 건물의 무게로 말미암아 지반이 아래로 가라앉는 상태를 뜻하고, '기울기'는 수직으로 서 있어야 할 건물이 여러 가지 요인으로 인해 이를 이탈하여 기울어진 정도를 뜻하며, '변형'은 작용하는 하중을 비롯한 여러 원인에 의하여 건축물의 각 부분이 이동하고 회전한 정도를 뜻한다. 이들 세 가지 물리량은 서로 연결되어 있어 일반적으로 어떤 하나가 다른 것의 원인이 되기도 한다. 예를 들어 건물의 무게로 인한 침하는 피할 수 없는데, 모든 부분이 똑같이 가라앉는다면 크게 문제 될 것 없다. 하지만 어느 한쪽은 조금 가라앉는 반면 다른 쪽은 상대적으로 많이 가라앉는다면, 이는 마치 강풍과 물결에 휩싸인 배가 한쪽으로 기울어지듯이 건물의 기초 바닥도 전체적으로 기울어지게 될 것이다. 이런 현상을 부동침하라고 한다. 하지만 일반적으로 건물의 기울어짐은 배의 기울어짐에 비하여 그 양이 비교할 수 없을 정도로 엄청나게 적다. 부동침하가 발생하면 기울어진 바닥에 수직으로 서 있는 건물도 바닥의 기울어짐만큼 전체적으로 기울어질 것이고, 그에 따라 건물의 각 부분도 이동 및 회전하게 될 것이다. 부동침하가 때로는 건물의 기초 바닥 전체가 아닌 개별 기초 간 상대 침하량의 차이로 인하여 발생할 수도 있다. 이는 건물 각 부분의 응력이 비정상적으로 분포되게 하여 균열의 원인이 되기도 한다.

홍사준은 실측자료에서 첨성대가 1962~1963년 실측 당시 이미 "전체의 기울기가 중심선으로부터 동북 방향으로 455mm 정도이며 상부가 303mm 정도 우회전하였다"라고 보고하였다. 전체의 기울기가 중심선으로부터 동북 방향으로 455mm 정도라는 것은 첨성대 꼭대기의 상부 정자석의 중심이 동북 방향으로 455mm 이동했다는 뜻이 되고, 이를 기단부 윗단에 놓인 원통형몸통 제1단의 중심과 연결하면 수직선과 이루는 각도가 3° 정도[*] 기울어졌다는 뜻이 된다. 또한 상부가 303mm 정도 우회전했다는 것은 시계 방향으로 10° 정도[**] 회전한 것에 해당된다.

홍사준의 실측 이후 몇 차례에 걸쳐 실측에 기반한 연구가 수행되었다. 그중에서 1995년에 수행된 연구에 따르면, 첨성대는 1995년 현재 동쪽으로 1° 정도 기울어져 있고 원통형몸통 상층부 원과 하단부 원의 중심 간 격차가 200mm인 것으로 보고되었다. 또한 2003년에 수행된 3차원 레이저 스캐닝에 의하여 정밀 측량된 실측자료에 따르면, 첨성대는 동쪽으로 0.745°, 북쪽으로 1.91°, 그리고 전체적으로는 북동쪽으로 2.07° 정도 기울어져 있다고 보고되었다. 그러나 첨성대의 기울기와 편심거리에[***] 대한 두 연구 보고서간

---

[*] 지표면으로부터 첨성대의 꼭대기까지의 높이가 9.1m이고 기단부 윗단의 두께가 395mm이니 기단부 윗면을 중심으로 했을 때 기울기는

$$\left(\frac{455}{9100-395}\right)rad \times \frac{180°}{3.14rad} \approx 3°$$

[**] 상부 정자석 한 변의 길이가 3.06m이고, 상부가 303mm 우회전했다는 것을 정자석의 모서리가 외접원을 따라 이동한 것으로 계산한 정자석의 중심의 회전량은

$$\left(\frac{303}{\frac{3060}{2} \times \sqrt{2}}\right)rad \times \frac{180°}{3.14rad} \approx 8°$$

각 정자석 막대의 가운데가 이동한 것으로 계산한 정자석 중심의 회전량은

$$\left(\frac{303}{\frac{3060}{2}}\right)rad \times \frac{180°}{3.14rad} \approx 11.4°$$

어느 것을 측정한 것인지 명확하지 않으므로 계산된 두 값을 평균하면 9.7°로 10°에 가깝다.

차이와 홍사준의 실측자료와의 차이는 1962~1963년부터 1995년을 거쳐 2003년에 이르는 동안 첨성대의 기울기가 그 차이만큼 더 심화되었거나 완화되었다기보다는 측정장비의 정밀화에 따른 차이라고 보는 것이 더 타당할 것 같다. 첨성대의 편심거리와 기울기는 2016년 9월 발생한 경주 지진의 진동으로 인하여 더욱 심화되었을 가능성도 배제할 수 없다.

기울기와 관련하여 실측자료에 남긴 홍사준의 언급 중 주목할 만한 또 다른 것은 "첨성대를 입체적으로 보면 가운데 배가 북서 방향으로 내밀어졌고 전체적으로는 동북 방향으로 기울어져 있다"라는 것이다. 이는 첨성대의 현재 모습을 한마디로 정리한 것 같다. 가운데 배는 북서 방향으로 내밀어지고, 전체적으로는 동북 방향으로 기울어진 기형적인 변형이 만들어지게 된 원인은 무엇일까? 1986년에 발표된 한 연구자료에 따르면 부동침하로 인하여 기단부의 북쪽 평판석들이 눈에 띄는 변형을 보이고 있다고 보고되었다. 이에 대한 원인으로 부동침하를 의심하는 것은 당연한 것이겠지만, 첨성대의 기울기와 기형적인 변형이 과연 부동침하로 인한 것인지는 더 따져볼 일이다.

*** 편심거리(偏心, eccentricity)는 일반적으로 어떤 원의 중심과 인접한 다른 원의 중심 간 거리를 뜻하는데, 여기서는 원통형몸통 한 단의 중심과 다른 단의 중심 간 거리를 뜻한다.

참고문헌

아래의 참고문헌 목록은 이 장에서 참고한 자료의 목록을 인용한 순서에 따라 정리한 것이다.

▌「첨성대 실측」. 1963. 자료기사. 《미술사학연구》(구《고고미술》). 한국미술사학회, p.395.

▌ 홍사준. 1965. 「경주 첨성대 실측조서」. 《미술사학연구》(구《고고미술》). 한국미술사학회, pp.63~65.

▌ 남천우. 1987. 「첨성대 이설의 원인 — 이용범씨의 첨성대존의 재론을 보고」. 《한국과학사학회지》, 9(1), pp.95~108.

▌『조선고적도보(朝鮮古蹟圖譜)』 3. 1916. 조선총독부.
http://portal.nrich.go.kr/kor/filePopUpImage.do?relmenucd=616&relkey=3&fileTypeCd=364&popType=P&file_idx=199125&rowType=Y&st=1&sk=첨성대#link

▌ 문중양. 2006. 『우리역사 과학기행』. 동아시아, pp.19~36.

▌ 송민구. 1981. 「경주 첨성대 실측 및 복원도에 의한 비례분석」. 《한국과학사학회지》, 3(1), pp.52~75.

▌ 송민구. 『한국의 옛 조형의미』(기문당, 1987), pp.232.

▌ 이동우. 1998. 「경주 첨성대의 축조에 관한 구조공학적 고찰」. 《한국전통과학기술학회지》, 4(1), pp.59~86.

▌ 김장훈. 2008년 10월 30일 문화재 연구소 김덕문의 입회하에 첨성대 내부에 직접 들어가 실측함.

▌ 유복모·장상규·김원대. 1995. 「첨성대의 기능 및 현황에 대한 고찰」. 『대한토목학회 학술발표회 논문집』, pp.42~45.

▌ 손호웅·이성민. 2003. 「석조구조물의 효율적 유지관리를 위한 지질공학적 및 구조동역학적 특성연구」. 《지구물리》, 6(4), pp.277~294.

▌ 이동우. 1986. 「경주첨성대의 형태와 구조 — 왜 첨성대는 오늘날까지 그 형태를 유지해 왔는가?」. 《건설기술 연구속보》, 4(10). 한국건설기술연구원, pp.4~18.

4장
수(數)로 이루어진 첨성대와 그 상징성

부드럽게 처리한 화강암 석재로 외부 표면을 두르고 원통형몸통의 각 단이 평면으로는 서로 다른 곡률로* 원을 그리며 모든 단이 합하여 입면곡면을 이루는 그 단아한 형태는 보는 이가 감탄을 자아내기에 부족함이 없다. 이와 같이 첨성대의 아름다움을 곡선과 직선, 원과 정사각형이 어우러진 조화로움에서 찾을 수 있다면, 돌의 단수, 개수 및 방향이 이루는 연한과 사시와의** 개연성 그리고 수학적 상징성은 아름다움에 더하여 신비로움마저 느끼게 한다. 이로 인하여 규모가 그리 크지 않음에도 첨성대의 형상은 그 선례를 찾아볼 수 없을 정도로 유일무이하고 독특한 것으로 여겨진다. 이에 대

---

* 곡률(curvature)은 곡선의 휘어진 정도를 나타내는 물리량으로 수학적으로는 곡선의 함수를 거듭 미분하여 얻을 수 있다. 쉽게 말하여 지구와 축구공의 곡률을 비교하면 곡률의 크기가 뜻하는 바를 실감 나게 알 수 있다. 지구의 크기는 축구공에 비하여 엄청나게 크지만, 곡률은 엄청나게 작다. 이는 축구공 표면의 굽혀진 정도가 지구 표면의 굽혀짐보다 훨씬 크다는 뜻이다.

** 연한(年限)과 사시(四時)는 절기(節氣)와 계절을 뜻한다.

하여는 2013년 연구년의 일부를 보내도록 나를 초청했던 독일 슈투트가르트 대학(Universität Stuttgart) 사학과의 과학사가(科學史家 Historian of Science)이자 교수 헨첼(Prof. K. Hentschel)도 세계 각지의 석조 유적 관련 문헌을 그 나름대로 조사한 후 전적으로 동의하였다.

1. 의미론적 상징성

첨성대를 구성하는 돌의 수와 단의 수는 여러 가지 면에서 상징적 의미로 충만하다고 할 수 있다. 우선 원통형몸통을 이루는 단의 수 27은 지구 궤도를 도는 달의 공전주기 27일과 일치한다. 여기에 첨성대 꼭대기의 상부 정자석 2개 단을 더한 단의 수 29는 음력으로 1개월의 날수 29일에 해당한다. 나아가 원통형몸통 제13단으로부터 제15단 사이에 설치된 남창구의 위와 아래로 각각 놓인 단의 수 12는 1년을 이루는 12개월의 수와, 그리고 이들의 합인 24는 1년을 이루는 24절기의* 수와 일치한다.

앞서 헤아렸던 원통형몸통을 이루는 돌의 수를 다시 세어보자. 먼저 원통형몸통 제1단부터 제27단까지 내부공간을 두르며 몸통을 구성하는 돌의 수는 제19, 20, 25, 26단에 놓인 내부 정자석을 제외하고 362개, 여기에 제13단부터 제15단까지 뚫린 남창구 양 옆의 문설주 2개와 제26단의 정자석 위에 올려진 판석 1개를 추가하여 더하면 원통형몸통을 덮는 돌의 개수는 모두 362＋2＋1 = 365로 1년의 날수 365일과 일치한다. 또한 원통형몸통 제1단부

---

* 24절기는 중국과 한국의 역법(曆法)에서 사용되었으며 태양의 황경(黃經)을 15° 간격으로 나누어 태양이 각 점을 통과하는 순간을 일컫는 것으로, 달력에는 입춘(立春), 우수(雨水), 경칩(驚蟄), 춘분(春分), 청명(清明), 곡우(穀雨), 입하(立夏), 소만(小滿), 망종(芒種), 하지(夏至), 소서(小暑), 대서(大暑), 입추(立秋), 처서(處暑), 백로(白露), 추분(秋分), 한로(寒露), 상강(霜降), 입동(立冬), 소설(小雪), 대설(大雪), 동지(冬至), 소한(小寒), 대한(大寒) 등으로 표시된다.

터 제6단까지 각 단에 놓인 돌의 개수는 각각 16, 15, 15, 16, 16, 15개로 24절기 사이사이의 날수에 해당한다.

첨성대를 구성하는 돌의 수와 단의 수에 대한 또 다른 해석도 있다. 선덕왕이 신라 제27대 왕이니 이는 원통형몸통을 이루는 단의 수 27과 관련이 있을 수도 있다. 또한 내부 정자석을 제외하고 원통형몸통을 두르는 돌의 수 362에 남창구 양 옆 문설주를 이루는 돌의 수 2를 더하면 364가 된다. 여기에 원통형몸통 위의 절반을 덮는 판석 1개를 더하여 얻은 수 365는 앞서 얻은 두 수 27 및 364와 함께 다음과 같은 관계를 가지고 있음을 알 수 있다.

$$27^2 + 364^2 = 365^2$$

여기서 27은 선덕왕이 신라 제27대 왕이니 선덕왕의 수라고 할 수 있다. 364는 원통형몸통을 이루는 돌의 개수이니 첨성대의 수라고 할 수 있다. 365는 1년을 이루는 날의 수이자 지구가 태양을 공전하는 주기를 나타내는 수이니 하늘의 수라고 할 수 있다. 이들을 종합하여 위의 식을 '신라 제27대 왕 선덕이 첨성대를 통하여 하늘을 올려다본다'고 해석하는 시각도 있는데 억지 해석이라기보다는 그 나름대로 일리 있는 주장일 수도 있겠다.

이 대목에서, 피타고라스 정리를* 이용한 위의 관계식을 이렇게 해석한 것에 대한 참·거짓의 여부를 떠나 과연 첨성대 건립 당시의 신라인들이 이 정도로 피타고라스 정리에 통달했는지 합리적 의심이 들 수 있다. 단정할 수는 없는 일이지만 중국 수학의 역사를 살펴보면 이에 대한 대답을 미루어 짐작할 수 있을 것 같기도 하다. 중국의 고전수학 중 하나인 『주비산경』에는**

---

* 피타고라스 정리는 직각삼각형에서 밑변의 제곱과 높이의 제곱의 합은 빗변의 제곱과 같다는 정리이다.
** 『주비산경(周髀算經)』은 수리천문학을 다룬 중국 수학의 고전으로 기원전 4세기경 전국시대 이전에 저술된 것으로 알려져 있으며, 피타고라스 정리 외에도 분수의 곱셈, 나눗셈, 통분 및 제곱근 등에 대한 설명을 담고 있다고 한다.

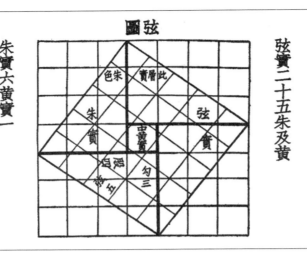

『주비산경(周髀算經)』의 현도(弦圖)

높이 3[句三], 밑변 4[股四], 빗변 5[弦五]라 하여 3 : 4 : 5 직각삼각형의 관계를 시각적으로 보이고 있다.

피타고라스 정리라는 명칭은 사용하지 않았지만 이를 일컫는 것이 분명한 구고현의* 정리를 보여주는 그림인 '현도(弦圖)'가** 등장하는데, 이는 피타고라스 정리를 증명하는 중국식 버전으로 알려져 있다. 따라서 당시 신라인들이 피타고라스 정리를 통달했는지에 대한 여부는 단정할 수 없지만, 적어도 중국에서 전파된 『주비산경』을 통하여 그 정리를 통달할 수 있는 여건이 조성되었을 가능성은 충분하다고 하겠다.

　원통형몸통을 이루는 돌의 수와 단의 수가 지닌 상징성에 더하여 몸통 아래 정사각형 기단 모서리의 동남측 귀퉁이와 북서측 귀퉁이를 잇는 대각선

---

* 　구고현(句股弦)은 직각삼각형 각 변의 명칭으로 구(句)는 높이, 고(股)는 밑변, 현(弦)은 빗변을 일컫는다고 한다.

** 　현도(弦圖)는 피타고라스 정리를 증명하는 중국식 버전으로 알려져 있다.

은 동지 때 일출 방향을 가리킨다고 한다. 이를 두고 태양의 남중고도가 동지 때 가장 낮은 상태이기 때문에 이로부터 날이 가며 태양의 고도가 높아지듯 새로이 시작하는 무언가가 점점 더 솟구쳐 오르기를 바라는 신라인들의 의지가 엿보인다고 해석하는 시각도 있다. 이 설명대로 동지 일출이 당시 신라인들에게 '다시 시작한다'는 특별한 의미로 받아들여졌는지도 모른다. 하지만 그렇다고 하여 동지 일출 방향이 왜 하필 기단의 구석을 잇는 대각선 방향이어야 하는지에 대한 의문은 여전히 가시지 않으니 그리 설득력 있게 들리지는 않는다. 다만 기단의 대각선 방향과 동지 일출 방향이 우연히 일치된 것이 아니라 첨성대 건립 당시 신라의 건설자들이 의도한 것이었다면, 기단이 놓일 지반을* 미리 다져둔 상태에서 준비하고 있다가 동지 때 해가 떠오르는 방향을 확인하고 그 위에 기단을 놓으며 첨성대의 건설이 본격적으로 시작되었을 개연성은 있을 것 같다.

2. 수학적 상징성

지금까지는 첨성대를 이루는 돌의 개수 및 단의 수에 담겼을지도 모를 여러 가지 뜻을 살펴보았다. 하지만 이는 그야말로 지극히 주관적인 해석일 수 있어 자칫 '믿거나 말거나' 식 이야깃거리에 그칠 가능성이 있는 취약한 논리 구조임을 부인할 수 없다. 이에 비하면 이제부터 펼쳐질 첨성대 자체의 치수와 형태에 깃들인 수학적 암시는 측정에 의하여 드러난 것이니 이보다 훨씬 더 객관적이라고 할 수 있겠다.

---

* 지반이란 건축물의 기초 아래 놓여 건축물을 지탱하도록 다져진 흙을 일컫는다. 무거운 돌로 지어진 첨성대의 무게를 견디도록 하려면 일정한 깊이로 흙을 파낸 후 잡석, 자갈, 모래 등을 섞어 상당한 두께로 지반이 단단하게 다져졌을 것으로 보인다.

첨성대 입면의 아름다운 비선형 곡선은* 원통형몸통의 제1단으로부터 제 27단에 이르기까지 다양한 지름의 단을 적절하게 배치하여 만들어졌다. 이렇게 생성된 첨성대 각 부분의 치수의 비례관계 또한 예사롭지 않다. 원통형 몸통 제1단에 대한 제27단의 지름의 비는 대략 3 : 5이고** 첨성대 전체 높이에 대한 기단의 대각선 길이의 비는 4 : 5이다.*** 이들 비의 구성요소는 다름 아닌 3 : 4 : 5 직각삼각형의 밑변 : 높이 : 빗변의 비를 사용한 것이 되고, 3 : 5와 4 : 5는 그 사인과 코사인**** 값이 된다. 이는 첨성대에서 피타고라스 정리가 사용된 또 하나의 사례라고 할 수 있겠다. 이 대목에서 과연 당시의 신라인들에게 사인과 코사인에 대한 개념이 있었을 것인가에 대한 강한 의구심이 들기도 한다. 하지만 그런 개념 자체는 없었을지 몰라도 이들 비율은 앞서 언급한 『주비산경』의 현도(弦圖)에 예시된 비율이기도 하기에 1,400여 년 전에 지어졌다는 이유만으로 첨성대의 건립에 그 비율이 사용되었을 가능성마저 무시할 수는 없는 일이다.

첨성대 각 부분 치수에 숨은 또 하나의 수학적 암시는, 첨성대 기단 아랫단 하부 모서리로부터 상부 정자석 윗단 바깥 면 상부 모서리까지 이은 선분(그림의 AB 라인)이 수직선과 이루는 각도에서 찾을 수 있다. 지표면으로부터

---

* 비선형성(nonlinearity)은 선형(linear), 즉 직선이 아니라는 뜻이다. 따라서 비선형 곡선은 일반적으로 곡선이나 곡면의 기하학적 특성을 일컫는다. 경우에 따라서는 2개 이상의 기울기로 연결된 꺾은선 그래프의 형태적 특성을 지칭하기도 한다.

** 제1단과 제27단의 지름이 각각 4.94m와 2.85m로 둘 사이의 비는 2.85 : 4.94 = 2.9 : 5이니 대략 3 : 5로 간주할 수 있다.

*** 지표면으로부터 첨성대 전체의 높이가 9.1m이고, 지표면 위로 돌출된 정사각형 기단 윗단 한 변의 길이가 5.18m이니 그 대각선 길이는 $5.18\sqrt{2} = 7.3$m이므로 이 둘 사이의 비는 거의 정확하게 4 : 5가 된다.

**** 사인(sine)과 코사인(cosine)은 직각삼각형에서 빗변의 길이에 대한 높이의 비 또는 밑변의 길이의 비를 일컫는다. 즉 직각삼각형의 빗변과 밑변이 이루는 각도가 θ라면

$$\sin\theta = \frac{높이}{빗변의\ 길이} \quad,\quad \cos\theta = \frac{밑변의\ 길이}{빗변의\ 길이}$$

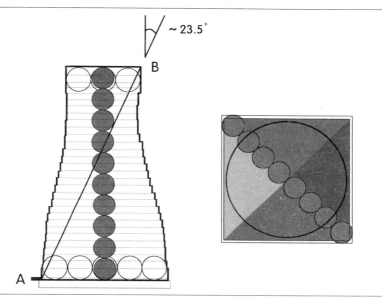

첨성대 각 부분의 치수 간 비율

원통형몸통 제1단에 대한 제27단의 지름의 비가 3 : 5이고, 전체 높이에 대한 기단의 대각선 길이의 비가 4 : 5임을 시각적으로 보이고 있다. 아울러 기단 아랫단의 모서리와 상부 정자석 윗단 모서리를 잇는 선분 AB가 수직선과 이루는 각도를 보이고 있다.

첨성대 꼭대기까지의 높이가 9.1m이고 기단 아랫단의 일부는 지표면 위로 노출되었으니 흙 속에 묻힌 부분이 300mm 정도라면, 기단 아랫단 하부로부 터 상부 정자석 윗단 윗면까지 전체 높이는 9.4m가 된다. 또한 상부 정자석 바깥 모서리는 원통형몸통 제27단 바깥 면에 맞추어 놓였으니 기단 아랫단 하부 바깥 모서리로부터 평면상 마주보는 위치에 놓인 상부 정자석 윗단 바 깥 면 모서리까지의 수평거리는 기단 아랫단 한 변의 길이 5.36m와 원통형 몸통 제27단의 바깥 지름 2.85m 간 차이의 절반을 기단 아랫단 한 변의 길이 에서 빼면 구할 수 있다. 따라서 그림의 선분 AB를 빗변으로 하는 직각삼각 형의 높이와 밑변을 구했으니 선분 AB와 높이가 이루는 각도 θ는 다음과 같이 계산된다.

$$\theta = \tan^{-1} \left[\dfrac{5.36 - \left(\dfrac{5.36 - 2.85}{2} \right)}{9.4} \right] = 23.6\,^\circ$$

이렇게 구한 각도는 놀랍게도 태양 주위를 공전하는 지구의 궤도에 대하여 지축의 기울어진 각도, 즉 황도경사[*] 23.5°와 거의 일치하는 각도이다. 이는 춘·추분 때 태양의 남중고도와 하지 때 남중고도의 차이 또는 동지 때 남중고도의 차이와 동일한 값으로서 해 그림자를 통하여 관찰할 수 있는 각도지만, 앞서의 경우와 마찬가지로, 과연 당시의 신라인들이 이렇게까지 세심하게 첨성대의 치수를 정했을까라는 합리적 의심으로 귀결된다.

첨성대의 우아한 자태를 만들어낸 원통형몸통의 아름다운 이중곡률[**] 곡선은 다양한 방법으로 재현해 낼 수 있다. 가장 단순한 방법으로는 사인 곡선 또는 코사인 곡선을[***] 손질하여 만드는 것인데 주어진 그림을 보며 따라가면 쉽게 그릴 수 있다. 먼저 한 사이클[****] 분량의 코사인 곡선을 그린 후 중앙 절반을 취한다. 다음으로 Y-축의 코사인 값의 크기를 축소한 후 적절한 각도로 회전하여 일으켜 세우고 Y-축에 근접하게 이동한다. 마지막 단계로

---

[*] 황도(黃道)는 태양이 1년 동안 지나는 하늘의 길로 지구의 공전궤도를 통하여 관찰된다. 황도경사는 황도와 적도가 이루는 각도로 황도면에서 지축의 기울어진 각도이다. 이로 인하여 계절에 따른 태양 고도의 차이가 발생한다.

[**] 이중곡률(double curvature)은 하나의 곡선 안에 존재하는 알파벳의 'S'처럼 휘거나 굽혀진 방향이 2개인 곡률을 일컬으며 복곡률(複曲率)이라고도 한다. 여기서 곡률(curvature)은 곡선의 휘어진 정도를 나타내는 물리량으로 수학적으로는 곡선의 함수를 거듭 미분하여 얻을 수 있다.

[***] 사인 곡선(sine curve) 또는 코사인 곡선(cosine curve)은 X-축을 각도로 하고, Y-축을 그에 대한 사인 또는 코사인 값으로 하여 직교좌표계에 그린 그래프를 일컫는다.

[****] 한 사이클(1 cycle)은 사인 곡선이나 코사인 곡선처럼 값이 주기적으로 반복되는 곡선에서 ±값을 거쳐 처음 값으로 돌아오기까지의 한 주기의 구간을 일컫는다. 사인 곡선과 코사인 곡선에서 1사이클은 360° 또는 2π radian에 해당한다.

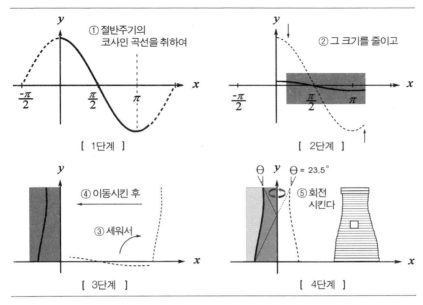

코사인 곡선을 이용한 첨성대 입면곡선의 재현

Y-축에 대하여 축 대칭 이미지를 그리거나 Y-축을 중심으로 회전하면 원통형몸통의 입면곡선을 얻을 수 있다. 물론 이렇게 재현한 첨성대 입면곡선은 원통형몸통 제23단부터 제27단까지 지름의 변화가 거의 없이 놓인 실물과는 동일하지 않겠지만 시각적으로 알아볼 정도로 큰 차이가 나는 것은 아니다. 하지만 사인 곡선과 코사인 곡선에 대한 개념은 접어두더라도 이들 곡선을 그릴 수 있는 직교좌표계* 자체가 17세기가 되어서야 데카르트(René

---

* 직교좌표계(Cartesian Coordinate System)는 2차원의 경우 서로 직교하는 임의의 X-축과 Y-축으로 정의되고 두 축은 평면을 이루며 두 축이 만나는 점이 원점이 된다. (X, Y) 값을 가진 임의의 점의 평면상 위치를 나타낸다. 3차원의 경우 서로 직교하는 임의의 X-축, Y-축, Z-축으로 정의되며, 서로 직교하는 XY 평면, XZ 평면, YZ 평면으로 이루어진 공간으로 세 축이 만나는 점이 원점이 된다. (X, Y, Z) 값을 가진 임의의 점의 공간상 위치를 나타낸다.

Descartes)에 의하여 만들어졌기 때문에 첨성대 건립 당시 신라인들이 이런 방식으로 원통형몸통의 곡면을 구현했을 가능성은 거의 없을 것 같다.

참고문헌

아래의 참고문헌 목록은 이 장에서 참고한 자료의 목록을 인용한 순서에 따라 정리한 것이다.

▌박창범. 2002. 『하늘에 새긴 우리 역사: 천문기록에 담긴 한국사의 수수께끼』. 김영사, pp.252.

▌송민구. 1981. 「경주 첨성대 실측 및 복원도에 의한 비례분석」. 《한국과학사학회지》, 3(1), pp.52~75.

▌김용운·김용국. 1996. 『중국수학사』. 민음사, pp.489.

▌송민구. 1987. 『한국의 옛 조형의미』. 기문당, pp.232.

▌조용욱. 1999. 「한국수학교육의 역사적 고찰」. 《교육과학연구》, 교육과학연구소, 1999(4). 신라대학교, pp.219~232.

▌Kim, Young-Woon. 1974. "Structure of Ch'ŏmsŏngdae in the Light of the Choupei Suanchin." *Korea Journal*, 14(9), Sept., pp.4~11.
http://www.ekoreajournal.net/issue/view_pop.htm?Idx=1141

▌Kim, Jang Hoon and Park, Sang Hun. 2009. "Mathematical Interpretation of a Thirteen Hundred Year Old Stone Masonry Observatory." *NEXUS Network Journal*, 11(1), pp.23~34.
http://link.springer.com/chapter/10.1007%2F978-3-7643-8974-1_3

5장
다양한 이야기

　지금까지 우리는 첨성대를 이루는 돌의 개수와 단의 수, 각 부분의 치수와 전체적인 형태로부터 수학적으로 의미 있는 관계를 유추해 낼 수 있음을 보았다. 그리고 그 사이사이에 담겨 있을지도 모르는 여러 가지 뜻도 살펴보았다. 하지만 건립 당시의 기록은 없고 실물만 생생하게 존재하는 현실 속에서 이러한 여러 가지 수학적 관계와 풍부한 상징성은 객관적 사실이나 정황에 근거한 학제적 논리의 전개로 발전하기보다는 오히려 주관적 판단이나 개인적 취향에 따라 지어낸 다양한 이야기의 꽃이 피어나는 토양이 되었다. 즉 역사기록이 절대적으로 부족하여 무엇이 진실인지 가려낼 도리가 도무지 없다 보니 첨성대에 관심이 있는 사람이라면 그 누구나 자신의 생각대로 이야기를 빚어내어 펼치는 것이 가능한 상황이 된 것이다. 그리고 이 모든 이야기의 중심에는 첨성대의 기능, 즉 첨성대가 무엇을 위하여 건립되었는지 알고 싶어 하는 모든 이들의 궁금증이 자리 잡고 있다.

　이렇게 등장한 이야기가 이야기로 남는다면야 크게 문제 될 것까지는 없었겠지만, 이야기는 주장이 되었고 그 주장에 동의하지 않는 이들이나 다른 주장을 펴는 이들을 객관적인 증거도 없이 설득하려다 보니 자연스레 무리가 따르면서 논쟁으로 변질될 수밖에 없었다. 이런 사정으로 인하여 불거진 것이 1970년대에서 1980년대까지 지속되며 학계를 떠들썩하게 했던 이른바 '첨성대 논란'이다.[*] 그렇다고 하여 그런 이야기들이 전혀 허무맹랑하다는 것은 절대로 아니다. 제기된 대부분의 이야기들은 그 나름대로 그럴듯한 근거도 있고 사연도 있다. 하지만 객관적 증거나 설득논리가 부족하여 진위를 입증할 수 없기 때문에 현재로서는 각각 '이야기' 이상도 이하도 아닌 상태로 남을 수밖에 없다. 따라서 소모적인 논쟁을 피하고 이야기 자체를 즐기려면 이야기를 이야기로 말하고 들을 수 있는 마음가짐이 필요하다고 하겠다.

여기서는 첨성대로부터 얼마나 다양한 이야기가 생성되었는지 독자들이 즐길 만한 여러 가지 이야기의 요지를 소개하려고 한다.

1. "천문관측소이다"

우리나라에서는 첨성대가 세계에서 또는 동양에서 가장 오래된 현존하는 천문대라고 어려서부터 학교에서 배운다. 첨성대에 대하여 알게 된 일부 외국인들도 그렇게 인정하는 편이다. 따라서 이 이야기는 우리 민족이 일찍이 천문대를 짓고 천문관측을 시작했다는 민족적 자부심을 자극하며 친근하게 다가와 자리 잡을 수 있었다.

---

[*] 첨성대 논란은 일반적으로 한국과학사학회가 주관하여 1973년, 1979년, 1981년에 열린 세 차례의 토론회를 거치며 일어났던 논쟁을 일컫는다. 수학, 건축학, 천문학, 물리학, 과학사, 동양사학 등 다양한 전공 배경을 지닌 사람들이 참석한 토론회의 주요 쟁점은 첨성대의 기능, 즉 첨성대가 왜 건립되었고 어떤 용도로 사용되었는지에 있었다.

천문관측소로서 첨성대의 기능은 서기 1486년 조선 9대 임금 성종 17년에 편찬한 『동국여지승람』을 1530년 조선 11대 임금 중종 25년에 교정 및 증보하여 발간한 『신증동국여지승람』에 역사상 처음으로 등장한다. 『신증동국여지승람』에 소개된 조위의 시에 "규표를 세워 그림자를 재서 일월을 관찰하고, 대에 올라 구름을 바라보고 별로 점을 쳤다"라고 했으니 비록 시(詩)라는 문학작품 속에서이지만 첨성대의 기능을 분명하게 규정하고 있다. 더욱이 이를 근거로 하였는지는 분명하지 않지만, 조선왕조에서 편찬한 지리서에 "사람이 속으로부터 오르내리면서 천문을 관측한다"라고 기록되어 있으니 첨성대와 관련된 다른 여러 이야기에 비하여 비교적 근거가 탄탄하다고 간주할 수도 있겠다. 여기에 더하여 첨성대(瞻星臺)라는 이름 자체에 별을 올려다보는 높은 곳이라는 뜻도 담겨 있으니 신뢰할 만한 이야기이자 모든 사람이 좋아하는 이야기가 되었다.

첨성대가 천문관측소로 사용되었다고 하더라도 당시의 활동 범위와 운용 방식이 각종 망원경과 컴퓨터 등 첨단장비를 두루 갖춘 오늘날의 천문대와 같을 수는 없었을 것이다. 조위는 시를 지었던 15~16세기 당시의 천문관측 활동으로 해 그림자를 재는 일, 해와 달을 관찰하는 일, 구름을 관찰하는 일, 별을 보고 점을 치는 일 등을 들고 있다. 이는 첨성대의 건립 추정 시기인 7세기경으로부터 오랜 세월이 흐른 후의 일이지만, 만일 건립 당시 첨성대에서 천문관측 활동을 수행했다면, 그 내용이 조위의 시에서 노래한 내용과 크게 달랐을 것 같지는 않다.

첨성대의 천문대 기능과 관련하여 20세기에 등장한 각종 이야기들은 주로 조위의 시에서 노래한 천문관측 활동이 첨성대를 통하여 실현 가능하다는 것을 보이려는 의도로 전개되었던 것 같다. 이를 위하여 어떤 이는 문학적 상상력을 발휘하여 첨성대 꼭대기에 나무로 된 관측소 건물이 세워졌을 것이라는 이야기를 지어내기도 하였다. 물론 세월이 흐르며 목조 건물은 소실되었을 것이기에 이 이야기도 대부분의 다른 이야기처럼 그 진위를 따지

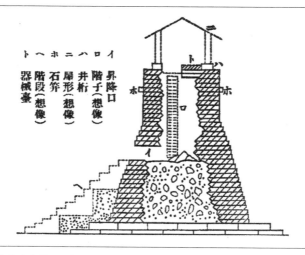

첨성대 꼭대기에 목조 관측소 건물을 그린 와다 유지의 상상도

기가 곤란하게 되었지만 말이다.

이 이야기는 일제 강점기 조선총독부 관측소장 와다 유지(和田雄治)가 지어낸 것으로 1911년 《네이처(Nature)》지 뉴스란에 세 문장 정도로 간결하게 소개되었는데, 요지는 이야기의 근거가 확실하지 않다는 것이었다. 비록 첨성대라는 명칭을 직접적으로 지칭하지는 않았지만 이는 첨성대가 서방세계에 최초로 소개된 계기가 되었다고 할 수 있다. 와다 유지는 이에 앞선 1910년 한국관측소학술보고대회에서 발표한 글에서 목조 관측소 이야기를 하며, 그 근거를 제시하려는 듯 글의 첫머리에 조위의 시를 소개하였다. 이야기의 주제인 첨성대 꼭대기 목조 관측소 건물 상상도에서 눈에 띄는 것이 두 가지 있는데 그 하나는 내부채움흙 위에 설치되어 꼭대기까지 이르는 사다리이고, 다른 하나는 지표면으로부터 남창구까지 오르는 외부 계단이다. 둘 다 첨성대 꼭대기까지 올라가 천문관측이 가능하다는 이야기를 하려고 상상력

을 발휘한 것으로 보인다. 한편 1915년 한국을 방문하여 1917년까지 머물렀던 미국의 천문학자 러퍼스(Rufus)는 여기에 한술 더 떠서 신라의 천문관들이 첨성대 꼭대기에서 밤낮 없이 하늘을 관찰하다가 주목할 만한 천체 현상이 나타나면 이에 대한 보고서를 첨성대 아래에서 대기하는 메신저에게 떨어뜨려 왕에게 보고하도록 했다는 이야기를 지어내기도 하였다.

첨성대 꼭대기에 목조 관측소가 설치되었을 것이라는 이야기와는 별개로, 천문관측소 이야기를 옹호하는 이들 중 조금 더 열심을 낸 어떤 사람은 첨성대 꼭대기에서 밤하늘의 별을 관측하는 일이 가능하다는 것을 보이려고, 한밤중에 몰래 사다리도 없이 남창구까지 오른 후 남창구를 통하여 첨성대 안으로 들어가 원통형몸통 제12단까지 채워진 내부채움흙을 딛고 나서, 역시 사다리 없이 꼭대기의 판석에 오르는 모험을 감행하기도 하였다. "사람이 속으로부터 오르내리면서 천문(天文)을 관측하였다"라고 언급한 『신증동국여지승람』의 기록을 그대로 행동으로 옮긴 사례이다. 이는 이 책을 쓰고 있는 2017년 현재로부터 45년 전의 일이지만, 담당 기관의 허락도 없이 우리 모두가 아끼고 보존해야 할 대상인 첨성대에 무단으로 그것도 한밤중에 오르는 것은 아무리 좋은 의도라고 할지라도 명백한 위법 행위이므로, 하지 말아야할 일에 대한 좋은 예시를 남긴 정도로 그 의미를 부여할 수 있다.

앞서 소개된 이야기가 순전히 개인적 취향이나 상상력에만 의존한 것이었다면, 이와는 대조적으로 첨성대의 위치와 기하학적 특성을 수학적으로 분석하여 첨성대가 천문대로서 기능했을 뿐만 아니라 다양한 상징성도 내포했을 것이라는 이야기를 논리적으로 풀어낸 이도 있는데, 바로 송민구이다. 그에 따르면 첨성대의 위치는 하지 때 태양의 남중고도에 해당하는 위도와 거의 일치한다고 한다. 이는 신라의 시조 박혁거세의 오릉의[*] 위도와도 일치

---

* 박혁거세 오릉(五陵)은 신라 오릉 또는 경주 오릉이라고도 하며 신라 시조 박혁거세와 그 아내 알영 왕비, 제2대 남해왕, 제3대 유리왕, 제5대 파사왕 등 신라 건국 초기 4명의 박씨 성을 가진 임금의 무덤이라고 전해진다.

하는 위치라고 한다. 또한 첨성대 기단의 모서리는 동지 일출의 방위와도 일치한다고 하는데, 첨성대를 기점으로 동지 때 일출 방향으로 이어지는 선상의 북쪽으로 3km 지점에는 김유신 장군의 묘가, 800m 지점에는 제13대 미추왕릉과 제17대 내물왕릉이 위치한다고 하며, 남쪽으로 2.5km 지점에는 선덕왕릉이 그 선상으로부터 약간 벗어나 위치한다고 하여 의미를 부여한다. 그의 이야기에서 주목할 만한 점은 첨성대의 형태상 특징에 관한 것인데, 원통형몸통의 회전곡면모선이* 황도곡선인** 동시에 사인 곡선 또는 코사인 곡선의 반주기를*** 취한 것이라고 제안한 것이다. 즉 원통형몸통을 이루는 4개 단씩을 1개월로 하면 기단 윗면이 동지, 중앙 개구부 하단에서 춘분, 제24단에서 하지, 이를 정점으로 다시 하강하여 중앙에서 추분, 그리고 기단 윗면에서 동지가 되어 1년의 주기가 끝난다는 것이다. 첨성대 원통형 몸통의 입면곡선이 실제로 사인 곡선의 반주기와 정확하게 들어맞을지는 더 따져볼 일이지만, 이 정도까지 상정했다는 것 자체만으로도 놀라운 상상력이요 직관이라 하겠다.

가장 최근의 이야기는 21세기에 들어 등장한 것인데, '첨성대가 건립된 이후 신라의 야간 천체관측 기록의 수가 그 이전에 비하여 크게 증가하였고 그 내용도 보다 구체적이고 상세해졌다'는 분석자료를 근거로 첨성대가 천문대였음을 확신하며 주장하는 어떤 이의 이야기이다. 이를 위하여 『삼국사기』와 『증보문헌비고』 등에 기록된 서기 39년부터 935년 사이의 고구려, 백제, 신라의 천문관측기록 142건을 분석했다고 한다. 특히 유성(별똥별) 기록의

---

* 회전곡면모선(廻轉曲面母線)은 어느 한 축을 중심으로 회전시켜 얻게 되는 3차원 곡면형태의 기본이 되는 직선이나 곡선을 일컫는다.
** 황도곡선(黃道曲線)은 태양이 1년 동안 지나는 하늘의 길을 계절에 따라 변화하는 태양의 남중고도로 나타낸 곡선을 일컫는다.
*** 사인 곡선 또는 코사인 곡선의 반주기는 X-축을 각도로 하고, Y-축을 그에 대한 사인(sine) 또는 코사인(cosine) 값으로 하여 직교좌표계에 나타낸 반주기(180° 또는 π radian)만큼의 그래프를 일컫는다.

경우 첨성대가 건립된 이후부터 천구상의 위치가 구체적으로 기록에 포함되기 시작했다고 하는데, 이는 특정한 곳에서 매일 밤 체계적으로 천문관측이 이루어져야만 가능한 일이라는 것이다. 따라서 유성 관측기록 중 무려 5개의 떨어진 위치가 첨성대와 가까이에 산재되어 있다는 것은 이들을 첨성대로부터 직접 관측했다는 것이고, 이는 첨성대가 천문대였음을 보여주는 결정적인 단서라고 자신의 논리를 펼친다. 이 이야기는 비교적 논리 정연하고 그 나름대로 과학적 분석을 곁들이는 것으로 보이기에 첨성대가 고대 천문관측소였다고 믿는 사람들에게는 갈증을 해소할 만한 이야기이겠지만, '과연 그럴까?'라는 시각을 지닌 다른 이들을 설득하기에는 여전히 논리가 부족하다고 하겠다. '이야기'의 단계를 넘어 '주장'이 된 이 이야기의 신뢰성에 대하여 당장 다음의 세 가지 의문이 제기될 수 있다.

첫째는 이 이야기에 사용된 천문관측 기록의 분석을 위하여 참고한 『삼국사기』(1145) 및 『증보문헌비고』(1770~1903)의 편찬 시기와 분석 대상인 고구려, 백제, 신라의 야간 천체 관측이 이루어졌을 것으로 추정되는 시기(39~935) 간의 차이가 엄청나게 크다는 것이다. 즉 나중에 편찬된 『증보문헌비고』는 그보다 625~758년 앞서 편찬된 『삼국사기』를 직접 참고했거나 『삼국사기』를 참고하여 그 이후 편찬된 다른 문헌을 참고했을 터이니, 결국 『삼국사기』의 편찬 시기보다 210~1106년 앞서 수행된 천문관측에 대한 『삼국사기』의 기록이, 그 신뢰성을 입증해 줄 만한 다른 자료가 존재하지 않는 상황에서, 과연 얼마나 신뢰할 만하겠는가? 더욱이 이야기의 당사자가 천문대로서 첨성대의 기능에 대한 결정적 단서라고 주장하는, 첨성대 가까이에 산재한 5개의 유성 낙하지점에 대한 기록 중 하나는 『삼국사기』에는 기록이 없는 것 같고 『증보문헌비고』의 기록만 의지하고 있으니 말이다. 둘째로 어쩌면 첨성대보다 더 나은 관측 여건을 갖추었을 수도 있는 당시의 왕궁이었던 반월성, 그리고 대사찰이었던 황룡사나 삼랑사 등이 가까이에 위치하는데 하필이면 왜 '매일 밤 체계적으로 천문관측을 수행하는 특정한 곳'이 반드시 첨성대여야만 하는가? 이 의문은 다음에 소개되는 이야기에서 더욱 상세하게 논하기로 한다. 셋째로는 천문관측이 당시의 국가와 왕실의 안위와 길흉을 예고하는 징조로 받아들여졌기에 관측결과가 『삼국사기』에 공식적인 역사기록으로 남을 정도로 중요한 것이었다면, 그렇게 중요한 천문관측을 수행하는 사람들과 국가기관이 이용하는 천문관측소 건물의 건립에 대한 기록이 왜 『삼국사기』에는 전혀 언급되지 않았겠는가?

이와 같이 제기된 의문에 대하여 이야기를 지어낸 이의 생각이 어떤지는 알 수 없지만, 아마 '역사기록도 신뢰하지 않고 트집을 잡다니, 그렇다면 다른 대안이라도 있다는 말인가?'라며 역으로 질문할지도 모르겠다. 이에 대한 대답이 될 수 있을지 모르겠지만, 정답을 알 수 없는 이야기를 단정적으로 주장하기보다는 그냥 '이야기'로 말하면 되지 않았을까? 답이 존재하는 것은 분명한데 무엇이 답인지 입증할 수 없는 상황이라면 굳이 답을 단정하거나 확정적으로 주장할 필요가 있겠는가? 설익은 결론을 너무나 단정적으로 서둘러 내린 '주장'에 대하여 이상과 같은 의문이 제기되는 것이 어찌 보면 당연하다고 여겨지기도 한다. 하지만 사실 이 책을 쓰고 있는 나 자신도 첨성대가 세계 최초의 천문대였음이 모든 정황을 아우르며 객관적이고도 논리적으로 인정되는 날이 언젠가는 오기를 간절히 바라고 있다. 비록 합리적인 의문에 대한 답을 찾을 수 없어 그런 날이 더디게 올지라도 첨성대를 매개로 한 우리의 상상력이 더욱 풍성해지고 다양한 이야기가 계속된다면, 먼 훗날 누군가가 그 모든 이야기를 엮어서 모두가 인정할 수밖에 없는 하나의 학설로 다듬어 내어놓을 날이 오지 않을까?

2. "천문관측소는 아니다"

첨성대가 천문대였음을 보여주는 증거라고 제시되는 정황만큼이나 첨성대가 천문대일 수는 없다는 증거로 제시되는 정황도 여럿 있으며, 이들 두 진영 사이의 논리는 팽팽한 평행선을 달리고 있다. 사실 여기에서 논하고자 하는 것은 독립된 이야기라기보다는 첨성대가 '천문관측소'였을 것이라는 앞선 이야기들에서 제시된 정황에 대한 반론에 가깝다고 하겠다. 하지만 그 중대성으로 인하여 하나의 이야기로서 분류하여 대등하게 다루고자 한다.

먼저 본격적인 이야기로 들어가기에 앞서 첨성대가 천문관측소였다고 제시되는 정황을 이쯤에서 한번 정리해 보기로 하자. 첫째, 첨성대(瞻星臺)라는 이름 자체가 별을 올려다보는 높은 곳이라는 뜻을 지니고 있다. 둘째, 『삼국유사』를 비롯하여 『세종실록지리지』 등 여러 역사문헌에 그 건립 시점과 얼개가 언급되어 있다. 특히 『신증동국여지승람』에는 첨성대에서 천문관측을 수행했다고 구체적으로 명기되어 있다. 셋째, 와다 유지(和田雄治), 러퍼스(Rufus), 니덤(Needham) 등 외국인 학자들도 첨성대를 고대 천문관측소로 이해하였다. 넷째, 첨성대의 위치, 얼개, 방향 등의 기하학적 특성이 천체운동으로부터 관찰되는 규칙과 상징성을 포함하고 있다.

첨성대가 천문관측소였음을 증언하는 것으로 알려진 이들 정황 중 앞의 세 가지에 대한 반론은 거의 즉각적일 수 있지만, 마지막 네 번째 정황은 그나름대로 객관적 근거가 제시된 것이므로 이에 대하여는 섣불리 단정하지 말고 상당히 조심스럽게 접근해야 할 것 같다. 첫째, 첨성대라는 이름 속에 이미 별을 올려다보는 높은 곳이라는 뜻이 담겨 있는 것은 사실이지만, 그 이름과 함께 존재 자체가 최초로 언급된 것은 건립 후 634~649년의 세월이 지난 후의 일이기 때문에 과연 건립 당시에도 동일하게 '첨성대'라고 불렸을지 확신할 수 없는 노릇이라고 이미 1장 '옛 문헌 속의 첨성대'에서 의문을 제기한 바 있다. 둘째, 『삼국유사』는 첨성대 건립 후 634~649년이 지나서, 『세종실록지리지』는 807~822년이 지나서, 『신증동국여지승람』은 883~898년이 지나서 발간되었지만, 이들 문헌의 저자들이 참고했을 것으로 여겨지는, 다시 말하자면 634~898년의 세월의 격차를 메울 만한, 참고문헌이나 사료는 그 존재조차 알 도리가 없는 것이 현실이기 때문에 이들 문헌의 첨성대 관련 기록의 신뢰성에 대하여 의구심을 갖는 것은 합리적이고 당연하다고까지 하겠다. 이런 상황에서 『신증동국여지승람』에 역사상 최초로 등장한 첨성대의 천문관측소 기능에 대한 언급을 과연 어디까지 신뢰할 수 있을지 의문이 든다. 더욱이 『신증동국여지승람』에 기록된 첨성대의 천문관측 기능에 대한 언급이 조선 전기의 문신이자 문장가였던 조위가 지은 시를 참고하여 더해졌을 것으로 추정되는 정황이 짙다고 이미 1장 '옛 문헌 속의 첨성대'에서 지적한 바 있다. 셋째, 외국인 학자들도 첨성대를 고대 천문관측소로 이해했다는 것에 대하여 논하자면, 와다 유지는 조위의 시를 참고하여, 러퍼스는 와다 유지의 논문을 참고하여, 니덤은 러퍼스의 논문을 참고하여 그렇게 이해했을 가능성이 있다. 실제로 조위의 시를 맨 앞에 인용한 와다 유지의 논문은 1910년에, 러퍼스의 논문은 1936년에, 니덤의 책은 1959년에 발간되었으니 그럴 만한 개연성은 충분하다. 넷째, 첨성대의 위치, 얼개, 방향 등이 천체운동의 규칙과 상징성을 포함한다는 것은 현재도 관찰되는 사실임에 틀림없는 것 같다. 하지만 이것이 첨성대가 반드시 천문관측소여야 할 필연적인 이유라고 해석할 수 있을 것인지 현재로서는 확신할 수 없다. 이에 대하여는 이 책에서뿐만 아니라 첨성대에 관심을 갖는 현재와 미래의 모든 연구자들이 두고두고 따지며 규명해야 할 과제로 남겨야 할 것 같다.

이에 더하여 첨성대가 천문관측소일 수는 없다는 증거로 제시되는 정황이 몇 가지 더 있다. 첨성대 논란이 시작되었던 때로부터 40여 년의 세월이 흐르며 그 논란의 요지가 이미 널리 알려진 탓에 이들 정황 역시 널리 알려졌다고 생각되는데 여기서 그 요지를 정리해 보기로 하자. 이를 위하여 첨성대가 고대 천문관측소였음을 확신하는 이들이 증거로 제시하는 『신증동국여지승람』의 기록대로 "사람이 속으로부터 오르내리면서 천문(天文)을 관측"한다는 가정하에 생각하기로 한다. 첫째, 오늘날의 천문대는 대개 높은 산 정상이나 장애물이 없는 경우에는 산 중턱에 세워져 주변의 지형지물로부터 방해받지 않고 하늘을 관찰할 수 있도록 위치한다. 하지만 첨성대가 세워진 위치는 해발 40~50m 정도의 저지대인 경주이고 그것도 왕궁과 사찰이 근접해 있어 일반적으로 보기에 천문대가 세워지기에 적절한 위치라고 할 수 없다. 둘째, 첨성대 상부 정자석 윗면까지의 높이는 지표면으로부터 겨우 9.1m 남짓이다. 이 정도 높이에 올랐다고 하여 하늘의 별과 달을 얼마나 더 잘 관찰할 수 있을지 의구심이 든다. 셋째, 첨성대의 유일한 출입구인 남창구까지의 높이가 지표면으로부터 4.16m이고, 정사각형으로 뚫린 입구 한 변의 치수는 910mm이다. 빈 속을 통하여 오르내리며 천문을 관측하려면 먼저 4.16m를 올라야 하고, 그 높이에서 몸을 숙여 가로 세로 각각 910mm인 출입구로 기어 들어간 후 다시 원통형몸통의 속에서 꼭대기로 올라가야 한다. 매일 밤 지속적으로 천문을 관찰하기에 절대로 적절하지 않은 접근 경로임에 틀림없다. 이에 대하여 밤에 출몰할 수도 있는 맹수들로부터 천문관들을 보호하기 위하여 일부러 그렇게 만들었을 것이라는 반론도 있다. 아울러 이런 경로로 오르는 일이 절대로 불편하지 않다는 것을 보이려고 한밤중에 맨손으로 첨성대의 꼭대기까지 몸소 오른 이가 있었다는 것은 앞서 말한 바 있다. 똑같은 것을 놓고서도 누구에게는 불편하지만 누구에게는 전혀 그렇지 않을 수도 있다. 하지만 사람마다 다를 수 있는, 논란의 소지가 있는 요소를 일반화시키는 것은 적절치 않다.

지금까지 살펴본 바에 따르면 각 사람이 첨성대 실물과 역사자료를 어떻게 해석하느냐에 따라, 즉 개인의 취향이나 주관적 판단에 따라, 저마다 자신의 첨성대 이야기를 지어내는 것 같다. 이는 첨성대에 관한 역사자료가 수적으로나 양적으로 충분하지 않을 뿐만 아니라 그 내용의 신뢰성에도 의문이 제기되다 보니 비롯된 어찌 보면 당연한 귀결이라고 하겠다.

3. 발상의 전환

첨성대에 관한 나머지 이야기들을 소개하기에 앞서 첨성대가 고대 천문관측소였는지 또는 그렇지 않은지에 대하여 지금까지 소개된 여러 이야기들이 말하는 바를 정리하고 넘어가는 것이 좋겠다. 여기서 주목할 점은 첨성대의 천문관측소 기능을 옹호하는 이야기든 반론을 제기하는 이야기든, 공통적으로 『신증동국여지승람』의 "사람이 속으로부터 오르내리면서 천문(天文)을 관측하였다"라는 기록에 의지하여 이야기를 전개한다는 것이다. 즉 천문관측소 기능을 옹호하는 입장에서는 어떻게 해서든지 이 기록대로 첨성대를 오르내리며 밤하늘을 관찰하는 일이 가능하고, 천체 관찰을 위한 첨성대 꼭대기의 공간도 충분하다는 것을 보이려고 이야기를 지어내었다. 한편 반론을 제기하는 입장에서는 첨성대를 오르내리며 천문을 관찰한다는 것 자체가 아예 불가능한 일은 아니지만, 왕의 신하가 그런 험난한 통로를 밤낮 일상사로 오르내리기에는 현실성이 없을 정도로 적절하지 않거니와 그에 비하여 하늘까지의 거리는 겨우 9.1m만 가까워질 정도로 실익이 거의 없을 것 같은 무모한 일이라는 것을 보이고자 이야기를 전개하였다.

이즈음에서 옛 문헌 속에 언급된 첨성대에 관한 기록이 어떻게 변해가는지 그 과정을 살펴볼 필요가 있다. 먼저 『삼국유사』는 "별기에 이르기를 이 왕대에 돌을 다듬어 첨성대를 쌓았다고 한다"라고 기록했는데, 첨성대 건립 후 634~649년이 지난 1281년에 발간되었다. 그다음으로 『세종실록지리지』는 "부성의 남쪽 모퉁이에 있다. 당나라 태종 정관 7년 계사에 신라 선덕여왕이 쌓은 것이다. 돌을 쌓아 만들었는데, 위는 방형이고, 아래는 원형으로 높이가 19척 5치, 위의 둘레가 21척 6치, 아래의 둘레가 35척 7치이다. 그 가운데를 통하게 하여, 사람이 가운데로 올라가게 되어 있다"라고 기록했는데, 첨성대 건립 후 807~822년이 지난 1454년에 간행되었다. 『세종실록지리지』와 아울러 조위의 시를 참고하여 집필했을 것으로 생각되는 『신증동국여지승람』은 "본부 동남쪽 3리에 있다. 선덕여왕 때에 돌을 다듬어 대를 쌓았는데, 위는 모나고 아래는 둥글다. 높이는 19척이며 그 속은 비어서, 사람이 속으로부터 오르내리면서 천문을 관측한다"라고 기록했는데, 첨성대 건립 후 883~898년이 지난 1530년에 간행되었다.

　역사상 최초로 첨성대의 존재에 대하여 언급한 『삼국유사』가 발간된 후 173년이 지나서 간행된 『세종실록지리지』에는 『삼국유사』에는 없던 "그 가운데를 통하게 하여, 사람이 가운데로 올라가게 되어 있다"라는 말이 추가되었다. 물론 첨성대의 대략적인 얼개와 치수에 대한 언급도 아울러 추가되었지만 여기서는 천문관측을 위하여 필요하다고 생각되는 부분에 초점을 맞추어 논하기로 한다. 또한 『세종실록지리지』가 간행된 후 76년이 지나서 간행된 『신증동국여지승람』에는 『세종실록지리지』에는 없던 "천문을 관측한다"라는 말이 새로이 추가되었다. 이렇게 선행 문헌에도 없었고 문맥상으로도 무관한 전혀 새로운 정보가 추가되었다는 사실이 암시하는 바는 무엇일까? 새로운 정보가 추가된다는 것은 일반적으로 그 정보의 원인이 되는 새로운 자료가 발견되거나 또는 어떤 사건을 시도하거나 목격한 사람에 의하여 생성된다고 생각할 수 있다. 그래서 첨성대의 천문관측소 기능과 관련하여 『신증동국여지승람』에 추가된 새로운 언급은 조위의 시를 참고하여 그렇게 기록되었을 가능성이 높다고, 1장 '옛 문헌 속의 첨성대'에서 이미 지적한 바 있다. 『세종실록지리지』의 첨성대 관련 언급은 그 얼개를 관찰하고 측정하는 과정에서 그렇게 판단했을 가능성이 다분히 있다. 『삼국유사』에는 없는 첨성대의 얼개에 대한 묘사와 각 부위별 치수가 기록되었다는 것은 『세종실록지리지』를 집필하던 당시 필진의 요청에 의하여 누군가가 직접 치수를 측정했다는 것일 테고, 그 과정에서 가운데를 통하여 사람이 올라가게 되어 있는 것을 확인하여 필진에게 그렇게 보고했을지도 모를 일이다. 여기서는 일일이 열거하지 않겠지만 이에 대하여는 다른 시나리오도 여럿 있을 수 있다고 생각한다. 그리고 『신증동국여지승람』의 필진은 『세종실록지리지』의 그런 언급을 참고하여 집필에 고스란히 인용했을 수도 있다.

　따라서 『신증동국여지승람』의 "사람이 속으로부터 오르내리면서 천문(天文)을 관측하였다"라는 기록 자체를 절대적인 역사적 사실로 무겁게 받아들이기보다는, 너무 과도한 비약일 수도 있겠지만, "아래 보름날 초저녁에 비두골 갑돌이가 저 돌탑 속으로 들어가 꼭대기까지 올라갔다 내려왔다 아이가" 정도의 소리 소문이 신라시대로부터, 또는 고려시대로부터, 또는 조선시대로부터 경주를 중심으로 한 경상도 지역에서 시작하여 전국에 퍼져 전해지다가 『세종실록지리지』와 『신증동국여지승람』의 필진이 인지하기까지 이르렀다고 생각할 수도 있지 않을까? 만일 그렇게 생각할 수 있다면, 첨성대의 기능을 논하면서 『세종실록지리지』와 『신증동국여지승람』의 기록에 굳이 얽매일 필요 없이 이들 기록으로부터 자유로울 수 있을 것이고, 첨성대를 천문관측소뿐만 아니라 천문관찰을 위한 하나의 도구 자체로도 상정해 볼 수도 있지 않겠는가?

　그런데 부분적으로나마 그렇게 생각한 이가 있는 것 같다. 전상운은 "사람이 속으로부터 오르내리면서 천문(天文)을 관측하였다"라는 『신증동국여지승람』의 기록이 정해놓은 경계를 넘나들며 이야기를 펼친 것으로 생각된다. 그는 첨성대가 세워진 위치 일대를 예로부터 북두칠성과 다른 별을 비교한다는 뜻의 비두골(北斗)이라고 불리어왔다는 점을 들어 첨성대가 주비의 법에* 의한 고대 천문대였을 것이라고는 생각했지만, 첨성대의 얼개 및 규모를 고려할 때 당시 천문관측을 위하여 필수적인 혼천의** 등의 기기가 설치

---

* 　주비(周牌)의 법(法)은 개천설(蓋天說)이라고도 하는데 중국 고대 우주관이자 천동설의 하나로 '하늘은 둥글고 땅은 네모'라는 천원지방설(天圓地方說)을 일컫는다. 하늘은 북극을 중심으로 회전하고 태양은 계절에 따라 다른 반경을 가지고 원운동한다고 한다.

** 　혼천의(渾天儀)는 중국 고대 우주관이자 천동설의 하나인 혼천설(渾天說)에 기반한 천체의 모형으로 기원전 2세기경에 만들어졌는데 천체의 움직임을 나타내는 여러 개의 둥근 테가 설치되어 있다. 삼국시대를 거쳐 고려시대까지는 중국의 것을 수입하여 사용했지만, 세종 때 장영실이 우리 하늘에 맞는 혼천의를 만들었다고 한다.

1만 원권 지폐의 뒷면에 인쇄된 혼천의

출처: https://ko.wikipedia.org/wiki/%ED%8C%8C%EC%9D%BC:%ED%98%BC%EC%
B2%9C%EC%9D%98_(2).JPG
© Jocelyndurrey

된 상설 천문대는 아닐 것이라고 판단하였다. 다만 혜성의 출현 등 하늘에
이변이 보일 때에는 관측에 필요한 기기를 첨성대에 임시로 설치하여 운용
했을 것이라고 상상하였다. 그가 지어낸 이야기는 별자리의 위치를 정확히
관측하는 개방식 돔으로서 활용되었을 것이라는 이야기, 아울러 어느 방향
에서나 똑같은 형상이므로 계절과 태양의 위치와 관계없이 해 그림자를 측
정하여 시간을 헤아림으로써 4계절과 24절기를 확정할 수 있었을 것이라는
이야기, 춘분과 추분에 태양이 남중할 때에는 태양 광선이 남창구를 통하여
원통형몸통 제12단까지 채워진 내부채움흙 바닥을 완전하게 비추었지만 동
지와 하지에는 내부채움흙 바닥으로부터 햇빛이 완전하게 사라져 분점과[*]
지점[**] 측정의 보조 역할을 수행했을 것이라는 이야기, 첨성대의 상부 정자

---

[*]   분점(分點)은 태양이 적도를 통과하는 점이자 천구(天球) 위의 황도와 적도의 교차점
    으로, 춘분점과 추분점이 있다.
[**] 지점(至點)은 하지점과 동지점을 통틀어 이르는 말이다.

석은 여덟 방위를 정확히 가리키고 있으므로 방위 선정의 기준이 되었을 것이라는 이야기 등 첨성대가 관측도구로 활용되었으리라는 생각을 중심으로 펼쳐졌다.

여기서 한 걸음 더 나아가 첨성대가 천문관측 기능의 테두리를 넘어서는 이야기의 주제가 되게 할 수 있다면, 그리고 '내 이야기는 참이고 네 이야기는 말도 안 되는 억지'라며 자신의 말만 주장할 것이 아니라 서로의 다름을 인정할 수 있다면, 첨성대를 매개로 한 우리의 이야기는 그야말로 다채로운 이야기의 향연으로 끝없이 펼쳐질 수 있을 것이다. 물론 이렇게 제안하는 것이 애국애족의 마음과 민족적 자부심으로 첨성대가 고대 천문대였음을 확신하는 사람들에게는 받아들이기 어려운 크나큰 부담으로 다가서겠지만, 첨성대 이야기는 애국심으로 하는 것이 아니라 관찰 가능한 증거와 객관적 논리에 바탕을 둔 합리적 상상력으로 해야 할 것이다. 여기에 더하여 이야기는 이야기로 말하고 들을 수 있어야 하겠다.

4. 나머지 이야기들

여기에 소개되는 이야기들은 첨성대라는 이름이 가진 뜻이나 『신증동국여지승람』의 첨성대 관련 묘사에 구속되지 않고 첨성대로부터 천문관측 기능을 떼어냈을 때 첨성대의 이야기가 얼마나 다채로워질 수 있는지 생생하게 보여준다. 대개의 경우 첨성대의 형태나 단과 돌의 수 그리고 방위에 얽힌 상징성에 각자의 상상력을 더하여 지어낸 이야기들인 것 같다.

먼저 소개할 이야기는 유홍준의 이야기인데, 첨성대가 신라의 국립기상대 또는 국립천문대의 앞마당에 세워진 상징물이었을 것이라며 이야기가 시작된다. 마치 나무로 지은 사찰의 건물은 오랜 세월이 지나며 여러 가지 사연으로 소실되더라도 그 상징물인 석탑은 먼 훗날까지 살아남을 수 있는 것과 마찬가지일 것이라는 것이다. 즉 신라의 멸망과 함께 천문대의 건물은 불타거나 무너져 없어졌겠지만, 그 앞마당에 세워졌던 상징물인 첨성대는 돌로 만들어진 까닭에 화를 면하고 건재할 수 있었으리라는 것이다. 참고로 이이야기는 첨성대 꼭대기에 천문관측을 위한 목조 건축물을 지었을 것이라고 상상한 와다 유지의 이야기와는 전혀 다른 별개의 이야기이다. 그리고 첨성대의 형상은 제사 지낼 때 사용하는 그릇을 받치는 받침대에서 따왔을 것이라는 것이다. 그래서 그 이름도 제사용 그릇을 받치는 기대(器臺)를 본떴다고 하여 첨성탑이 아닌 첨성대가 되었을 것이라고 제안한다. 이에 대한 해석도 덧붙였는데, 사람이 첨성대에 올라가 꼭대기를 밟고 섰다고 하여 이름에 '대'를 붙인 것이 아니라 하늘을 떠받치는 받침이라는 뜻으로 붙였을 것이라고 화룡점정을* 찍었으니 대단한 상상력으로 빚어낸 이야기임에 틀림없다.

다음으로는 김용운의 이야기로, 첨성대의 얼개가 고대 중국 수리천문학의 주요 명제라고 할 수 있는 천원지방설을** 근간으로 하는 『주비산경』과 관련이 있을 것이라는 내용이다. 그에 따르면 『주비산경』이 천문학자들에게 교과서로 받아들여지던 고대 중국이나 일본과는 달리 비록 『삼국사기』에는 이에 대한 언급이 일절 없지만, 고대 일본의 수학과 천문학 체계가 백제인들에 의하여 확립된 것임을 감안하면, 『주비산경』 역시 한반도의 학자들을 통하여 일본에 전파되었을 것으로 추정된다는 것이다. 따라서 첨성대를 구성하는 기하학적 요소가 대부분 원과 사각형이라는 점, 직각삼각형 각 변의 비율 관계로 대변되는 피타고라스 정리가 기하학적 요소에 포함된 점, 각 절기별 태양 남중고도의 위도를 보여주는 칠형도의*** 얼개가 첨성대의 평면과 관련

---

* 화룡점정(畵龍點睛)이란 용의 그림에 마지막으로 눈동자를 그려 넣어 그림을 완성한다는 고사성어로, 가장 중요한 부분을 마침으로 어떤 일을 완성한다는 뜻이다.
** 천원지방설(天圓地方設)은 '하늘은 둥글고 땅은 네모나다'는 사상으로 고대 중국의 우주론이라고 할 수 있다.

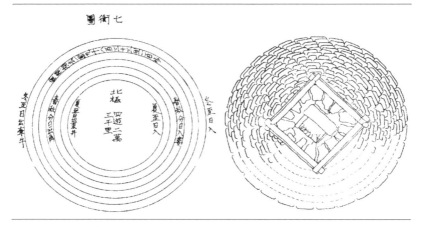

첨성대의 평면을 『주비산경』의 칠형도와 연결한 김용운의 상상도

출처: http://www.ekoreajournal.net/issue/view_pop.htm?Idx=1141

될 수 있다는 점 등을 들어 어쩌면 첨성대가 수리천문학이나 수학과 관련이 깊을 수 있고 당시 수학과 천문학의 교과서 격이었던 『주비산경』의 내용을 상징하여 축조된 탑이었을 것이라는 추론이다. 조금 심하게 표현하자면 신라가 수학을 얼마나 사랑하는지 또는 신라의 수학 실력이 얼마나 대단한지를 보이려고 첨성대를 건립했을 것이라는 이야기인 셈이다. 이를 두고 어찌 보면 수학자의 억지 논리로 보이기도 하여 갑론을박이 이어지고 있는 것은 사실이지만, 그렇게 생각하게 된 사연을 들어보면 이 이야기를 지어내게 된 동기가 절대로 즉흥적이거나 전공 편파적인 것이 아님은 분명한 것 같다. 즉 여느 시대와 마찬가지로 첨성대 건립 당시에도 신라를 비롯하여 문화적으로 서로 영향을 주고받던 고구려와 백제를 비롯한 당나라와 일본 등 주변국들이 함께 따랐을 비슷한 과학기술적 경향이 존재했을 터인데, 다른 나라에는

*** 칠형도(七衡圖)는 우주의 구조와 크기를 설명하는 7개의 원으로, 북극성을 중앙에 두고 바깥 원이 동지의 궤도, 내부의 원이 하지의 궤도, 그 중간의 원이 춘·추분의 궤도를 나타낸다.

기록이나 흔적조차 남아 있지 않은 천문대가 유독 신라에만 세워졌다는 점과 그 형태마저 주변국들에서는 말할 것도 없고 심지어 신라에서조차 전무후무한 독특한 건축물이라는 점을 들어 첨성대가 고대 천문대였을 것이라는 이야기에 대한 자신의 반론에 당위성을 부여하고 이를 대신할 이야기를 지어낸 것 같다.

다음으로는 이용범의 이야기로, 천문관측대로서는 너무나도 어울리지 않는 첨성대의 형태가 불교의 우주관인 수미산을* 연상케 한다는 것이다. 일반적으로 불교에서는 나무나 돌 또는 금속으로 수미산의 형태를 본떠 수미좌(須彌座)를** 만들어 그 위에 불상을 안치한다고 하는데 이것 또한 첨성대의 형태와 비슷하다는 것이다. 따라서 첨성대의 형태가 불상을 안치하는 수미좌를 본떠 만들었다면, 첨성대의 정상부에는 신앙의 대상이 될 수 있는 어떤 종교적 상징물이 안치되어 있었다고 보는 것이 옳을 것이라는 이야기이다. 또한 상부 정자석에 남아 있는 요철의 홈은 '종교적 상징물'이 안치되었던 흔적이라며 자신의 이야기에 대한 증거로서 제시하였다. 이와 아울러 수미좌뿐 아니라 제사를 지내는 제단인 수미단(須彌壇)도*** 수미산을 본떠 만든 것이니만큼 이와 비슷한 형태를 한 첨성대에서 어쩌면 『삼국사기』의 기록에 있는, 신라시대의 국가적 제례일 것으로 추정되는 성제를**** 행했을 수도 있다고, 본인의 말에 따르면 '억측'을 하기도 하였다. 그의 이야기는 여기에서 그치지 않고 현존하는 신라의 문화재에서도 첨성대와 흡사한 것을 찾을 수

---

* 수미산(須彌山)은 불교에서 말하는 상상 속의 산으로 황금과 은, 유리와 수정으로 이루어져 있다고 한다. 불교의 우주관에 따르면 세상의 중심에 있는 산이자 인간에게 정복된 적이 없는 산이라 한다. 힌두교에서는 시바신이 거주하는 산이라고 한다.
** 수미좌(須彌座)는 불교에서 나무나 돌 또는 금속으로 수미산의 형태를 본떠 만든 것으로 그 위에 불상을 안치하였다고 한다.
*** 수미단(須彌壇)은 수미산을 본떠 만든 제단을 일컫는다.
**** 성제(星祭)는 『삼국사기』 권 31, 잡지(雜志) 제례(祭祀)에 나오는 말로, 별을 향하여 지내는 제사를 뜻한다.

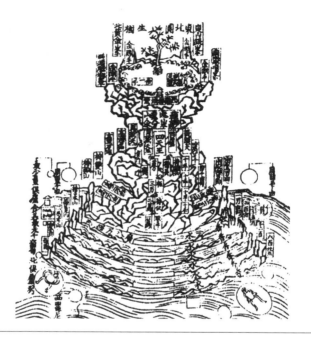

須彌山圖

불교의 우주관에 따르면 세상의 중심에 있다고 하는 수미산의 상상도
출처: 이구치 쓰네노리(井口常範), 『천문도해(天文圖解)』(1689).

있다고 하며 계속되는데 바로 김유신의 집에 있는 우물 재매정(財買井)이 첨
성대를 거꾸로 세운 형태라는 것이다. 『삼국사기』와 『삼국유사』에 따르면
김유신은 점술과 복술 및 기도로 남다른 기적을 보였다고 기록된 인물이었
던 만큼 그의 집에 있던 우물인 재매정 또한 단순한 음료수를 내는 우물이 아
니라는 것이다. 그 일례로 김유신이 오랜 기간을 전쟁터에서 보내고 돌아오
다가 다시 전쟁터로 떠날 때, 자신의 집 앞을 지나면서 가족들은 만나지도 않
고 우물물을 떠오게 하여 말 위에서 마시고는, "우리 집 물맛은 옛날 그대로

경주 재매정(慶州 財買井)
출처: http://www.heritage.go.kr/heri/cul/imgHeritage.do?ccimId=1627864&ccbaKdcd=
13&ccbaAsno=02460000&ccbaCtcd=37

구나" 하고 떠났다는 일화가 있을 정도로 어떤 신앙적 뜻을 지닌 우물이었을
것이라는 이야기이다.

이 외에도 첨성대가 정치적 기반이 취약했던 왕 선덕이 왕권 강화를 위하
여 건립한 정치적 의도를 담은 상징물이라는 이야기도 있다. 또한 첨성대의
형태를 두고 치마를 입은 여성의 몸과 비슷하다고 하여 다산을 기원하는 상
징물이라거나 농사의 풍요를 기원하는 상징물이었을 것이라는 이야기도 있
다. 또한 특별한 의미를 두지 않은 채 생김새만으로 호리병과 비슷하다거나
또는, 너무 멀리 간 것 같기는 하지만, 앉아 있는 고양이의 뒷모습을 닮았다
는 이야기도 있다. 이렇게 여러 가지 이야기가 떠돌고 있는 현상은, 역사 문
헌의 수와 그 내용이 취약한 반면 첨성대 실물은 우리 눈앞에 너무나도 생생
하게 건재하다 보니 첨성대에 관심이 있는 사람이라면 누구나 자신의 이야

기를 지어낼 수 있게 된 현실을 반영하는 것 같다. 말끔하게 정리하기 어려운 이런 현실을 안타까워할 수도 있겠지만, 누구도 진실을 알 수 없는 이런 상황에서는 이 모두를 하나의 '이야기'로 말하고 듣는 것 말고는 달리 도리가 없을 것 같다.

참고문헌

아래의 참고문헌 목록은 이 장에서 참고한 자료의 목록을 인용한 순서에 따라 정리한 것이다.

▎ Song, Sang-Yong. 1983. "A Brief History of Study of the Ch'ŏmsŏng-dae in Kyŏngju." *Korea Journal*. August, pp. 16~21.

▎ 이문규. 2004. 「첨성대를 어떻게 볼 것인가 ― 첨성대 해석의 역사와 신라시대의 천문관」. 《한국과학사학회지》, 26(1), pp.3~28.

▎ 이행 외. 1530. 『신증동국여지승람』, 한국고전종합DB. 한국고전번역원.
http://db.itkc.or.kr/dir/item?itemId=BT#dir/node?grpId=&itemId=BT&gubun=book&depth=5&cate1=G&cate2=&dataGubun=최종정보&dataId=ITKC_BT_1299A_0220_010_0020

▎ 이행 외. 1530. 『신증동국여지승람』 원문, 규장각. 한국연구원.
http://kyujanggak.snu.ac.kr/home/index.do?idx=06&siteCd=KYU&topMenuId=206&targetId=379

▎ 와다 유지(和田雄治). 1910. 「경주첨성대의 설(慶州瞻星臺ノ說)」. 『한국관측소학술보문(韓國觀測所學術報文, Scientific Memoirs of The Korean Meteorological Observatory)』, 제1권(Vol. 1). 농상공부 관측소(農商工部 觀測所), pp.32~38.
http://www.nl.go.kr/nl/search/search.jsp?img=n&hanja=&sort=&desc=desc&all=on&topF1=title_author&kwd=%ED%95%9C%EA%B5%AD%EA%B4%80%EC%B8%A1%EC%86%8C%ED%95%99%EC%A0%B3%B4%EB%AC%B8&x=17&y=23 (뷰어프로그램 설치 후 열람 가능)

▎ 조선총독부관측소. 1917. 「6. 경주첨성대의 설(慶州瞻星臺ノ說)」. 『조선고대관측기록조사보고(朝鮮古代觀測記錄調査報告)』, pp.144~151.
http://www.nl.go.kr/nl/search/search.jsp?img=n&hanja=&sort=&desc=desc&all=o

n&topF1=title&kwd=%EC%A1%B0%EC%84%A0%EA%B3%A0%EB%8C%80%EA%B4
%80%EC%B8%A1%EA%B8%B0%EB%A1%9D%EC%A1%B0%EC%82%AC%EB%B3%B
4%EA%B3%A0&x=28&y=16 (뷰어프로그램 설치 후 열람 가능)

▌ "Korean Meteorology — Old and New." *News, Nature,* 85(2150), 12 January (1911).
pp.341~342.
https://www.nature.com/articles/085341a0

▌ Rufus, W. Carl. 1936. "Astronomy in Korea." *Transactions of The Korea Branch of
The Royal Asiatic Society,* vol. 26, pp.1~48.
http://www.raskb.com/content/full-texts-volume

▌ 남천우. 1987. 「첨성대 이설의 원인 — 이용범씨의 첨성대존의 재론을 보고」. 《한국과
학사학회지》, 9(1), pp.95~108.

▌ 송민구. 1981. 「경주 첨성대 실측 및 복원도에 의한 비례분석」. 《한국과학사학회지》,
3(1), pp.52~75.

▌ 송민구. 1987. 『한국의 옛 조형의미』. 기문당, pp.232.

▌ 김봉규. 2011. 「신라의 천문관측 기록과 첨성대의 역할」. 《한국천문학회보》, 36(1),
pp.24~24.

▌ 한국천문연구원(KAI). 2011. 「첨성대는 천문대였다 — 천문(연) 7일 한국천문학회에서
발표」, 4월 7일 보도자료.
https://www.kasi.re.kr/kor/publication/post/newsMaterial/2424

▌ 김부식. 1145. 『삼국사기』, 한국사데이터베이스. 국사편찬위원회.
http://db.history.go.kr/item/level.do?itemId=sg

▌ Needham, Joseph with the collaboration of Wang Ling. 1959. Science and
Civilization in China, vol. 3 — *Mathematics and The Science of The Heaven and
The Earth,* pp. 297~298.
https://archive.org/stream/ScienceAndCivilisationInChina/Needham_Joseph_Science
_and_Civilisation_in_China_Vol_3_Mathematics_and_the_Sciences_of_the_Heavens
_and_the_Earth#page/n351/mode/2up

▌ 전상운. 1994. 『한국과학기술사』. 정음사, pp.392.

▌ 유홍준. 1993. 『나의 문화유산답사기』, 1권. 창작과비평사, pp.349.

▌ Kim, Yong-Woon. 1974. "Structure of Ch'ŏmsŏngdae in the Light of the Choupei
Suanchin." *Korea Journal,* 14(9), Sept., pp.4~11.

http://www.ekoreajournal.net/issue/view_pop.htm?Idx=1141

▌ 이용범. 1973. 「첨성대존의(瞻星臺存疑)」, 《진단학보》(38), 12. 진단학회, pp.26~48.
http://www.dbpia.co.kr/Article/NODE02076490 (회원 가입 후 열람 가능)

▌ 문중양. 2006. 『우리역사 과학기행』. 동아시아, pp.19~36.

▌ 문화재청. 경주 재매정, 문화재검색, 문화유산정보.
http://www.heritage.go.kr/heri/cul/imgHeritage.do?ccimId=1627864&ccbaKdcd=
13&ccbaAsno=02460000&ccbaCtcd=37

새로운 이야기

지금까지의 이야기들은 『세종실록지리지』와 『신증동국여지승람』 등 역사서에 등장하는 첨성대 관련 기록이 사실이었다는 것을 대전제로 하거나, 이에 대하여 반론을 제기하고 대안을 제시하거나 또는 절충안을 만들어내는 등의 방식으로 이야기가 전개되었다. 그리고 그 중심에는 첨성대가 어떤 목적으로, 왜 지어졌는지, 어떻게 활용되었는지 등의 근본적인 의문이 자리할 것이라고 지적한 바 있다. 이들 이야기 전부를 정리하자면 다음과 같다.

- 고대 천문관측소이다.
- 천문관측소는 아니다.
- 상설 천문대는 아니지만 혜성의 출현 등 특이한 때에 한하여 천문대로 활용하였다.
- 천문관측소라기보다는 관측기기 자체로 활용하였다.
- 제기를 받치는 제대를 본떠 만든 천문관측소의 상징물이다.
- 천원지방설로 대변되는 당시 천체수리학 교과서 『주비산경』의 상징물이다.

- 불교 우주관의 중심 수미산을 본떠 만든 일종의 수미좌이자 수미단이다.
- 김유신 생가의 우물 재매정을 거꾸로 세운 형태로 신앙적 상징물이다.
- 제천의식을 지내던 제단이다.
- 여인의 치마 입은 몸매를 닮아 다산과 풍요를 기원하는 상징물이다.
- 호리병을 닮았다.
- 앉아 있는 고양이의 뒷모습을 닮았다.

 하지만 역사문서 자체가 매우 적을 뿐 아니라 내용도 너무 간략하게 서술되어 있어, 개인의 신념이나 주관적 판단에 따라 지어진 이들 이야기는 대부분 나오자마자 신뢰성 문제에 봉착할 수밖에 없게 된다. 즉 얼마나 객관적이고 설득력을 갖추었을지 의심할 수밖에 없는 여건을 이미 갖추고 태어난 셈이다. 따라서 불필요한 소모전적 논쟁을 피하고 이야기 자체를 즐기려면 이야기의 논지를 섣불리 '주장'하는 대신 이야기를 '이야기'로 말하고 들을 수 있어야 한다고 이미 지적한 바 있다.

 "형태는 기능을 따른다(Form follows function)."
 이 말은 20세기 최고의 건축가 중 한 사람으로 꼽히는 미국의 루이스 설리반(Louis Sullivan)이 "The Tall Office Building Artistically Considered(고층 사무소건물 창의적으로 생각하기)"라는 글에서 처음으로 사용한 이래 20세기 현대건축 및 산업디자인에서 하나의 대원칙이 되었다. 설리반이 쓴 글의 핵심이라고 할 수 있는 이 말의 뜻을 제대로 파악하려면 전후 맥락을 함께 읽을 필요가 있기에 그중 일부를 여기 소개한다.

 Whether it be the sweeping eagle in his flight, or the open apple-blossom, the toiling work-horse, the blithe swan, the branching oak, the winding stream at its base, the drifting clouds, over all the coursing sun, *form ever follows function*, and this is the law. Where function does not change, form does not change. The granite rocks, the ever-brooding hills, remain for ages; the lightning lives, comes into shape, and dies, in a twinkling.

It is the pervading law of all things organic and inorganic, of all things physical and metaphysical, of all things human and all things superhuman, of all true manifestations of the head, of the heart, of the soul, that the life is recognizable in its expression, that form ever follows function. *This is the law.*

하늘 높이 날아가는 독수리, 활짝 피어난 사과나무 꽃, 땀 흘리며 힘들게 일하는 말, 물 위를 미끄러지며 유유자적하는 백조, 가지를 힘차게 내뻗은 상수리나무, 구불구불 흘러가는 시냇물, 떠다니는 구름, 정해진 길을 가는 태양을 포함하여 이 모든 것의 형태는 기능을 따르기 마련이다. 이것은 법칙이다. 기능이 바뀌지 않는 한 형태 역시 바뀌지 않는다. 항상 제 자리를 지키고 서 있는 화강암 언덕은 오랜 세월을 두고 변함없는 모습 그대로이지만, 번개는 순식간에 생겨나서 보이는 듯하다가 곧 소멸된다.

이는 생물과 무생물, 물질과 비물질, 인간과 초월적 존재, 이성, 감성, 영혼할 것 없이 모든 것에 깃들어 있는 법칙으로써 생명체는 그 생김새를 통하여 알아볼 수 있나니 형태는 기능을 따르기 마련인 것이다. 이것이 법칙이다.

이를 한마디로 요약하자면 형태는 기능에 의하여 결정된다는 뜻으로 풀이할 수 있겠다. 이로써 설리반은 모든 것의 형태는 주어진 기능을 제대로 수행할 수 있도록 만들어진다는, 나아가 그렇게 만들어져야 한다는, 지극히 당연하게 들리지만 엄청난 선언을 한 셈이다. 참고할 만한 자료나 정보 및 이를 습득하는 수단 등 모든 것이 지금보다 훨씬 더 열악했거나 아예 존재하지도 않았을 그 당시에 이런 참신한 발상을 통하여 다가오는 한 세기를 선도하는 대원칙을 선언했다는 것이 놀라울 따름이다. 이 원칙이 건축과 산업디자인에 끼친 파급효과가 얼마나 컸던지 오늘날에도 설리반을 일컬어 '초고층건축의 아버지', '모더니즘의 아버지'라고 부를 정도이다. 20세기를 풍미하였고 세기가 바뀐 지금도 더 높이 올라가고 있는 초고층 건물을 비롯하여 자동차, 비행기, 선박, 그리고 여러 산업 분야에서 생산되기도 하고 사용되기도 하는 각종 기계, 장비, 도구 등은 설리반의 원칙에 따라 기능에 바탕을 두고서 그 형태를 설계하거나 분석할 수 있다. 하지만 이는 그것들을 누가, 언제, 어떻게, 왜 만들었는지 또는 만들어야 하는지에 대한 전반적인 사정과 정보를 알고 있을 때에나 가능한 이야기이다.

그렇다면 현재 존재한다는 사실 외에는 신뢰할 만한 다른 정보가 거의 없는 스톤헨지나 피라미드나 첨성대에 대한 이야기는 어떻게 풀어나가야 할까? 설리반이 대원칙을 선언하며 언급한 사례들을 보건대, 독수리, 사과나무, 말, 백조, 상수리나무, 시냇물, 구름 역시 종교적 신념에 의한 논리에 따르지 않는 한 누가, 언제, 어떻게, 왜 만들었는지에 대한 설명이 가능하지 않은 사물들이다. 따라서 스톤헨지, 피라미드, 첨성대의 경우에도 아마 "형태는 기능을 따른다"라는 설리반의 대원칙을 '형태를 잘 관찰하면 그 기능을 미루어 짐작할 수 있다'는 뜻으로 해석하여 적용할 수 있을 것 같기도 하다. 실제로 스톤헨지의 배치와 얼개를 연중 관찰되는 태양과 달이 떠오르고 지는 방향, 특히 일식과 월식, 동지, 하지, 춘분, 추분 때의 방향과 관련시켜 지어낸 다수의 이야기가 《네이처》지를 통하여 보고되었다. 이들 이야기에 따르면 스톤헨지를 두고 고대의 달력으로 활용되었을 것이라는 이도 있고, 일식과 월식을 예측하는 장치로 활용되었을 것이라는 이도 있고, 심지어는 신석기 시대의 계산기였을 것이라는 이도 있다. 실로 다양하고도 놀라운 상상력이지만, 같은 《네이처》지에는 이들에 대하여 말도 안 된다며 반박하고 비평하는 이야기도 실려 있다. 첨성대 논란과 참으로 비슷하다고 생각한다. 피라미드의 경우에도 다양한 이야기가 나타나는데 그 위치와 생김새로 보아 하나의 커다란 해시계일 것이라는 이야기도 있다. 그러므로 설리반의 대원칙은 19세기 말에 갑자기 등장하여 20세기의 디자인계를 지배한 하나의 법칙이라기보다는 대자연은 물론이고 인류의 문명과 함께 만들어진 모든 문물의 기능과 그 의미하는 바가 겉으로 드러나는 경향을 갖도록 만들어진다는 하나의 전통이라고 해야 옳을 것 같다.

이제 이야기의 패러다임을 바꾸어, '알 수 없는' 영역에 머물던 지금까지의 이야기에서 빠져 나와 '알 수 있는 것', '볼 수 있는 것', '만질 수 있는 것'을 대상으로 새로운 이야기를 지어내려고 한다. 새로운 이야기에서는 오직 첨성대의 얼개와 위치와 형상 등 현재 관찰 가능한 객관적 사실에 입각한 이야기만을 전개하되, 그 이상의 것, 즉 선입관에 따른 첨성대의 기능이나 쓰임새에 대한 나의 주관적 판단은 분수에 넘치는 일이라고 생각하여 가급적 배제하고 절대로 서둘러 단정하거나 결론을 내리지 않으려고 한다. 이는 지금까지의 것만으로도 이미 충분히 쌓여 있는 첨성대 관련 논쟁에 더는 불필요한 다툼거리를 더하지 않고자 함이다. 이야기는 이야기일 뿐, 그 이상도 이하도 아니기 때문이다. 따라서 설리반의 대원칙을 첨성대에 적용하여 이 이야기로부터 첨성대의 기능 및 쓰임새를 추정하는 데까지 확장할 것인지의 여부는 앞으로 첨성대 이야기를 이어갈 그 누군가의 몫으로 남겨두고자 한다.

참고문헌

아래의 참고문헌 목록은 이 장에서 참고한 자료의 목록을 인용한 순서에 따라 정리한 것이다.

▌ Sullivan, Louis H. 1896. "The Tall Office Building Artistically Considered." *Lippincott's Magazine*, March, 403~409.
https://archive.org/details/tallofficebuildi00sull

▌ Harrison, Lucia C. 1960. *Sun, Earth, Time and Man.* Chicago: Rand McNally & Co., pp.287.

▌ Hawkins, Gerald S. 1963. "Stonehenge decoded." *Nature* 200(4904), Oct., pp. 306~308.
https://www.nature.com/nature/volumes/200/issues/4904 (비용- 요구)

▌ Hawkins, Gerald S. 1964. "Stonehenge: a neolithic computer." *Nature* 202(4939), June, pp.1258~1261.
https://www.nature.com/nature/volumes/202/issues/4939 (비용- 요구)

▌ Hoyle, Fred. 1966. "Stonehenge — an eclipse predictor." News, *Nature* 211, pp.454~456.
https://www.nature.com/nature/volumes/211/issues/5048

▌ Newham, C. A. 1966. "Stonehenge — a neolithic observatory." News, *Nature* 211, pp.456~458.
https://www.nature.com/nature/volumes/211/issues/5048

▌ Atkinson, Richard J. C. 1966. "Decoder misled?" Book Reviews, *Nature* 210(5043), June, p.1302.
https://www.nature.com/nature/volumes/210/issues/5043

▌ Tompkins, Peter. 1971. *Secrets of the Great Pyramid.* New York: Harper Colophon Books, pp.416.

▌ Isler, Martin. 2001. *Sticks, Stones and Shadows: Building the Egyptian Pyramids.* Univ. of Oklahoma Press, pp.352.

6장

새로운 이야기 하나
첨성대가 던지는 수수께끼

지금까지 소개된 이야기들은 대부분 첨성대가 어떤 목적으로 왜 지어졌는지를 중심으로 전개되었다. 하지만 이들 이야기의 근거가 된 역사문헌의 첨성대 관련 언급은 수적으로 너무 적고 내용도 부실하여 막상 이야기 자체는 개인의 철학이나 주관적 판단에 따라 빚어진 경향이 있다고 지적한 바 있다. 좋게 말하자면 그만큼 다양하고 다채로운 이야기가 등장할 수 있는 여지가 있었다는 뜻이 되지만, 덜 좋게 말하자면 신뢰할 만한 이야기가 아직 등장하지 않았다는 뜻일 수도 있다. 어쩌면 앞으로도 나타나지 않을 수 있다. 즉 기능 및 쓰임새 중심의 첨성대 이야기는 이제 한계에 왔을지도 모른다고도 풀이할 수 있겠다.

이제는 관점을 바꾸어 첨성대가 어떻게 지어졌는지에 대하여 이야기해 보려고 한다. 이런 주제의 이야기는 건축 분야에 종사하는 사람들에게만 관련된 것 같기도 하고, 그렇다고 하여 첨성대라는 구조물의 규모가 많은 이의 이목을 끌 정도로 대단한 것도 아니기에 이야기를 꺼내기가 조심스럽기도 하다. 더욱이 첨성대에 관심이 있는 사람이라 하더라도 '첨성대가 어떻게 지어졌는지'에 대한 관심의 정도가 '첨성대가 어떤 목적으로 왜 지어졌는지'와 같을 수는 없을 것이기에 더욱 그렇다. 조금 심하게 표현하자면 '어떻게 지어졌는지 굳이 따질 필요가 있나?'와 같은 반응까지도 나올 수 있겠다. 하지만 어느 구조물이건 '어떻게 지을 것인가'에 대한 고려가 결국 합리적인 설계뿐 아니라 최종적인 구조시스템과 그 형상의 결정에도 지대한 영향을 미친다는 것은 오늘날 세계에서 앞을 다투며 더 높이 올라가고 있는 초고층 건물이나 더 넓은 지붕을 덮으려고 발전하는 대공간구조의 건립을 통하여 알 수 있다. 즉 '어떻게 지을 것인가'도 쓰임새 못지않게 중요하고 매력적인 주제일 수 있다는 뜻이다. 나아가 새로운 이야기를 통하여 첨성대의 구조와 현재의 모습에 대한 합리적인 설명을 과학적으로 추론할 수 있다면, 또한 이를 계기로 앞으로 등장하게 될 첨성대에 대한 이야기의 결이 지금까지의 것과 달라질 수 있다면, 그리고 첨성대 이야기의 폭과 깊이가 더 넓어지고 깊어질 수 있다면, 비록 그런 반응이 나오더라도 새로운 이야기는 계속되어야 할 것 같다.

그러면 '어떻게 지어졌는지'에 대한 이야기를 시작하자. 1개당 수백 킬로그램 중을 넘나드는 무게의 돌을 평면으로 둥글게 가지런히 배치해 놓으며 켜켜이 쌓아 9.1m 높이까지 올리는 일이 각종 중장비와 편리한 도구에 익숙한 오늘날의 우리에게는 그리 큰 어려움이 없는 평이한 일로 생각될 수도 있다. 하지만 그런 장비와 도구가 없었을 것이 확실시되는 서기 632~647년의 일, 즉 지금부터 1,400여 년을 거슬러 올라간 때의 일이라면 이야기는 달라진다. 어떻게 지었을지 궁금하지 않은가? 여기까지 듣고 나면,

"어? 새로운 이야기라고 해놓고서 1,400여 년 전의 일을 또 추정한다고?"

"그렇다면 이전의 이야기들과 무엇이 다르다는 거야?"

이렇게 오해할 수도 있겠다. 하지만 이전의 이야기와 새로운 이야기는 이야기를 풀어가는 접근 방향이 전혀 다르니 오해를 푸시라. 이전의 이야기들은 첨성대 건립 후로부터는 수백 년이 지나서 기록되었고, 동시에 지금으로부터

는 수백 년 전에 기록된, 역사문헌을 근거로 쓰임새를 가정한 후 이를 입증하거나 또는 반박하려는 논리로 이야기를 전개한 반면, 여기서 말하고자 하는 새로운 이야기에서는 현재 관찰하여 얻은 정보를 활용하여 해결하고자 하는 문제를 정의한 후 이야기를 풀어낸다. 한마디로 정반대의 접근법을 사용한다.

그렇다면 어떤 정보를 활용한다는 것인가? 먼저 우리에게는 1962~1963년 사이 당시 국립경주박물관장 홍사준과 박물관 직원들이 실측하여 작성한 도면이 있다. 또한 첨성대 실물이 아직도 비교적 건전한 상태로 남아 있다. 마지막으로 첨성대 주변의 지형지물은 첨성대 건립 후 1,400여 년의 험난한 세월을 보내며 적잖게 변했겠지만 아직도 제 모습을 유지하며 제자리를 지키고 있는 주변 유적들이 남아 있다. 이 세 가지의 객관적이고 관찰 가능한 근거를 의지하여 새로운 이야기가 펼쳐진다.

이제 본격적인 이야기에 들어가기 전에 이들 정보를 활용하기 위한 준비 작업부터 진행하자. 앞선 2장 '첨성대 실측자료 — 실측도 및 복원도'에서 소개한 홍사준의 실측도면을 보면 배치도,* 입면도,** 첨성대 꼭대기에서 아래를 보며 작성하여 모든 단의 모습을 한꺼번에 볼 수 있도록 그린 실측평면도, 원통형몸통 각 단의 평면도,*** 이들 각 단의 평면도를 다시 모아 조합하여 꼭대기에서 아래로 내려다본 전체 평면도를 재현한 복원평면도, 상세도, 전개도,**** 단면도***** 등이 있다.

그런데 실측평면도와 복원평면도를 비교해 보면 어딘가 이상한 점이 있

---

* 배치도(layout)는 지형의 높낮이와 접근로 및 이웃하는 구조물 등 건물과 주변 지형지물과의 관계를 그린 건물을 앉힐 대지의 평면도를 일컫는다.
** 입면도(elevation)는 건물의 앞뒤 면과 양 옆면을 그린 그림을 일컫는다.
*** 평면도(plan)는 시점을 무한대의 거리에 두고 바닥으로부터 사람의 허리 높이 정도에서 끊어 아래를 보며 그린 그림을 일컫는다.
**** 전개도(development)는 입체의 표면을 2차원으로 펼쳐 그린 그림을 일컫는다.
*****단면도(section)는 건물을 수직 방향으로 끊어 그린 그림을 일컫는다. 따라서 평면도는 일종의 수평 방향 단면도라고 할 수 있다.

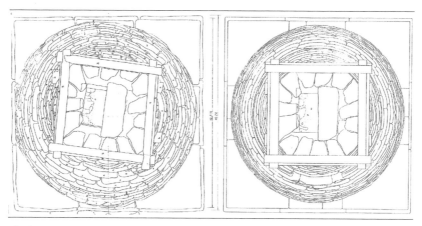

홍사준의 실측평면도(왼쪽 그림)와 복원평면도(오른쪽 그림)

다. 실측평면도에서는 원통형몸통 각 단의 중심이 일치하지 않은 듯 한편으로 치우쳐진 것 같다. 이에 따라 상부 정자석의 중심도 각 단 원의 중심에서 살짝 빗겨난 채 시계방향으로 회전하여 놓인 것 같다. 이는 3장 '첨성대의 얼개'에서 지적한 바와 같이 첨성대가 북동쪽으로 2.07° 정도 기울어지고 상부 정자석이 시계방향으로 10° 정도 회전한 현재의 상태가 고스란히 반영되었기 때문이리라. 반면, 복원평면도에서는 원통형몸통 각 단의 중심이 일치하여 치우쳐진 기색이 전혀 없고, 상부 정자석도 회전하지 않고 한가운데 똑바로 위치한 것 같다. 한마디로 복원평면도에서는 인위적인 냄새가 물씬 풍긴다. 아마 실측평면도는 실측 당시인 1962~1963년 현재의 상태를 그대로 그린 것이고, 복원평면도는 첨성대가 건립되었을 당시인 서기 632~647년 현재의 상태, 즉 그 어떤 외부 요인에 의한 변형도 없던 최초의 상태를 가정하여 그린 것 같다.

그렇다면 이 둘 중 어느 것을 활용하여 이야기를 풀어나가야 할까? 아무 흠도 없는 순백 상태라고 할 수 있는 복원평면도를 활용하고 싶겠지만, 객관적인 논리를 펼치려면 그 마음은 접어두는 것이 좋겠다. 가상의 순수한 상태로부터는 취약한 논리에 의지할 수밖에 없는 또 하나의 상상 속 이야기만 나오게 될 것이기 때문이다. 첨성대가 어떻게 만들어졌는지에 대한 그럴듯한 이야기를 지어내려면 현재의 상태를 관찰하여 왜 그렇게 기울어지고 회전된 상태까지 오게 되었는지에 대한 객관적인 정황과 논리를 찾아내어야 하겠다. 이를 위하여 먼저 각 단의 평면도를 조합하여 실측평면도를 복원하는 일로부터 이야기를 시작하기로 하자.

1. 실측평면도 복원하기

첨성대 각 단의 평면도로부터 실측평면도를 복원하는 일은 예상과는 달리 그리 오랜 시간이 걸리지는 않았다. 애초에는 각 단의 평면도 위에 트레이싱지를* 대고 외곽선을 따라 그린 후 각각의 그림을 단별로 겹쳐 그려서 실측평면도를 복원하려고 계획하였다. 이는 많은 시간과 노력이 드는 작업이었는데, 이를 대신할 수 있는 컴퓨터소프트웨어 덕분에 제한적이긴 하지만 실측평면도에 버금가는 복원평면도를 얻을 수 있었다. 현재의 상태를 반영한 실측평면도를 복원하는 과정은 다음과 같이 진행하였다.

먼저 기단과 원통형몸통 각 단의 평면도 및 상부 정자석의 평면도를 스캔한 후 홍사준의 실측평면도를 바탕그림으로 하여 기단을 겹쳐놓는다. 그리고 이 위에 원통형몸통 제1단으로부터 제27단에 이르기까지 각 단 평면의 외곽선이 홍사준의 실측평면도상 해당하는 위치의 윤곽선에 가급적 일치하도록 누적하여 배치한다. 이때 작업의 정밀도를 높이기 위하여 특정 단의 평면도 스캔을 실측평면도에 겹쳐놓을 때에는 앞서 작업한 단의 평면도 스캔은

* 트레이싱지(tracing paper)는 기존의 도면 위에 덮어대고 그 밑으로 보이는 선을 따라 그릴 수 있도록 만들어진 반투명한 건축도면 용지를 일컫는다.

투명도를 높임으로 방해되지 않도록 조치한다. 마지막 단계로 상부 정자석을 겹쳐놓으면 실측평면도에 기반한 복원도를 얻게 된다. 이렇게 각 단별로 생성한 이미지를 겹칠 수 있다는 것은 필요에 따라 이들을 다시 분리하고 달리 조합할 수도 있다는 뜻이니 이로써 새로운 이야기를 풀어내기 위한 준비 작업을 마친 셈이 된다.

다만 이 같은 과정을 거쳐 완성된 복원평면도가 건립 초기 상태를 상정하여 그린 애초의 복원도보다 첨성대의 현재 상태에 더 가까운 것임에는 틀림 없겠지만, 실측평면도와 나란히 놓고 보면 아직도 정확하게 일치하는 것은 아니어서 아쉬운 마음이 든다. 더욱이 이는 서로 알지 못하는 두 명의 학생이 10년의 시간차를 두고 다른 학생의 작업에 대하여는 전혀 알지 못한 채 똑같은 작업을 수행하여 서로 간에 거의 일치하는 결과를 얻은 것이기에, 그 나름대로는 철저한 검증 절차를 거쳤다고 생각하니 당황스럽기까지 하다.

하지만 이런 과정을 거쳐 얻은 복원평면도와 홍사준의 실측평면도가 일치하지 않는 데에는 그럴 만한 이유가 있었다. 즉 실측평면도를 바탕그림 삼아 원통형몸통의 해당 위치에 제1단으로부터 시작하여 각 단 평면을 하나씩 겹쳐놓을 때, 기대했던 것과는 달리 꼭 들어맞지 않는 경우가 적지 않았다. 심지어는 나중에 놓인 단의 평면으로 인하여 그 아래로 먼저 놓인 여러 단 평면의 상당 부분이 가려지는 경우도 있었지만 홍사준의 실측평면도에는 이 같은 상태가 제대로 반영된 것 같지 않았다. 따라서 이를 종합하면 첨성대 건립 초기 상태를 상정하여 그린 복원도보다 사정은 낫겠지만, 홍사준의 실측평면도 역시 있는 그대로의 현재 상태를 반영한 것이라기보다는 원통형몸통 각 단의 위에 놓인 단의 평면 크기는 입면 곡률에 따라 그 아래 놓인 단보다 작거나 또는 적어도 같아서 아랫단의 평면을 절대로 가릴 수 없다는 원칙에 충실하고자 인위적으로 손질하여 그린 것으로 판단된다. 즉 원통형몸통 각 단의 평면을 있는 그대로의 모습대로 조합해서는 실측평면도와 일치하는 복원평면도를 그릴 수 없다는 결론에 도달하게 되었다. 어쩌면 새로운 이야기

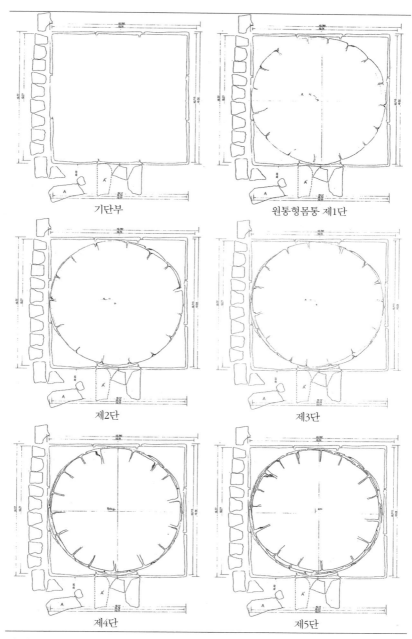

기단부

원통형몸통 제1단

제2단

제3단

제4단

제5단

각 단의 평면을 누적하여 겹쳐 그린 원통형몸통 제5단까지의 복원도

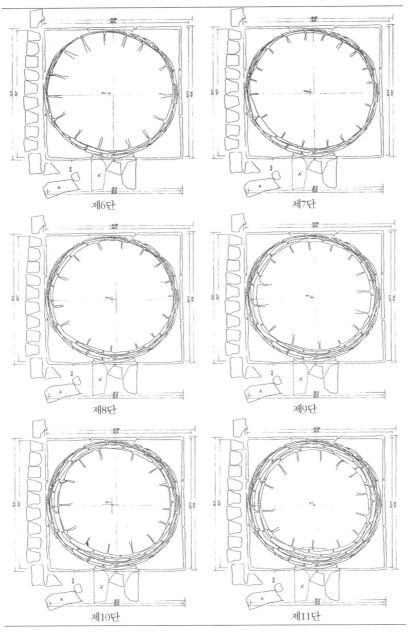

제6단   제7단

제8단   제9단

제10단   제11단

각 단의 평면을 누적하여 겹쳐 그린 원통형몸통 제11단까지의 복원도

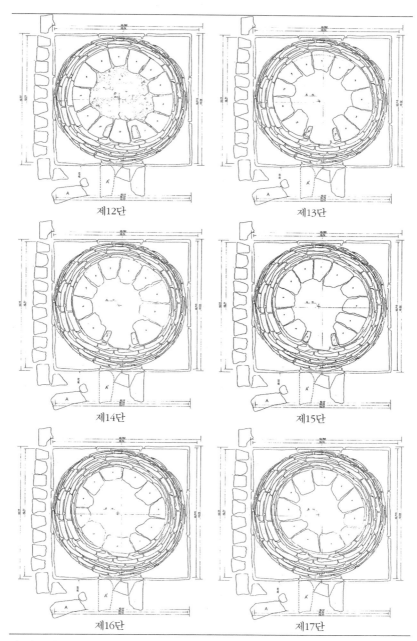

제12단

제13단

제14단

제15단

제16단

제17단

각 단의 평면을 누적하여 겹쳐 그린 원통형몸통 제17단까지의 복원도

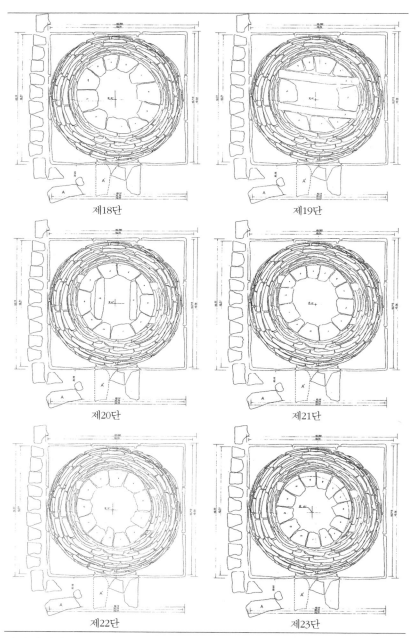

제18단   제19단

제20단   제21단

제22단   제23단

각 단의 평면을 누적하여 겹쳐 그린 원통형몸통 제23단까지의 복원도

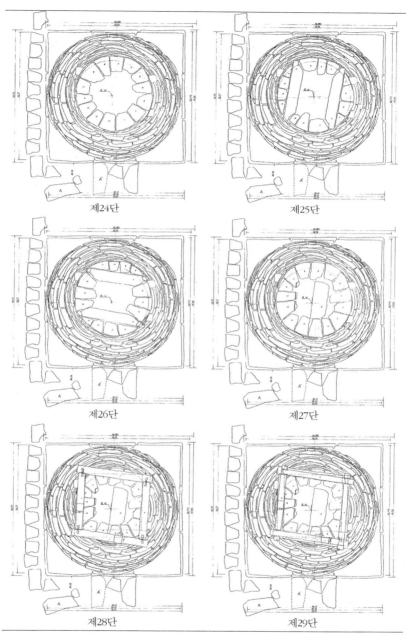

제24단 제25단 제26단 제27단 제28단 제29단

각 단의 평면을 누적하여 겹쳐놓아 상부 정자석에 이르기까지 완성한 복원도

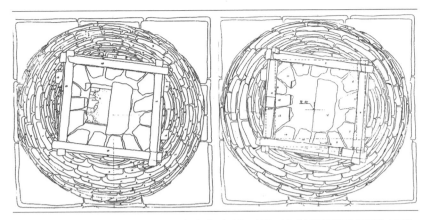

홍사준의 실측평면도(왼쪽 그림)와 각 단의 평면을 겹쳐 얻은 복원평면도(오른쪽 그림)

를 위하여 그린 복원평면도가 홍사준의 실측평면도보다 첨성대의 실제 상태에 더 가까울 수도 있는 셈이 된다. 그럼에도 혹시 호기심 많은 독자가 나서서 실측평면도에 더 가까운 복원평면도를 그릴 수 있다는 것을 보인다면 이는 첨성대의 진실에 한 걸음 더 다가서는 일이 될 것이므로 언제든지 환영하는 바이다.

지금까지의 이야기만으로는 실측평면도와 원통형몸통 각 단 평면도 간 불일치로 인하여 새로운 이야기의 근간이라고 할 수 있는 실측도면의 신뢰성마저 흔들릴 수 있다는 뜻이 될 수도 있다. 그렇다면 이제 나머지 이야기를 어떻게 풀어가야 할까? 실측도면의 위상이 조금 흔들리며, 이제는 우리 눈앞에 현존하는 첨성대 실물과 그 현재 상태 그리고 그 주변의 지형지물만이 객관적이고 관찰 가능한 완벽한 자료로서 남게 된 점은 조금 아쉽지만, 새로운 이야기에서 실측도면의 역할은 아직 충분히 남아 있으니 그리 걱정할 것은 없다고 생각된다. 다시 말하면, 비록 홍사준의 실측평면도가 있는 그대로의 모습을 제대로 반영하지 못한 채 그려진 것이라고 하더라도, 첨성대의 기울어진 상태와 각 부위가 가리키는 방위는 제대로 그려진 것 같고 또한 입면의 곡률을 평면으로 옮겨 그럴듯하게 보이려고 왜곡된 정도가 우리가 풀어나갈 이야기에 심각할 정도의 부담이 되는 것 같지는 않으니, 그로 인하여 실망하거나 포기하기에는 이르다는 말이다. 그러니 이야기를 끝까지 들어본 후 그에 대하여 판단하도록 하자.

2. 첨성대가 던지는 일곱 개의 수수께끼

추리소설의 주인공은 사건 발생 전후의 모든 일상에서 관찰된 바를 정리하여 그 맥락으로부터 특이한 사항이나 미심쩍은 정황을 찾아내어 하나하나의 퍼즐을 정의한다. 그리고는 사건을 중심에 두고 정리된 여러 개의 퍼즐을 맞추며 문제의 본질에 한 걸음씩 다가간다. 이 과정에서 주인공은 해결의 실마리를 찾아 정처 없이 헤매는 것처럼 보이지만, 실제로는 끊임없이 스스로 묻고 답하며 확인하는 것일 뿐이고, 모든 퍼즐이 맞추어지는 순간 문제는 해결된다. 생각건대 아마 대개의 추리소설 속 이야기는 이런 형식으로 전개되는 것 같다.

지금부터 본격적으로 시작되는 '첨성대를 어떻게 지었을까?'에 대한 이야기도 추리소설 속 이야기와 크게 다르지 않다. 마치 사건은 발생했지만 누가 저지른 것인지는 아무도 모르는 것처럼 첨성대가 지어진 것은 확실한데 어떻게 지었는지는 아무도 모른다. 그렇다고 증거가 확실한 것도 아니고 진실을 말해줄 사람도 물론 없다. 기록은 부실하고 단서도 없으니 난감하기 이를 데 없다. 여기서 한 가지 더 말해두어야 할 것이 있다. 범인이 밝혀지며 사건이 해결되는 추리소설 속 이야기와는 달리 첨성대 이야기는 끝나도 끝이 아닐 수 있다. 정답이 있다는 것은 분명하지만 아무도 진실을 알 수 없을 뿐만 아니라 추리소설 속 이야기와 달리 정황에 대한 방어논리가 무너지는 순간 자백할 범인도 없기 때문이다. 우리는 지금 최악의 추리문제 속으로 들어가고 있는 것이다. 그러면 이제 추리소설 속 주인공이 되어 첨성대가 어떻게 지어졌는지 추론해 보자.

첨성대에 관한 모든 것이 불확실한 가운데 그나마 다행한 것은 우리에게 는 아직도 우리의 오감으로 확인할 수 있는 확실한 것이 남아 있다는 것이 다. 즉 관찰 가능한 객관적 사실이라고 할 수 있는 첨성대 실물과 그 현재 상태, 신뢰성이 조금 훼손되었지만 실측도면, 첨성대 주변의 정황 등이 있다. 이들을 살피고, 그로부터 제기되는 여러 의문을 정리한 후, 이들 의문에 대한 합리적인 답을 유추할 수 있다면, 어쩌면 이는 첨성대가 어떻게 지어졌는 지를 추론할 수 있는 새로운 시각을 암시하는 것인 동시에 진실에 조금 더 다 가서는 작은 발걸음일 수 있을 것 같다. 이들 실측도면과 첨성대 실물의 얼 개를 살핀 결과 다음과 같은 일곱 개의 의문스러운 점을 발췌할 수 있었는데 이는 말없는 첨성대가 오늘의 우리에게 무언으로 자신의 이야기를 들려주는 것 같기도 하고, 그에 대하여 답하는 것이 도리일 것 같아서 그냥 '첨성대가 던지는 수수께끼'라고 이름 붙였다.

수수께끼 1: 기단과 남창구가 가리키는 방향 사이의 차이

첨성대 기단 남측 면은 정남으로부터 동쪽으로 19°만큼 돌아간 방향을 향하고 있으며 그 모서리를 잇는 대각선은 동지 일출의 방위와 일치한다는 이야기가 있다고 3장 '첨성대의 얼개'에서 이미 말한 바 있다. 또한 이와 함께 남창구의 중앙은 정남으로부터 동쪽으로 16°만큼 돌아간 방향을 향하고 있다는 이야기도 이미 소개한 바 있다. 여기서 정남은 진남을* 뜻하며 자남과 는** 구분된다. 주목할 것은 바로 기단 면 중앙과 남창구 중앙이 서로 간에 3°

---

* 진남(眞南)은 지구 표면상 남북극을 잇는 가상의 선인 자오선(meridian)상에서 남극 을 향하는 방향을 일컫는다.

의 차이를 보인다는 것이다. 둘 다 남쪽을 향하도록 조성되었을 것인데 왜 이런 차이가 만들어졌을까? 당시의 기술수준이 부족해서인가, 의도적인 것인가? 아니면 그럴 수밖에 없는 사정이 있었던 것인가?

기단 면이 정남으로부터 동쪽으로 19°만큼 돌아간 것은 그 모서리를 잇는 대각선을 동지 일출의 방위와 맞추려는 의도에서 그렇게 했다고 생각할 수 있겠다. 하지만 기단 면의 방향과 맞추었어야 자연스러울 것 같은 남창구의 중앙이 기단 면과 3°의 차이를 보이는 것은 논리적으로 납득하기 어렵다. 사실 실생활에서 3°의 차이는 어떤 의미를 부여할 정도의 크기는 아닐 것 같기도 하다. 그리고 그렇게 지은들 쉽게 알아차릴 정도의 크기도 아닌지라 그냥 무시할 수도 있겠지만, 기왕에 기단의 모서리가 동지 때 일출을 향하도록 계획하여 실행했을 정도의 기술 수준이었다면 기단 면과 남창구의 방향이 서로 일치하도록 축조하는 것이 그리 어려운 일은 아니었을 것이라고 미루어 짐작할 수 있겠다. 만일 의도적인 것이었다면 3°의 차이는 어떤 의미라는 것인가? 첨성대의 기하학적 특성이 수학적 종교적 의미를 가지고 있을 가능성, 이를 구성하는 단의 수와 돌의 수가 상당히 상징적인 의미를 지니고 있을 가능성, 그리고 그 놓여 있는 방향 또한 연한(年限)과 사시(四時)와의 개연성이 있음은 앞선 여러 이야기를 통하여 이미 알려진 바이지만, 기단 면의 중앙과 남창구 중앙의 서로 간에 이루는 3°의 각도 차이에 의미를 부여한 이야기는 그 어디에도 없는 것 같다. 따라서 의도적으로 3°의 차이가 나도록 한 것으로 보이지는 않는다.

어쩌면 무시해도 상관없을 것 같은 차이이기에 오히려 이야기의 실마리를 풀어나가는 단초가 될 수도 있을 것 같다. 이에 대하여 다음과 같은 상황을 설정하여 정리하면 어떻겠는가? 남창구를 건립할 당시에는 어떤 이유에서

** 자남(磁南)은 지구 자기장이 가리키는 남쪽 방향을 일컬으며, 시간이 지남에 따라 변화한다고 한다.

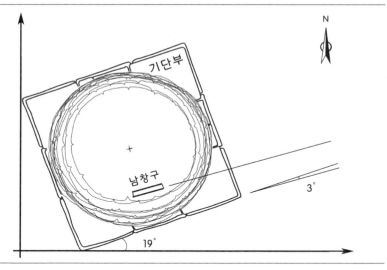

기단 면과 남창구가 이루는 방위각 3°의 차이를 시각적으로 보인 그림

인지 일꾼들이 기단 면을 볼 수 없는 상황이었을지도 모른다. 그렇다고 하여 기단의 방위를 결정하기 위해 기준으로 삼았던 동지 일출까지의 시간을 다시 기다리기에는 여의치 않은 사정이 있었을지도 모르는 일이다. 따라서 기단 면을 놓을 당시 방위의 판단 근거로 삼았던 일출과 해 그림자의 방향이 남창구를 설치할 당시에는 시간의 흐름과 함께 이미 변화해 있었으므로 절대적인 방향에 대한 기준이 흔들리는 처지에서 3°의 차이가 발생하게 되었다고 추론할 수도 있겠다.

수수께끼 2: 원통형몸통 각 단 평면의 불완전한 동그라미

실측도면 중 원통형몸통 각 단의 평면은 예상과는 달리 완전한 동그라미가 아니라 조금씩 일그러진 형태이다. 이를 드러내 보이고자 각 단의 평면에 가장 잘 들어맞을 만한 크기의 가상의 동그라미를 평면과 구분하기 위하여 파선으로* 그려서 단마다 겹쳐놓아 비교해 보기로 한다. 여기서 기단 남측면은 정남으로부터 동쪽으로 19°만큼 그리고 남창구의 중앙은 정남으로부터 동쪽으로 16°만큼 돌아간 방향을 향하고 있다고 했으니 진남을 기준으로 하여 정확한 방위를 따져볼 수도 있겠지만, 이 수수께끼에 한하여 편의상 그림의 오른쪽 - 왼쪽 - 아래쪽 - 위쪽을 동 - 서 - 남 - 북으로 칭하기로 한다. 이렇게 놓고 보니 정도의 차이는 있지만, 각 단 평면의 형태는 주로 북 - 동쪽과 남 - 서쪽 부분에서는 동그라미의 안으로 들어가는 방향으로 일그러지는 경향이 있는 것으로 보인다. 반면, 나머지 부분에서는 각 단에 따라 동그라미의 안과 밖을 오가며 때로는 심하게, 때로는 미세하게 일그러져 일정한 경향을 파악하기가 쉽지 않다. 아울러 원통형몸통 제20, 21, 22, 23, 27단을 제외한 거의 모든 단의 동쪽과 서쪽으로부터 각각 시계방향으로 15° 정도 회전한 지점까지의 구간에서는 동그라미 안이나 밖으로 거의 벗어나지 않는 경향을 보이는 것으로 파악된다.

또한 기단부에 가까운 아랫단일수록 일그러진 정도가 그 평면의 크기에 비하여 그리 심하지는 않지만, 단의 위치가 위로 올라갈수록 일그러진 정도는 점점 더 심해지는 것 같다. 일그러진 원형평면 원주의 범위도 점차 넓어지는 경향이 있지만 불규칙한 요소도 적지 않아 단정적으로 평하기가 조심스럽다. 원통형몸통 제1단은 눈대중으로 원주 둘레길이의 20% 정도, 제2단부터 제10단까지는 30~40% 정도에 해당하는 부위에 걸쳐 일그러진 것으로 보이는데 제7단은 예외적으로 60% 정도에 걸쳐 일그러져 보인다. 또한 제11단부터 제27단까지는 원주 둘레길이의 60~70% 정도에 해당하는 부위에 걸쳐 일그러진 것으로 보이는데, 예외적으로 제15, 16, 17, 23, 27단이 50% 정도, 제18, 20단이 80% 정도, 제25단이 40% 정도의 범위에 걸쳐 일그러진 것

---

* 파선(dashed line)은 짧은 선들을 일정한 간격으로 벌려놓아 만든 선(-----)을 일컫는다.

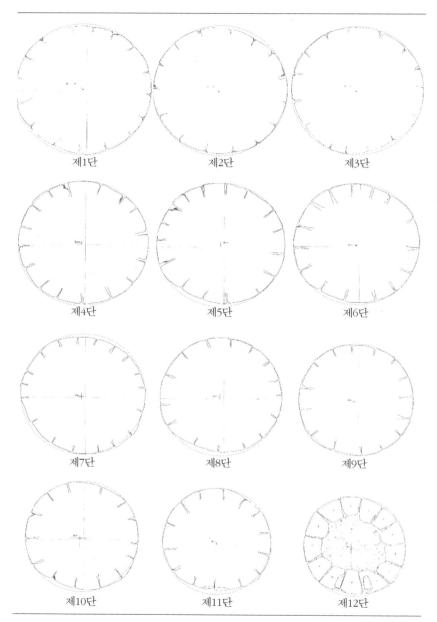

제1단   제2단   제3단

제4단   제5단   제6단

제7단   제8단   제9단

제10단   제11단   제12단

원통형몸통 제1단부터 제12단까지 각 단 평면의 일그러진 정도

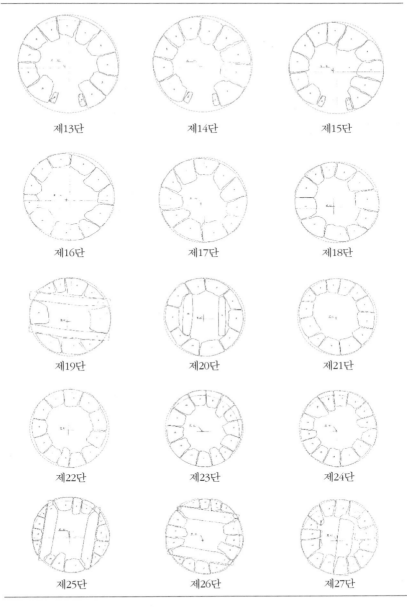

제13단	제14단	제15단
제16단	제17단	제18단
제19단	제20단	제21단
제22단	제23단	제24단
제25단	제26단	제27단

원통형몸통 제13단부터 제27단까지 각 단 평면의 일그러진 정도

으로 보인다. 특히 이들 단의 일그러진 부위의 범위를 첨성대의 입면과 연결해 보면 첨성대 입면 곡률의 변화가 큰 부분의 단일수록 평면 원주 둘레길이의 일그러진 부위의 범위도 더 커지는 경향이 있는 것으로 관찰된다.

정리하자면, 원통형몸통 각 단의 평면은 완전한 동그라미가 아니라 일그러진 동그라미임은 분명하다. 그러나 그 일그러진 정도와 위치와 범위는 각 단에 걸쳐 불규칙하게 분포되어 있기 때문에 어떤 특정한 경향이 있다고 단정할 수는 없다. 그럼에도 각 단의 북 - 동쪽과 남 - 서쪽 부분에서는 동그라미 안으로 일그러져 들어가는 형태를 보이는 단의 수가 그렇지 않은 경우보다 더 많이 관찰되고, 기단으로부터 멀어질수록 평면의 일그러진 정도가 더 심화되는 추세이며, 입면 곡률의 변화가 큰 부분의 단일수록 평면 원주 둘레길이의 일그러진 부위의 범위도 더 커진다는 정도로 마무리할 수 있을 것 같다.

그렇다면 무엇 때문에 일그러진 원형평면이 만들어진 것일까? 다는 아니지만 다수의 일그러진 형태가 제한적이나마 그런대로 어떤 방향성을 보인다는 것은 무엇 때문일까? 더구나 위의 단으로 갈수록 그 일그러진 정도와 그 범위가 심화된다는 것은 무엇을 의미할까? 또한 입면 곡률의 변화가 큰 부분의 단일수록 평면 원주 둘레길이의 일그러진 부위의 범위가 더 커지는 것은 무엇 때문일까? 이러한 의문에 대한 답변을 당장에 구하지는 못하겠지만, 평면상 원의 일그러짐이나 방향성 그리고 일그러진 정도가 심화되는 현상 등이 첨성대를 건설한 사람이 의도한 바는 아닐 것임에 틀림없다. 그렇게 하여 얻을 수 있는 유익함이 없기 때문이다.

수수께끼 3: 이웃하는 단과 단 사이의 어긋남

이번에는 현재 상황을 반영한 실측도를 기반으로 하여 그린 복원평면도로부터 원통형몸통의 서로 이웃하는 2개 단씩을 묶은 채 따로 떼어내어 살펴보면 단과 단 사이에는 크고 작은 어긋남이 보인다. 여기서 단과 단 사이의 어긋남이란 각 단 평면 곡률의 차이에서 비롯된 정상적인 크기의 차이가 만들어낸 것이 아니라 어떤 단과 그 아랫단이 평면의 중심을 공유하지 않음으로 인하여 가지런히 놓이지 못한 상태를 일컫는다. 또한 첨성대의 전체적인 기울기와 각 부분의 방향이 제대로 반영된 이상 복원평면도를 만드는 과정에서 지적되었던 홍사준의 실측평면도와 원통형몸통 각 단 평면도 간 불일치가 이웃하는 단과 단 사이의 어긋남 여부에는 그리 심각한 영향을 주지 않음을 어렵지 않게 생각할 수 있다.

원통형몸통의 각 단 평면상 일그러진 원형평면의 경우와는 달리 이웃하는 단과 단 사이의 어긋난 형태는 일정한 방향성을 보이고 있지도 않거니와 어긋난 정도 역시 단의 위치가 높아지거나 입면 곡률의 변화가 커진다고 하여 더 심해지지도 않음을 알 수 있다. 즉 첨성대의 기울어진 현재의 상태로부터 도무지 예측할 수 없을 정도로 불규칙하게 어긋난 단과 단 사이의 모습을 보여준다. 이는 첨성대가 북-동쪽으로 2° 정도 기울어지는 과정에서 발생한 어긋남이라고는 볼 수 없는 분명한 이유가 되기도 한다. 다만 입면 곡률의 변화가 상대적으로 큰 부분의 이웃하는 단과 단 사이에서는 그 지름의 차이를 알아볼 수 있을 정도인데 이는 단과 단 사이의 어긋남이라기보다는 곡률의 변화를 실현하고자 평면 크기를 차이 나게 하여 만들어진 극히 정상적인 현상이라고 할 수 있겠다.

비록 원형평면이 일그러져 있고 이웃하는 단과 단이 서로 조금씩 어긋나있기는 하지만, 각 단의 석재들이 흐트러짐 없는 원형평면을 이루는 점 또한 특이한 사항이다. 만일 일그러지거나 어긋난 것이 지진에 의한 진동이나 무거운 중장비가 가까이서 통과하며 일으킨 진동에 의한 것이라면, 일그러짐이나 어긋남은 모르타르 없이 쌓여 원형평면을 이루는 석재들의 불규칙한 흐트러짐을 수반해야 하는데, 개별 석재들의 흐트러짐 없는 원형평면의 어긋남은 첨성대 각 단 원형평면의 일그러짐이나 이웃하는 단 사이의 어긋남이 진동에

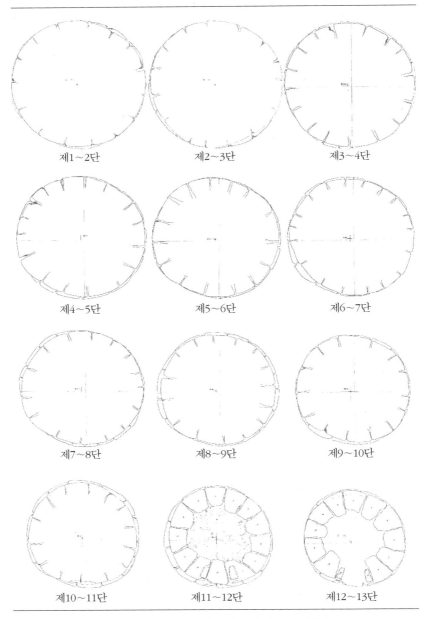

제1~2단 제2~3단 제3~4단

제4~5단 제5~6단 제6~7단

제7~8단 제8~9단 제9~10단

제10~11단 제11~12단 제12~13단

원통형몸통 제1단부터 제13단까지 이웃하는 단과 단 사이의 어긋남

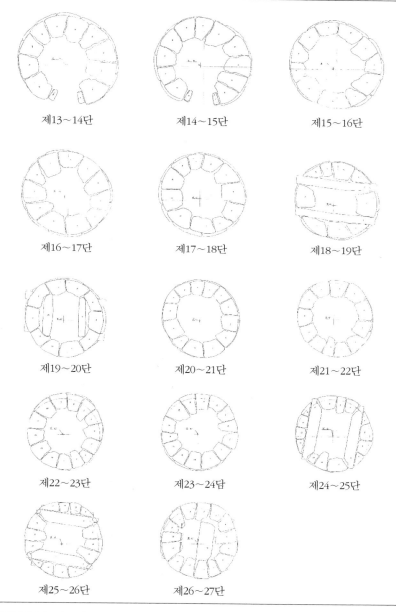

제13~14단　　　　제14~15단　　　　제15~16단

제16~17단　　　　제17~18단　　　　제18~19단

제19~20단　　　　제20~21단　　　　제21~22단

제22~23단　　　　제23~24담　　　　제24~25단

제25~26단　　　　제26~27단

원통형몸통 제13단부터 제27단까지 이웃하는 단과 단 사이의 어긋남

의한 것일 가능성이 낮다는 것을 말해주는 것이라고 하겠다. 그렇다면 이웃하는 단과 단 사이가 불규칙적으로 어긋나게 된 이유는 무엇 때문일까?

수수께끼 4: 원통형몸통의 기울기와 편심거리

손호웅·이성민은 2003년 3차원 레이저 스캐닝 기술을 이용하여 측정된 원통형몸통의 기울기와 제1단 최하단부 원의 중심에 대한 각 단 원 중심의 편심거리를 보고하였다. 이는 1962~1963년 홍사준의 최초 실측 이래 아마도 가장 정밀한 실측이었을 것으로 생각된다. 이들 자료는 원통형몸통 각 단의 동 - 서 방향과 남 - 북 방향에 대하여 측정된 것으로 객관적 사실을 논하는 데 많은 도움이 된다. 이를 위하여 보고된 자료를 여기 2개의 직교좌표계 도표로 정리했는데, 하나는 원통형몸통 제1단부터 제27단을 X-축에 펼쳐 표기해 놓고 각 단에 해당하는 측정된 기울기 값을 Y-축에 놓아 동 - 서 방향과 남 - 북 방향 각각에 대하여 정리한 것이고, 다른 하나는 한 단의 동 - 서 방향 편심거리를 X-축에 놓고 남 - 북 방향의 것은 Y-축에 놓아 좌표상에 찍힌 데이터 점에 해당하는 단의 단수를 표기한 후 제1단으로부터 제27단까지의 점을 차례로 실선으로 연결한 것이다. 이들 도표에 따르면 동 - 서 방향보다 남 - 북 방향으로의 기울기와 편심거리가 더욱 심하며, 결과적으로 동 - 북 방향으로 2° 정도 기울어져 있는 첨성대의 현재 모습을 반영하고 있다.

원통형몸통 제1단 최하단부에서 측정된 기울기는 제1단이 기단 바로 위에 직접 놓이므로 부동침하에* 의한 기단부의 기울기라고 해석할 수 있겠지

---

* 부동침하(differential settlement)는 건물의 무게로 말미암아 지반이 아래로 가라앉을 때 이에 대한 지반의 저항력이 고르지 못하거나 건물의 무게가 건물 평면에 고르게 분포되지 않아 어느 한 부분의 기초가 다른 부분의 기초에 비하여 상대적으로 더 가라앉거나 덜 가라앉게 되는 현상을 일컫는다. 부동침하가 발생하면 건축구조물 각 부분에는 예상치 못한 응력이 발생하게 되고 이는 원인 모를 균열로 이어질 가능성이 크다.

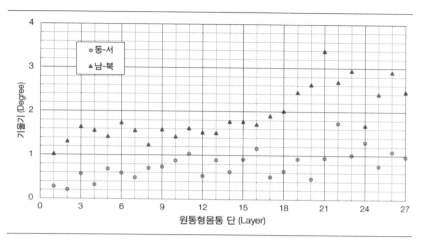

손호웅·이성민의 실측자료로부터 재구성한 원통형몸통의 기울기

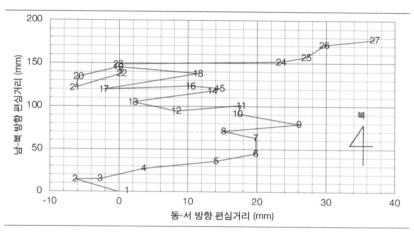

손호웅·이성민의 실측자료로부터 재구성한 원통형몸통 각 단별 편심거리

만, 제2단부터 제27단에 이르는 단의 기울기는 각 단별로 들쑥날쑥할 뿐만 아니라 단의 위치가 위로 올라갈수록 기울기가 증가하는 추세를 보인다. 또한 남 - 북 방향의 기울기가 동 - 서 방향의 기울기에 비하여 현저하게 크다.

편심거리 그래프는 원통형몸통 제1단 평면 원의 중심에 대한 각 단 원 중심의 남 - 북 및 동 - 서 방향의 상대적 위치 등 3차원 정보를 2차원적으로 나타낸 것으로, 그래프상 숫자는 각 단의 단수를 의미한다. 기울기와 마찬가지로 단의 위치가 올라갈수록 편심이 증가함과 아울러 그 크기 또한 들쑥날쑥 불규칙함을 알 수 있다.

그러므로 첨성대의 기울어진 현재 상태를 반영하여 원통형몸통의 모든 단 원의 중심이 일정한 기울기를 가진 일직선 위에 있다면, 3차원 정밀측량을 통하여 밝혀진 동쪽으로 기울어진 0.745°로부터 예상되는 제27단의 편심거리는 지표 위로 돌출된 기단 한 단과 원통형몸통의 높이를 합하여 약 8.4m로 산정할 경우 109mm이어야 함에도 실제로는 37mm로 측정되었으며, 북쪽으로 기울어진 1.91°로부터 예상되는 편심거리는 280mm이어야 함에도 실제로는 178mm로 측정되어 큰 오차를 보인다. 이는 원통형몸통 각 단 평면의 중심이 기울어진 일직선 위에 놓이지 않고 들쑥날쑥하는 현재의 상태를 증언하는 것이리라.

만일 원통형몸통의 기울기가 단지 기단부의 부동침하에 의한 것이었다면 상식이 말하는 바는 기울기 그래프에 보이는 각 단의 기울기는 상수로서[*] 일정한 값이어야 하고, 편심거리 그래프에 보이는 각 단 중심의 상대위치는 일정한 기울기를 가진 직선 위에 놓여 있어야 한다. 그러나 실측된 바와 같이 기울기와 중심의 상대위치가 각 단별로 들쑥날쑥하게 변하면서 동시에 단의 위치가 위로 올라갈수록 그 크기가 증가하는 정황을 합리적으로 설명하려면 다음의 두 가지 논리 중 하나를 선택할 수밖에 없게 된다. 즉 처음에는 완벽한 위치에 놓여 있던 석재가 어떤 이유로 인하여 현재의 위치로 서로 미끄러져 움직였든지 아니면 처음부터 그렇게 지어졌든지, 둘 중 하나로밖에는 설명할 도리가 없다. 하지만 석재가 서로 미끄러져 이동하려면 미끄러

---

[*]   상수(constant)는 상황에 따라 변하지 않고 일정한 값을 유지하는 수를 일컫는다.

뜨리려는 힘이 석재와 석재 사이에 존재하는 마찰력을[*] 능가해야 하는데 기껏해야 2° 정도 기울어진 상태에서 중력에 의하여 작용하는 힘의 수평분력만으로는[**] 돌과 돌 사이의 마찰력을 극복할 수 없음은 어렵지 않게 짐작할 수 있다. 그러면 자신의 무게뿐만 아니라 그 위에 쌓인 돌의 무게도 함께 작용하는 상황에서 과연 어떤 힘이 육중한 윗돌과 아랫돌 사이에 있는 역시 육중한 돌을 미끄러지게 할 수 있을까? 지진이나 첨성대 근처를 지나는 중장비에 의한 진동을 떠올릴 수도 있겠지만, 그러기에는 원통형몸통 각 단 석재의 배열이 그런대로 완벽하고, 외부의 3차원 곡면에 불연속면이 존재하지 않으며, 너무나도 가지런한 수평·수직 줄눈의[***] 정렬을 설명할 도리가 없게 된다. 그렇다면 첨성대 건립 당시 신라의 건축자가 처음부터 기울기와 중심의 상대위치가 들쑥날쑥하게 변하면서 동시에 높이가 올라갈수록 그 크기가 증가하는 것을 수용할 수밖에 없었던 이유는 무엇이었을까?

수수께끼 5:
수평·수직 줄눈의 가지런한 정렬상태와 섬세하게 다듬어진 외부 표면

원통형몸통을 구성하는 돌의 외부로 노출된 표면은 잘 다듬어져 있으며 각 단 원형 평면 및 입면의 곡률에 따라 전체적으로 완만한 곡면을 이룬다. 또한 돌과 돌이 수평으로 만나는 윗단과 아랫단의 접촉면과 수직으로 만나는 좌우 접촉면의 외부로 드러난 수평·수직 줄눈을 보면 석재의 다른 부분

---

[*] 마찰력(frictional force)은 미끄러짐에 저항하는 힘을 일컫는다. 물리적으로는 미끄러지는 면의 재질에 따른 마찰계수와 미끄러지는 물체의 무게 또는 마찰면에 수직으로 작용하는 힘의 곱이다.
[**] 수평분력은 어떤 물체에 작용하는 힘을 편의상 직교좌표계의 각 방향으로 작용하는 힘의 합으로 가정할 때 그중 수평축 방향의 힘을 일컫는다.
[***] 줄눈은 돌이나 벽돌 등의 재료를 사용하여 지은 구조물에서 돌과 돌 또는 벽돌과 벽돌 사이의 면을 따라 구조물의 표면에 만들어진 선을 일컫는다.

도 이와 같이 평활하게 다듬어졌을 것이라는 기대를 갖게 된다. 하지만 실제로 첨성대 내부에 들어가 보면 전혀 다듬어지지 않은 상태로 울퉁불퉁 튀어나온 돌이 마구 쌓여 있는 모습과 아울러 좌우상하로 이웃하는 돌과 돌 사이의 접촉면에서도 불규칙하게 분포된 비정형의* 크고 작은 틈새를 보게 되는데, 이는 첨성대의 단아한 외관과는 어울리지 않는 모습이다. 마치 보수공사를 위하여 건물의 안팎을 싸고 있는 각종 마감재를** 뜯어냈을 때 드러나는 건물의 속살을 보는 느낌이다.

첨성대의 이런 내부 모습과는 달리, 원통형몸통 각 단 원형평면의 크기가 서로 다르기 때문에 각 단의 표면에 노출된 단과 단 사이 돌의 표면 곡률 또한 서로 다를 수밖에 없음에도, 외부 표면이 섬세하게 다듬어져 각 단별로는 수평 곡률을, 전체적으로는 입면 곡률을 잘 구현해 내고 있음은 신기할 정도이다. 또한 좌우상하로 이웃하는 돌과 돌이 만나는 면을 아무리 평활하게 다듬었다고 하더라도 원통형몸통 27개 단 362개의 돌을 모르타르도 사용하지 않고 쌓다 보면 평면 및 입면 곡률을 원하는 대로 만들어낸다는 것은 현실적으로 거의 불가능하다. 그런데 각 단의 수평 깊이가 850~950mm의 넓적한 돌을 모르타르도 사용하지 않고서 눈으로 보기에는 접촉하는 표면도 다듬지 않은 상태로 쌓아 첨성대의 단과 단 사이 및 돌과 돌 사이 수평·수직 줄눈의 정렬상태를 현재와 같이 부분적으로뿐만 아니라 전체적으로도 매우 완벽한 것으로 보이도록 조성했다는 사실은 경이롭기까지 하다. 만일 돌을 쌓기 전에 외부로 노출된 표면과 함께 돌의 좌우상하 접촉면을 미리 다듬었다면, 돌 하나하나의 다듬어지는 면의 각도와 외부 표면의 곡률을 정밀하게 작업하지 않는 한, 아마 현재 볼 수 있는 것과 같은 수평·수직 줄눈의 정렬상태는 결

---

* 비정형(irregular shape)은 원형이나 사각형 등 일반적으로 반듯하다고 생각되는 형태 이외의 형태를 일컫는다.
** 마감재(finishing materials)는 사용하는 사람이 안전하고 편안하게 생활하고 보기에도 아름답고 에너지의 효율도 높이도록 건물 뼈대의 표면을 덮는 재료를 일컫는다.

코 유지될 수 없을 것으로 보인다. 그렇다면 첨성대의 모든 돌을 축조한 이후에 원통형몸통의 외부로 노출된 표면을 다듬었다는 말인가?

수수께끼 6: 내부채움흙의 존재

첨성대 내부에는 흙과 잡석이 섞인 내부채움흙이 원통형몸통 제12단까지 채워져 있다. 첨성대 건립을 완성한 후 건축자가 내부채움흙을 제거하지 않고 그대로 남겨둔 까닭을 따져보면 두 가지를 생각할 수 있다.

먼저 첨성대를 축조할 당시 들여쌓기로 돌을 쌓을 때 쌓인 돌들이 첨성대 내부로 기울어져 떨어지는 것을 방지함과 동시에 공사 도중에는 작업발판으로 이용되었을 것이고, 건립 후에는 구조물 전체의 무게중심을 더욱 아래에 위치시킴으로써 첨성대의 구조적 안정이 유지되도록 하기 위함이었다고 생각할 수도 있다. 이러한 생각은 구조나 시공의 여러 가지 측면에서 상당한 타당성을 보인다. 그러나 부분적으로 의문의 여지가 있음도 사실이다. 즉 그렇다면 왜 흙을 제12단까지만 채웠는가를 묻지 않을 수 없다. 구조물 전체의 무게중심을 첨성대의 아래에 가까이 위치시킴으로써 안정을 도모했다는 추론은 왜 흙을 제12단까지만 채웠는가에 대한 설명은 될 수 있지만, 들여쌓기로 인하여 첨성대 내부로 돌이 떨어지는 것을 방지하려고 했다면 그리고 공사 도중의 작업발판으로 사용하려고 했다면, 흙을 첨성대 꼭대기까지 채웠어야 하지 않았을까?

다른 하나는 첨성대 내부의 흙을 제거하는 작업의 어려움이야말로 채움흙을 첨성대 내부에 부분적으로 남겨두었어야만 하는 사정이었을 것이라는 생각이다. 이는 첨성대 내부로 들어갈 수 있는 거의 유일한 통로가 남창구이고, 그 크기가 가로와 세로 각각 910mm이며, 위치는 지표면으로부터 4.16m의 높이에 있음을 고려할 때 매우 설득력이 높다. 이렇게 어려운 작업조건을 극복하면서까지 굳이 흙을 제거할 필요가 없었을 것이다. 만일 흙을 모두 제거할 계획이었다면, 애초에 남창구를 기단 위에 설치하여 그곳을 통하여 흙을 제거했을 것이고, 채움 흙도 제거하기 쉬운 모래성분의 흙을 사용했을 것이기 때문이다. 그러나 진실은 알 수 없다.

수수께끼 7: 상부 정자석과 기단 그리고 남창구가 가리키는 방향의 차이

홍사준의 실측자료에 따르면 첨성대의 상부가 오른쪽으로 303mm 정도 회전했다는 언급이 있고, 이는 상부 정자석이 10°가량 시계방향으로 회전하여 놓였다는 말이 될 수 있다고 3장 '첨성대의 얼개'에서 언급한 바 있다. 여기서 회전의 기준은 실측도면 및 문맥상 기단으로 보아야 할 것 같다. 이를 두고 실제로는 회전한 것이라기보다 가벼운 마름모꼴이나 평행사변형으로 살짝 일그러진 것 같다고도 하였다. 중요한 것은 그 결과 상부 정자석과 기단, 남창구의 향하는 방위 모두가 다르게 지어졌다는 것이다. 더욱이 모서리가 동지 일출을 향하도록 방향을 정해놓은 기단과는 달리 남창구나 상부 정자석의 방향은 특별한 뜻이 있는 것 같지도 않을뿐더러 그렇게 정해진 이유마저 분명하지 않다. 아무 생각 없이 되는대로 방향을 막 잡은 것일 수도 있지만, 어쩌면 애초에는 모서리가 동지 일출을 향하는 기단면의 방향과 일치하도록 의도했지만, 현장의 사정으로 인하여 방향을 제대로 잡지 못하게 되었는지도 모를 일이다. 이 수수께끼 7은 수수께끼 1과 연관 지어 함께 풀어야 할 것 같다.

3. 일곱 개의 수수께끼 풀기

지피지기(知彼知己) 백전백승(百戰百勝), 즉 적을 알고 나를 알면 백 번 싸워 백 번 이긴다는 말도 있느니만큼 첨성대가 우리에게 던진 일곱 개의 수수께

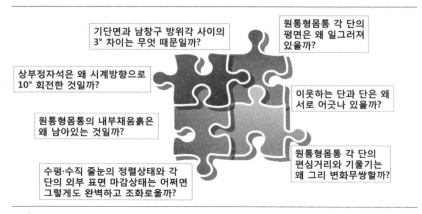

첨성대가 던지는 일곱 개의 수수께끼

끼를 풀기에 앞서 먼저 각 문제의 내용과 그에 대한 대응논리를 정리하고 나서 문제풀이에 임하는 것이 좋겠다.

● **수수께끼 1:** 첨성대의 기단 면 중앙과 남창구 중앙의 방위각이 서로 간에 3°의 차이를 보이는데 이에 대한 이유가 분명하지 않다. 이런 차이가 의도적인 것이 아니었다면 어쩌면 그런 차이가 날 수밖에 없는 상황이었는지도 모른다.

⇒ 하나의 가능한 시나리오로는 남창구를 조성할 무렵 어떤 이유에서인지 그 방위의 기준이 될 기단부를 볼 수 없기 때문에 발생한 오차일 수도 있다.

● **수수께끼 2:** 원통형몸통 각 단의 평면은 조금씩 일그러진 원의 형태이고 제한적이나마 일그러진 방향성을 보이며 단의 위치가 위로 올라갈수록 일그러진 정도와 범위가 심화되는 경향을 보이는데 이에 대한 이유가 분명하지 않다. 또한 입면 곡률의 변화가 큰 부분의 단일수록 일그러진 부위의 범위가 더 커진다.

⇒ 원통형몸통 각 단 평면의 원이 북 - 동쪽과 남 - 서쪽 부분에서 동그라

미의 안으로 들어가는 방향으로 일그러지는 경향을 보인다는 것은 한 단을 쌓을 때 그 아랫단을 바탕그림 삼아 쌓았다는 뜻이 된다. 또한 위로 올라갈수록 그리고 입면곡률의 변화가 큰 부분에서 그 정도와 부위와 범위가 심화되고 넓어진다는 것은 단을 쌓아 올라가며 그 오차가 누적된 결과일 것 같다. 아울러 돌이 놓일 위치를 정확하게 잡는 일과 일단 놓인 돌의 위치를 교정하는 일이 그리 수월하지 않은 작업환경이었다는 것을 암시하는 정황이라 하겠다. 원통형몸통 제12단 이상에 쌓인 돌의 무게가 0.5kN~8.7kN이고 평균 3.6kN임을 기억하자.

● 수수께끼 3: 실측도면에 따르면 이웃하는 단과 단 사이에는 불규칙한 어긋남이 존재하며, 평면의 일그러진 원형의 경우와 달리 제한적으로나마 일정한 방향성도 보이지 않고 어긋난 정도 역시 단의 위치가 높아진다고 하여 더 심해지지도 않는다.

  ⇒ 돌이나 벽돌을 쌓아 구조물을 조성할 때에는 쌓기가 이미 완료된 부분을 참고하여 그에 맞추어 나머지 부분을 쌓아가는 것이 일반적인 방법이다. 이렇게 쌓으면 이웃하는 단과 단 사이의 어긋남은 무시할 정도로 작게 된다. 첨성대의 경우 이웃하는 단과 단 사이의 어긋남이 맨눈으로 감지할 정도인데 이는 원통형몸통 시공 중 현재 쌓고 있는 단과 이미 쌓아놓은 단을 이리저리 보아가며 쌓을 여건이 아니었음을 암시하는 정황이라 하겠다. 즉 어떤 이유에서인지 바로 아랫단만 보이고 그 아래로 쌓인 단들은 볼 수 없는 상황에서 빚어진 필연적인 결과일 수 있다는 뜻이다.

● 수수께끼 4: 원통형몸통의 기울기와 각 단 중심의 상대적 위치가 각 단별로 들쭉날쭉할 뿐만 아니라 단의 위치가 위로 올라갈수록 기울기가 증가하는 추세이다. 이러한 들쭉날쭉한 불규칙성으로 말미암아 기울기로부터 계산된 편심거리와 측정된 값 사이에는 큰 차이가 존재하게 된다.

  ⇒ 수수께끼 2와 3의 정황이 그대로 적용된다. 즉 한 단을 쌓을 때 바로 아

랫단을 제외한 이미 쌓인 다른 단들을 볼 수 없는 상황에서 변화하는 입면 곡률에 따라 쌓으려다 보니 결과적으로 원통형몸통 제1단에 대한 각 단의 편심거리와 기울기의 상관성이 현저하게 떨어지게 된 정황이라 하겠다. 엎친 데 덮친 격으로 육중한 돌덩이의 무게로 인하여 일단 놓인 돌의 위치를 교정하는 일이 수월하지 않았을 것이다. 그러나 교정이 가능했다고 한들 정확한 중심과 기울기를 모르는 상황에서는 그리 큰 도움이 되었을 것 같지 않다.

● 수수께끼 5: 원통형몸통 각 단의 잘 다듬어진 외부표면과 깊이 850~950mm의 넓적한 돌과 돌 사이 수평·수직 줄눈의 정렬상태, 그리고 이로부터 만들어진 외부표면 곡률의 조화로움은 모르타르 없이 석재를 쌓았다는 사실을 믿을 수 없을 정도로 완벽하다.

⇒ 돌이나 벽돌을 쌓아 구조물을 조성할 때에는 대개의 경우 표면을 미리 다듬어 쌓는다. 벽돌의 경우 점토를 형틀에 넣어 형태를 만들어 건조시킨 후 구워내는 공정을 거치므로 이미 표면이 다듬어진 상태라고 할 수 있다. 오늘날에는 돌을 주로 건축물의 마감재로 사용하기 때문에 건물의 뼈대나 콘크리트 블록 벽에 철물을 사용하여 고정하지만, 첨성대와 같이 돌이 곧 구조재인 동시에 마감재인 경우에는 돌 위에 돌을 쌓아 구조물을 조성한다. 이 경우 쌓는 돌이나 벽돌의 수평과 수직을 유지하며 쌓으려면 시멘트와 모래와 물을 섞어 만든 모르타르라는 접착제를 사용하게 된다. 만일 모르타르를 사용하지 않고 쌓게 되면 돌과 돌 사이의 접촉면을 정밀하게 다듬어 마무리하지 않는 한 돌을 쌓아 조성한 구조물의 수평과 수직을 유지하기 어려울 뿐만 아니라 그렇게 완성된 구조물의 수평·수직 줄눈의 정렬 상태도 만족스럽지 못할 가능성이 크다. 그런데 모르타르를 사용하지 않고 조성한 돌 구조물인 첨성대는 외부 표면도 잘 다듬어진 것은 물론이고 수평·수직 줄눈의 정렬상태도 매우 양호할 뿐만 아니라 평면과 입면으로 아름다운 곡면까지 만들어 내었다. 더욱이 원통형몸통 제12단까지 채워진 내부채움흙을 딛고 내부 표

면을 바라다보면 다듬어지지 않은 울퉁불퉁한 표면과 단과 단, 돌과 돌 사이에는 불규칙적 형상의 크고 작은 공간이 무수히 분포되어 있다. 이런 상황에서 첨성대의 단아한 모습이 만들어질 수 있다는 사실은 눈으로 보면서도 믿어지지 않을 정도이다. 이는 원통형몸통의 표면과 수평·수직 줄눈이 첨성대를 건립한 이후 조성되었을 가능성을 암시하는 정황이라고 하겠다.

• 수수께끼 6: 원통형몸통의 제12단까지만 채워져 있는 내부채움흙의 존재 이유에 대하여 구조적 안정을 위한 것이라는 결과론적 추론은 가능하지만 실제로 당시의 건축자가 어떤 의도를 가지고 내부에 채운 흙을 남겨두었는지에 대한 이유는 분명하지 않다.

⇒ 먼저 내부채움흙을 어떻게 채워 넣었는지를 생각해 보자. 내부채움흙을 채울 수 있는 경로는 대략 세 가지 정도이다. 첫째는 남창구로 부어 넣었을 수 있다. 둘째는 첨성대의 맨 꼭대기 구멍으로 부어 넣었을 수도 있다. 셋째는 원통형몸통을 한 단 한 단 쌓으면서 각 단의 높이에 해당하는 양만큼 부어 넣었을 수도 있다. 이 중 남창구로 부어 넣는 방법과 맨 꼭대기로 부어 넣는 방법은 나머지 다른 방법에 비하여 난이도가 너무 높기 때문에 그럴 만한 뚜렷한 이유가 없는 한 일부러 선택했을 것 같지는 않다고 생각된다. 따라서 한 단 한 단 쌓아 올리며 단의 높이만큼 흙을 채워 넣었을 가능성이 가장 크다고 생각되지만, 의문은 계속된다. 그렇다면 왜 제12단까지만 채워 넣었을까? 또는 아예 내부채움흙을 채우지 않아도 되는 것 아니었을까? 어쩌면 이는 내부채움흙의 존재 이유와도 일부 맞닿아 있을 것 같다.

• 수수께끼 7: 상부 정자석이 시계방향으로 10° 회전하여 놓인 결과 상부 정자석과 기단 그리고 남창구 각각의 가리키는 방향이 모두 서로 조금씩 차이나게 되었는데 이에 대한 이유가 분명하지 않다.

⇒ 수수께끼 1의 정황이 그대로 적용된다. 상부 정자석을 설치할 무렵 어떤 이유에서인지 그 방위의 기준이 될 기단부를 볼 수 없기 때문에 발생한 오

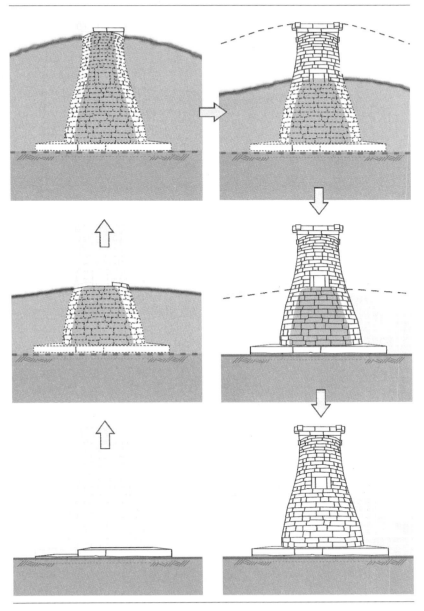

흙을 이용하여 첨성대를 건립하는 순서(왼쪽 아래부터 시계방향으로)

차일 수도 있다.

먼저 이들 일곱 개의 수수께끼를 푸는 목적은 첨성대가 어떻게 지어졌는지에 대한 답을 찾는 것임을 분명히 하자. 달리 표현하자면 이들 일곱 개의 수수께끼는 우리에게 남은 몇 안 되는 객관적 물증이라고 할 수 있는 첨성대 실물과 그 현재 상태 그리고 실측도면에 따른 첨성대의 얼개를 관찰했을 때 제기되는 의문점인데, 이들에 대하여 답변 가능한 시공방법을 제시할 수 있다면, 그것이야말로 지금으로부터 1,400년 전인 서기 632~647년 첨성대를 축조하던 당시의 건축자가 필연적으로 채택했을 수밖에 없던 바로 그 방법에 가장 가까운 건립방법일 수도 있겠다. 단, 조건이 있다면 그 어떤 경우에도 이들 일곱 개의 수수께끼를 모두 충족시키는 답이 바로 우리가 찾는 답이 될 수 있다는 것, 당시의 기술 수준으로 실현 가능해야 한다는 것, 하지만 미리 정해진 정답은 없다는 것, 따라서 복수의 답도 가능하지만 일곱 수수께끼의 논리적 검증을 거쳐야 한다는 것이다.

지금까지 정리한 수수께끼에 대한 모든 대응논리는 첨성대의 가능한 건립방법으로서 하나의 지향점을 가리키고 있다. 따라서 그에 대하여 응답하고자, 일곱 개의 수수께끼 모두를 한꺼번에 충족시키는 답이 유일무이할 필요는 없다는 것을 전제로, 이 이야기에서는 흙을 이용한 첨성대 건립방법을 제안하고자 한다. 언뜻 진부해 보일 수도 있는 방법이지만 일곱 개의 수수께끼를 통하여 제기된 모든 의문에 대한 답이 될 수 있을 뿐만 아니라 그 나름대로 논리적이고 실현 가능한 이야기이다. 그러면 첨성대 건립 이야기를 재구성해 보기로 하자.

● 1단계: 먼저 지반을 다진 후 기단부를 설치한다. 기단에 설치될 석재를 생산지로부터 지표면을 통하여 옮겨 와야 하는 과정에 대한 논의는 여기서 제외하기로 한다.

● 2단계: 기단부를 설치한 후 원통형몸통의 돌을 지표면 위로 밀거나 끌어서 이동시킬 수 있도록 적절한 경사를 유지하며 기단부 높이만큼 그 사방 주변에 흙을 쌓아 다진다.

● 3단계: 원통형몸통의 매 단을 쌓은 후, 해당하는 단의 높이까지 단의 안에는 흙을 채워 다지고, 단의 밖에도 흙을 쌓아 다지되 다음 단에 쌓을 석재를 지표면 위로 밀거나 끌어서 이동시켜올 수 있도록 적절한 경사를 유지하도록 한다. 이렇게 하여 첨성대 단의 수가 증가함에 따라 외부에 쌓아 다져진 경사진 흙의 높이는 높아지며, 적절한 경사를 유지하기 위하여 경사가 시작되는 지점도 첨성대가 높아지면서 점점 멀어져 흙으로 쌓은 완만한 동산의 규모가 점차 커지게 된다.

● 4단계: 안으로는 흙을 채우고 밖으로는 완만한 경사를 이루도록 흙을 쌓으며 각 단을 쌓는 3단계의 과정을 첨성대의 꼭대기에 이르기까지 계속한다. 이때 한 단의 석재를 옮겨 와 쌓을 때에는 그 바로 아랫단의 석재들은 가지런히 원형평면을 이루며 표면만 노출된 상태이므로 표면으로부터 2단 이상 아래의 단들은 흙에 가려서 보이지 않게 된다. 따라서 남창구를 설치할 때에는 기단 면을 보는 것이 불가능하게 되기 때문에 남창구의 중앙과 기단 면의 중앙의 방위각이 3°의 차이가 날 수 있는 충분한 여건이 조성되는 것이다. 이로써 수수께끼 1의 의문은 해소되었다. 또한 석재를 쌓을 때 바로 아랫단의 표면만 볼 수 있는 상황은 왜 원형평면이 일그러진 원의 모습을 할 수밖에 없게 되었는지, 왜 이웃하는 단과 단이 어긋나게 되었는지, 왜 기울기와 편심거리의 분포가 단별로 들쑥날쑥하는지, 왜 기울기로부터 계산된 편심거리가 측정치와 다른지에 대한 충분한 이유가 되는 것이다. 아울러 돌을 기중기와 같은 장비로 들어서 원하는 위치에 앉힐 때에는 공중에 떠 있는 동안 방향과 위치를 교정하는 작업이 수월하겠지만, 돌을 지표면으로 밀거나 끌어서 이동시킬 때에는 중력에 의한 마찰저항으로 인하여 방향과 위치를 교정하는 일

이 매우 어려울 수밖에 없게 된다. 이로써 수수께끼 2, 3, 4를 통하여 제기된 의문이 해소되었다.

- 5단계: 공사를 마친 후 내부에 채워진 흙을 제거하는 과정을 쉽게 하기 위하여 제20단 내부 정자석 위로는 내부에 흙을 채우지 않고 밖에서만 흙을 쌓아 다지면서 꼭대기 상부 정자석을 쌓기까지 석재 쌓기를 계속한다. 이 과정에서 제1단부터 제20단까지는 원통형몸통 안팎에 흙이 채워져 있기 때문에 안팎의 토압이 평형을 이루므로 각 단의 석재에 가해지는 실질적인 토압은 없을 것으로 생각된다. 또한 제20단부터 다음의 내부 정자석이 놓이는 제25단과 제26단까지의 높이가 1.5m 정도이므로 내부에 흙을 채우지 않더라도 밖에 쌓여진 흙과 제20단까지 채워진 내부의 흙을 밟고 작업을 수행할 수 있다. 그리고 일단 제25단과 제26단의 내부 정자석이 설치된 후에는 그 내부 정자석들을 내부 발판 삼아 그 위단의 작업을 계속하여 꼭대기의 상부 정자석을 설치하기까지 마무리 작업을 할 수 있다. 또한 제19단 및 제20단의 내부 정자석과 제25단 및 제26단의 내부 정자석이 외부로부터 작용하는 토압에 대한 저항 메커니즘을 제공하기 때문에 내부채움흙이 제21단부터는 없더라도 토압에 대한 각 단의 안정에는 문제가 없을 것으로 생각된다. 하지만 당시의 건축자는 상부 정자석이 놓이는 꼭대기까지 내부에도 흙을 채우는 방안으로 건설방법을 결정했을 수도 있다. 이 역시 문제 될 것 없는 또 다른 하나의 선택 사항이라고 할 수 있다.

- 6단계: 상부 정자석을 설치함으로써 첨성대의 모든 석재를 쌓은 후 첨성대는 실질적으로 흙으로 쌓아 만든 완만하게 경사진 작은 동산 속에 묻혀 있는 셈이 된다. 상부 정자석은 표면을 정교하게 다듬고 양쪽 끝부분에 홈을 파서 마치 목재처럼 맞춘 것으로서 석재를 다듬은 후 쌓인 흙 위로 밀거나 끌어서 첨성대 상부로 옮겨 왔을 수도 있고, 혹은 운반 도중의 손상을 염려하여 원석을 운반해 온 후 동산 위 첨성대 꼭대기 옆에서 다듬어 맞춤작업을

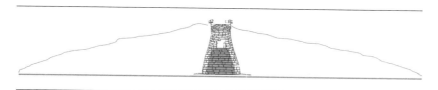

첨성대 시공을 위하여 완만한 경사로 조성된 동산의 상상도

했을 가능성도 있다. 남창구를 설치할 때와 마찬가지로 상부 정자석을 설치할 때에도 흙 속에 가려진 기단 면을 보는 것이 불가능하기 때문에 상부 정자석과 남창구 그리고 기단 면 중앙의 방위각이 각각 다르게 되어 서로 차이가 날 수 있는 충분한 상황이 되는 것이다. 이로써 수수께끼 7의 의문이 해소되었다.

● 7단계: 다음 단계는 흙을 제거하는 과정이다. 원통형몸통의 최상부로부터 흙을 제거하는 과정은 흙을 적절한 경사로 쌓으면서 다져야 하는 작업에 비하여 그리 어려운 공사는 아니었으리라고 생각된다. 이 과정에서 생각할 수 있는 것은 상부 정자석의 경우와 마찬가지로 적절한 크기로 잘라서 옮겨 와 쌓았던 각 단 돌의 외부로 노출된 표면을 어렵지 않게 다듬을 수 있었을 것이고, 돌과 돌 사이의 수직·수평 줄눈의 정렬을 완벽하게 맞춤과 아울러 바람직한 입면 곡률을 연출할 수 있었을 것이다. 흙을 제거하면서 돌의 노출된 표면을 다듬는 작업은 안정된 흙 위에서, 그리고 적절한 높이에서, 나아가 건립이 완성된 구조물 외부 표면에 수행하는 것이었기 때문에 최상의 작업 환경이었을 것이다. 이로써 수수께끼 5의 의문이 해소되었다.

● 8단계: 외부 흙을 제거하는 작업이 원통형몸통 제12단에 이르게 되면 남창구가 지표면위로 완전히 노출된다. 이 단계에서는 남창구를 통하여 제13단부터 제20단(또는 상부 정자석)까지 채워져 있는 내부채움흙을 제거하는 작업을 수행할 수 있다. 어쩌면 내부채움흙의 제거작업을 쉽게 하기 위하여

제13단부터 그 위로는 모래를 사용하여 내부 흙 채움을 했을 수도 있다. 모래로 내부를 채울 경우에는 제25단과 제26단에 내부 정자석이 설치됨에도 남창구를 통한 흙의 제거작업이 쉽게 이루어질 수 있기 때문에 꼭대기까지 내부 흙 채움을 했을 가능성도 생각할 수 있다. 건축자는 이즈음에서 원통형 몸통 제12단 이하의 내부채움흙도 제거할 것인가에 대하여 고민을 했을 것 같다. 하지만 제12단 이하의 흙을 퍼내려면 엄청난 노력과 시간을 들여야 할 것이고 장비도 마땅치 않은 상황에서 그대로 남겨두는 것이 더 타당하다고 생각했을 것이다. 결과적으로는 제12단 아래의 내부채움흙이 첨성대의 구조적 안정에도 도움이 되는 옳은 판단이었던 것으로 후대에 밝혀졌다. 이로써 수수께끼 6의 의문이 해소되었다. 또한 이 시점은 첨성대 완공 후 꼭대기로 오르기 위한 내부용 사다리가 필요하다고 판단할 경우 큰 어려움 없이 설치할 수 있는 최적의 시간임을 그 당시 건축자는 간과하지 않았을 것이다.

• 9단계: 흙을 제거하는 작업을 기단부가 지표면 위로 노출되기까지 계속하면 첨성대 건립을 위한 모든 과정이 마치게 됨과 동시에 공사는 종료된다.

4. 새로운 이야기를 지지하는 유물

흙을 이용한 첨성대 건립이 그리 허무맹랑한 이야기는 아닐 수도 있음을 암시하는 유물을 소개하며 이야기를 마치려고 한다. 여기서 제안한 새로운 시공방법의 실현가능성에 대한 요지는 '첨성대라는 건축구조물을 건립하기 위하여 과연 그 당시 신라 사람들이 흙으로 첨성대를 덮을 만한 동산을 쌓아 만들었겠는가?'라는 질문으로 요약될 것 같다.

현재 첨성대의 지표로부터 꼭대기까지의 높이가 9.1m이니, 건립 당시에는 기단부의 아랫단 역시 지표면 위로 노출되었다고 가정하면, 첨성대의 전

경주 황남동 고분군
문화재연구소(1985).

체 높이는 9.5m 정도가 된다. 따라서 흙을 쌓아 만든 동산의 높이도 9.5m 정도였을 것이다. 돌을 동산위로 밀거나 끌어서 운반하도록 하기 위하여 20° 경사각을 고려한다면 그리고 첨성대를 중심으로 원추형에 가까이 흙을 쌓는다고 가정하면, 동산 아래의 지름은 약 52m 정도가 된다.

　높이 9.5m에 아래지름 52m 정도의 동산을 축조한 사례는 첨성대 주변에서 얼마든지 찾아볼 수 있다. 그것도 신라인들이 조성한 동산을 직접 볼 수 있다. 즉 첨성대에 바로 인접해 있는 황남동 일대에만 23기의 크고 작은 고분이 산재하고 있으며 그중에는 첨성대를 건립하기 위하여 쌓았을 것으로 추정되는 동산의 크기를 훨씬 능가하는 것들도 있다. 황남대총의 경우와 같이 정상부까지의 높이가 지표면으로부터 23m에 이르고, 남북 바닥의 최대 길이가 114m, 동서 바닥의 지름은 남(南)·북분(北墳) 모두 거의 동일하게 82m 정도 되는 거대한 동산도 있고, 천마총의 경우와 같이 지표면으로부터의 높이가 12.7m, 바닥의 지름이 47m 정도 되는 비슷한 크기의 동산도 있다. 첨성대 주변의 이 같은 고분군의 존재는 첨성대 건립을 위하여 높이 9.5m, 밑면 너비 52m의 동산을 쌓는 것이 당시 신라인들에게 이상할 것 없는 자연스러운 시공방법이었을 수 있다는 것을 암시한다고 하겠다.

지금까지 흙을 이용한 첨성대 건립 시나리오 9개의 단계를 지나며 일곱 개의 수수께끼를 통하여 제기된 모든 의문이 해소되었음을 보였다. 그렇지만 흙을 이용한 첨성대 건립방법이 하나의 가능성임을 논리적으로 보였다고 하여 이것이 유일한 답이라고 주장하는 것이 아님을 명백히 하고자 한다. 이 방법은 많고 많은 첨성대 이야기를 더욱 풍요롭게 하는 하나의 이야기일 뿐이지 절대로 정답이라고 단정할 수는 없다. 정답은 분명히 존재하지만 무엇이 정답인지는 아무도 알 수 없기 때문이다.

5. 수수께끼의 마무리 이야기

이 이야기는 내가 첨성대에 관한 연구를 시작한 2007년으로부터 얼마 지나지 않아 발표한 다음과 같은 두 편의 논문에 포함시키려고 지어낸 것이다.

■ Kim, Jang Hoon and Park, Sang Hun. 2009. "Mathematical Interpretation of a Thirteen Hundred Year Old Stone Masonry Observatory." *NEXUS Network Journal,* 11(1), 23~34.
http://link.springer.com/chapter/10.1007%2F978-3-7643-8974-1_3

■ 김장훈·박상훈. 2009. 「첨성대 건립에 대한 시공방법론 ─ 첨성대의 얼개를 통한 논증」. 《문화재》, 42(2). 국립문화재연구소, 40~61.
http://www.nrich.go.kr/kor/subscriptionDataUsrView.do?menuIdx=1106&idx=86&gubun=J

첫 번째 논문은 첨성대의 기하학적 요소가 수학적으로 암시하는 것을 주로 논한 것인데, 이들 주제는 이미 여러 논문집을 통하여 다양한 형태로 발표되었던 터인지라 그것들과 차별화된 논문으로 보이고자 첨성대 건립방법이라는 공학적 아이디어를 소개하는 정도로 일부만 포함시켰다. 이 논문이 발표된 《넥서스 네트워크 저널(NEXUS Network Journal)》은 '건축과 수학(Architecture and Mathematics)'에 중점을 둔 논문집으로 첨성대를 주제로 한 논문을 발표하여 외국의 건축가, 수학자, 천문학자, 엔지니어들에게 알리기에 제격이었다. 두 번째 논문에서는 첨성대의 건립방법을 본격적인 주제로 논문을 작성하며 이야기의 꽃을 마음껏 피울 수 있었다. 하지만 이렇게 학술 논문집을 통하여 발표된 논문의 독자층은 주로 '건축과 수학'이나 '문화재' 등에 관심 있는 사람들로 제한될 수밖에 없었다. 따라서 이 한계를 극복하고 첨성대 이야기를 보다 널리 확산하고 풍요롭게 하고자 첨성대 건립방법 이야기를 수수께끼로 각색하여 이 책에 포함시키게 된 것이다.

참고문헌

다음 참고문헌 목록은 이 장에서 참고한 자료의 목록을 인용한 순서에 따라 정리한 것이다.

▌ 문중양. 2006. 『우리역사 과학기행』. 동아시아, pp.19~36.

▌ 송민구. 1981. 「경주 첨성대 실측 및 복원도에 의한 비례분석」. 《한국과학사학회지》, 3(1), pp.52~75.

▌ 이동우. 2008. 『경주첨성대 실측도 및 복원도』, 표지 포함 도면 17매.

▌ Kim, Yong-Woon. 1974. "Structure of Ch'ŏmsŏngdae in the Light of the Choupei Suanchin." Korea Journal, 14(9), Sept., pp.4~11.
http://www.ekoreajournal.net/issue/view_pop.htm?Idx=1141

▌ 조용욱. 1999. 「한국수학교육의 역사적 고찰」. 《교육과학연구》. 교육과학연구소, 1999(4). 신라대학교, pp.219~232.

▌ 유복모·장상규·김원대. 1995. 「첨성대의 기능 및 현황에 대한 고찰」. 《대한토목학회 학술발표회 논문집》, pp.42~45.

▌ 손호웅·이성민. 2003. 「석조구조물의 효율적 유지관리를 위한 지질공학적 및 구조동 역학적 특성연구」. 《지구물리》, 6(4), pp.277~294.

▌ 김장훈. 2008년 10월 30일 문화재 연구소 김덕문의 입회하에 첨성대 내부에 직접 들어가 실측함.

▌ 이동우. 1986. 「경주첨성대의 형태와 구조 ― 왜 첨성대는 오늘날까지 그 형태를 유지해 왔는가?」. 《건설기술 연구속보》, 4(10). 한국건설기술연구원, pp.4~18.

▌ 이동우. 1998. 「경주 첨성대의 축조에 관한 구조공학적 고찰」. 《한국전통과학기술학회지》, 4(1), pp.59~86.

▌ Kim, Jang Hoon and Park, Sang Hun. 2009. "Mathematical Interpretation of a Thirteen Hundred Year Old Stone Masonry Observatory." NEXUS Network Journal, 11(1), pp.23~34.
http://link.springer.com/chapter/10.1007%2F978-3-7643-8974-1_3

▌ 김장훈·박상훈. 2009. 「첨성대 건립에 대한 시공방법론 ― 첨성대의 얼개를 통한 논증」. 《문화재》, 42(2). 국립문화재연구소, pp.40~61.
http://www.nrich.go.kr/kor/subscriptionDataUsrView.do?menuIdx=1106&idx=86&gubun=J

▌ 문화재관리국 문화재연구소. 1985. 「황남대총 북분발굴조사보고서」. pp.31~37.

7장
새로운 이야기 둘
첨 성 대 에 새 겨 진 밤 과 낮 길 이 의 변 화

캘리포니아 주립대 버클리 캠퍼스 언어학 교수 조지 레이코프(George Lakoff)는 '인지과학 입문'이라는 교과목의 수업시간에 학생들에게 한 과제를 내주곤 했는데, 주어진 시간 동안 무슨 일을 하든 간에 '코끼리만은 생각하지 말라'는 것이었다고 한다. 하지만 지금까지 이 과제에 성공한 학생은 단 한 사람도 없었다고 한다. 그에 따르면, 학생들이 이 과제에 성공할 수 없었던 결정적 요인은 코끼리를 생각하지 않으려면 먼저 코끼리를 떠올려야 했기 때문이라는 것이다. 적절한 비유인지 모르겠지만, 마찬가지로 첨성대에 관하여 지금까지는 없던 새로운 이야기를 지어내려다 보니 나 자신뿐만 아니라 많은 이들이 첨성대 하면 머릿속에 떠올릴 정도로 이미 관심의 주요 대상이 된 '첨성대의 기능 및 쓰임새'라는 주제의 주변에서 맴돌기 일쑤였다. 아니 그것 말고는 아예 할 얘기가 없는 것 같기도 하였다.

그런데 뜻하지 않은 한 만남이 또 하나의 새로운 이야기를 풀어낼 실마리를 찾아주었다. 나는 2008년 캘리포니아주 샌디에고(San Diego)에서 열린 넥

서스(NEXUS) '건축과 수학의 관계' 학술대회에 참석하여 '첨성대 얼개의 수학적 해석'에 대하여 발표하였다. 첨성대의 얼개가 다분히 수학적이고 상징적인 암시로 가득하다는 취지의 발표를 마치자 스스로를 아마추어 천문학자로 소개한 덴마크에서 온 한 노신사가 "그렇다면 첨성대 원통형몸통 각 단의 크고 작은 지름이 혹시 낮과 밤의 길이와 관계 있느냐?"라고 질문하였다. 그 이후 이 질문은 나 자신의 질문이 되어 두고두고 되뇌게 되었지만 치고 나갈 뾰족한 수가 없었다. 낮과 밤의 길이는 천문학과 관련된 분야인 것 같은데 그에 대한 최소한의 지식도 없는 건축과 선생이 나서서 문제를 해결하려 한다는 것이 그리 어울릴 것 같지 않다는 생각에 선뜻 내키지 않아 차일피일 미루고 있었다.

  그러던 중 또 하나의 계기가 찾아왔다. 2013년 4월부터 7월까지 독일 슈투트가르트(Stuttgart) 대학 사학과에서 연구년 기간을 일부 보냈는데, 나를 초청한 클라우스 헨첼(Klaus Hentschel)은 과학사 교수이자 사학과의 과학기술사 분야의 책임자였다. 헨첼은 나를 초청하며 일반인에게도 공개된 학과의 월례 세미나에서 과학기술사 분야의 연구성과를 하나 발표해 달라고 요청하였다. 일반적으로는 건축과 선생에게 과학기술사 분야의 연구성과가 있을 리 만무하겠지만, 나에게는 첨성대라는 믿는 구석이 있었기에 용감하게 수락하였다. 이렇게 하여 세미나 날짜와 시간은 5월의 어느 늦은 오후로 독일을 향하여 출발하기 전에 이미 정해졌다. 세미나 후 저녁식사를 하며 헨첼은 첨성대의 수학적 상징적 암시성에 매료된 듯 신기해하며 지대한 관심을 보였다. 그래서 나는 다음 단계의 연구 주제로 첨성대의 입면 곡률과 낮과 밤의 길이 간에 있을지도 모를 어떤 관계를 규명해야 하는데 천문학 분야의 지식이 걸림돌이라고 말했다. 그러자 헨첼은 그 문제는 자신의 친구가 답해 줄 수 있을 것이라며 적극적으로 나서는 모습이었다. 그 말에 논문을 쓰는 데 성공하면 공동저자로 넣어주겠다고 약속하였다. 화기애애한 저녁식사 자리였다.

다음 날 헨첼은 자신의 친구라며 훔볼트(Humboldt) 대학 TOPOI 연구소 소장이며 고천문학사 전문가이자 과학사 교수인 게르트 그라스호프(Gerd Graßhoff)가 보낸 전자우편을 내게 전송하였다. 전자우편에는 낮의 길이를 계산하는 복잡하게 보이는 수식이 하나 포함되어 있었다. 이날부터 슈투트가르트 대학 방문 목적인 애초의 연구주제였던 예술작품 속에 담긴 과학기술의 발달사 연구는 제쳐두고 남은 기간 동안 첨성대 연구논문 작성에 몰두하게 되었다. 그라스호프가 보낸 수식을 마중물* 삼아 낮의 길이를 예측하는 관련 논문을 추적하다가 새로운 이야기의 전개에 결정적 돌파구가 된 한 논문을 발견하였다. 그 논문에는 낮의 길이를 예측하는 수학모델이** 모두 4개가 소개되었는데, 그라스호프가 보낸 수식도 그중 하나였음을 나중에 알게 되었다. 또 하나 눈에 큼지막하게 들어온 것은 그 논문이 천문학 분야의 논문이 아니라 식물학자들이 엽록소의 탄소동화작용을 통한 식물의 생장속도를 예측하려고 연구한 결과를 정리한 논문이라는 것이었다.

'어? 낮과 밤의 길이 예측 공식을 식물학 분야에서 사용하는 것을 보니 건축학 분야에서도 사용할 수 있겠구나!'

쾌재를 부르며, 몇 년을 미루어두었던 새로운 이야기의 실타래를 사기충천하여 풀어나갔다. 그런데 이 이야기는 낮과 밤의 길이와 첨성대의 입면 곡률간 관찰되는 사실 위주의 관계를 다루고, 단순히 그 결과를 보고하는 것임에도, 저자의 의도와는 상관없이 논문의 주제로 인하여 태생적으로 첨성대의 기능 및 쓰임새, 즉 첨성대가 고대 천문대였다고 주장하는 논문으로 오해를 받을까 다소 걱정이 되기도 하였다. 실제로 논문 심사과정을 거치는 동안

---

* 마중물이란 펌프질을 할 때 지하수를 끌어올리기 위하여 붓는 물로서 어떤 일을 시작하는 데 필요한 실마리 또는 계기를 일컫는다.
** 수학모델(mathematical model)이란 과학 분야에서 관찰할 수 있는 어떤 자연현상이나 공학 분야에서 관찰할 수 있는 어떤 시스템의 작동결과를 예측하기 위하여 만든 수학식을 일컫는다.

그렇게 오해하는 심사자가 있었다.

2008 넥서스(NEXUS) 학술대회 이래 오랜 시간 속에 이런 사연을 싣고 마침내 논문은 2013년 6월 말에 완성되었지만, 발간이 된 것은 그로부터 3년이 지난 2016년 7월의 일이었다. 약속대로 헨첼도 공동저자로서 이름을 올렸다. 하지만 논문의 완성에서 게재에 이르는 3년 동안 나는 실로 많은 어려움을 겪었다. 논문게재 거절 판정을 그렇게 많이 받았다는 것이 실감 나지 않을 정도이다. 아마 일생 동안 받은 논문게재 거절 판정의 전부가 이 논문에서였던 것 같다. 사실 이런 얘기는 책에서 뺄까 하다가 나의 아픈 상처도 앞으로 첨성대 이야기를 이어갈 그 누군가에게는 참고자료가 될 것 같기도 하고 그 나름대로 흥미로울 것도 같아서 있는 그대로 고백하기로 한다.

다시 2013년 5월 세미나를 마친 날 저녁식사 자리로 거슬러 올라가자. 나는 헨첼에게 만일 논문이 성공적으로 완성되면 《사이언스(Science)》지에 게재될 수 있을 것이라고 큰소리쳤다. 헨첼은 설마 하는 표정으로 웃어넘겼지만, 첨성대보다 규모는 비교할 수 없을 정도로 크지만 미적 요소와 수학적 상징성은 도리어 비교할 수 없을 정도로 크게 떨어진다고 여겨지는 영국 솔즈베리* 평원에 펼쳐진 스톤헨지** 관련 논문이나 기사가 《사이언스》지에 버금가는 《네이처(Nature)》지에 다수 게재된 사실을 미리 조사한 나는 자신 있게 그렇게 말할 수 있었다. 논문이 완성되자 《사이언스》지 논문게재를 회의적으로 바라보던 헨첼도 논문 심사자를 추천하는 등 적극적으로 나서는 모습을 보여주었다. 논문제출에 필요한 모든 요건을 갖추어 2013년 7월 초순

---

* 솔즈베리(Salisbury)는 잉글랜드 남부 윌트서(Wiltshire) 카운티의 역시 남부에 위치한 유일한 도시로 인구는 4만 정도라고 한다.

** 스톤헨지(Stonehenge)는 기원전 2000~1500년에 세워진 것으로 추정되는 높이 4.1m, 폭 2.1m, 무게 25톤중 정도의 돌 수십 개로 구성된 거석군으로, 솔츠베리로부터 북쪽으로 13km 정도 떨어진 평원에 거대한 원을 그리며 서 있다. 이를 두고 해시계 또는 고대 계산기 등 여러 가지 설이 제기되지만, 첨성대와 마찬가지로 누가, 어떻게, 왜 만들었는지 확실하지 않다고 한다.

드디어 《사이언스》지에 논문게재를 신청하기에 이르렀다. 그리고 이때부터 3년간을 좌절과 실망 속에 보내게 되었다.

논문 제출 후 열흘 정도 지나서 《사이언스》지 편집부 직원에게서 전자우편이 날아왔다. 내용인즉 논문의 주제가 《사이언스》지 독자들의 관심분야가 아닐뿐더러 더욱이 아시아 대륙 동쪽 끝에 위치한 고대 건축구조물에 지면을 할애할 수 없다며 미안하지만 논문심사 과정에조차 넣지 않고 걸러낸다는 내용이었다. 그러고 보니 첨성대는 요즘 대세인 소위 첨단과학기술 분야에 속하지 않은 구시대의 유물이라는 것을 새삼스레 깨닫게 되었다. 그렇다고 첨성대의 독특함과 신비로움을 세상에 알리고자 시작한 일을 여기에서 접을 수는 없는 일. 그다음에는 《네이처》지, 그다음에는 《PNAS》, 그다음에는 《히스토리 오브 사이언스(History of Science)》 등등, 그리고 돌아오는 비슷한 반응들. 하지만 내가 부족하여 비롯된 일인데 누구를 원망하랴! 구겨진 자존심을 추스르며 세월을 보내던 어느 날 헨첼에게서 연락이 왔다. 자신이 우연히 만난 교수 한 사람이 최근에 《치모코자(ChiMoKoJa)》라는 논문집을 창간했는데 중국, 몽골, 한국, 일본 등 극동 아시아의 역사와 문화에 관한 논문을 모집한다는 것이었다. 논문의 아이디어와 내용이 아까웠지만 찬밥 더운밥 가릴 처지가 아닌지라 즉시 제출하여 창간호는 아니고 제2권(vol. 2)에 게재되었다. 하지만 그 이후 그 논문집의 후속 권수가 더는 발간되지 않는 것으로 보아 논문집은 개점휴업 상태인 것 같다.

▌ Kim, Jang Hoon and Klaus Hentschel, "Day length Variation Symbolically Built into a Fourteen Hundred Year-Old Stone Masonry Tower." *ChiMoKoJa —Histories of China, Mongolia, Korea and Japan*, 2(2016), pp.5~22.
https://www.amazon.com/ChiMoKoJa-Vol-Histories-China-Mongolia/dp/1537122800

여기서 한 가지 짚고 넘어가야 할 것이 있다. 나의 아이디어와 오랜 세월에 걸친 노력과 땀으로 작성된 논문을 발간하면서 헨첼을 공동저자로 넣어

준 것은 내 나름대로 생각한 것이 있어서였다. 첫째는 연구년의 일부를 보내도록 나를 기꺼이 자신의 연구그룹으로 초청해 준 데 대한 감사의 표시였다. 둘째는, 사실은 이것이 더 중요한 이유였는데, 첨성대를 독일에 널리 알리는 역할을 해주기 바라는 마음에서였다. 자신이 공동저자로 게재된 논문이니 당연히 저자의 한 사람으로서 첨성대를 적극적으로 알리지 않겠는가? 이를 위하여 학교 안이 될지 또는 밖이 될지 모르겠지만 강연할 기회가 있으면 사용하라고 세미나 자료와 논문을 작성하며 생성한 자료 일체를 기부하고 돌아왔다. 지금도 헨첼의 홈페이지와 리서치게이트에는* 논문의 제목과 함께 원본을 내려 받을 수 있는 링크가 자랑스럽게 걸린 모습을 볼 수 있다. 그러면 또 하나의 새로운 이야기를 시작하자.

1. 밤과 낮 길이의 변화추이

낮의 길이는 지구의 자전에 더하여 태양 주위를 공전하는 지구의 공전궤도에서 태양에 대한 지구의 상대적 위치에 의하여 결정된다고 한다. 그리고 이를 예측하는 일은 천체운동의 규칙성과 이를 관찰하여 만들어진 수학식 덕분에 수식에 따른 계산만으로도 누구에게나 가능한 일상적인 과정이 되었다. 여기서 밤의 길이는 계산된 낮의 길이에 따라 결정되는 것이므로 더는 따로 언급하지 않아도 될 것 같다. 내가 파악한 낮의 길이를 계산하는 방법에는 두 가지가 있다. 첫째는 천문학 분야에서 사용하는 복잡한 과정을 통하여 특정한 날의 해 뜨는 시각과 해 지는 시각을 각각 계산한 다음 그 둘 간의 차이를 구하는 것이고, 둘째는 첫째 과정으로부터 계산되는 낮의 길이를 필

---

* 리서치게이트(ResearchGate)는 과학자, 엔지니어 등의 연구자들을 위한 소셜 네트워크 사이트로서, 이를 통하여 논문 원본을 공개하고, 질문 - 답변을 할 수 있고, 협력 연구자를 찾을 수 있다.

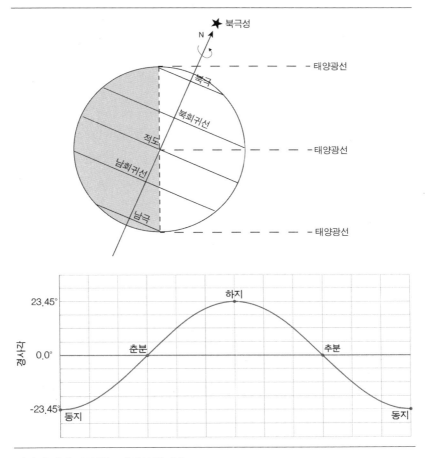

계절에 따라 변화하는 태양의 경사각

http://www.powerfromthesun.net/Book/chapter03/chapter03.html

요에 따라 하나의 수식으로 나타낸 수학모델을 사용하는 방법이다. 이 책은
천문학 관련 주제를 논하는 자리가 아닌 만큼 당연히 더 쉬운 둘째 방법을 사
용하기로 한다. 그러므로 1년간 변화하는 낮의 길이를 구하려면 제1일부터
제365일까지 1년의 모든 날에 대하여 계산된 낮의 길이를 순서대로 늘어놓
으면 된다.

일반적으로 '낮의 길이'라면 해 뜨는 때로부터 해 지는 때까지 걸린 시간이니 어느 특정한 지역에서 어느 특정한 날의 낮의 길이는 어느 누구에게나 동일할 것으로 기대하겠지만, 실제로는 여러 요인에 따라 상당한 정도로 차이가 날 수 있다. 왜냐하면 첫째, 지구는 완전한 공은 아니지만 공에 가까운 둥근 형상을 하고 있기에 그 표면 위 해당하는 지역의 위도에 따라 해가 뜨고 지는 시각이 달라질 수밖에 없다. 둘째, 1년 365일 중 어느 특정한 날을 선택하면 태양을 중심으로 공전하는 지구의 공전궤도를 따라 지구가 이동한 거리, 즉 지구의 회전각이 결정되고, 이로부터 태양의 경사각이[*] 계산되는데, 이것 또한 해 뜨는 시각과 지는 시각을 결정하는 중요한 요인이 된다. 마지막으로 셋째, 일출과 일몰, 즉 해 뜨는 시각과 해 지는 시각 자체를 어떻게 정의할 것인가에 대한 근본적인 문제가 남는다. 결론적으로 이 모든 것이 낮의 길이를 결정하는 수학모델의 변수로 포함되기 때문에 계산된 낮의 길이는 동일하지 않게 된다.

그렇다면 일출과 일몰, 즉 해 뜨는 시각과 해 지는 시각은 어떻게 정의할 수 있을까? 매우 간단하고 쉬워 보이는 질문이지만 여러 가지 답이 있을 수 있으며, 어느 것을 선택하느냐에 따라 낮의 길이 역시 달라진다. 스미소니언[**] 기상학 테이블에 따르면 일출과 일몰을 태양의 중심이 수평선에 놓이는 순간(the instant when the center of the sun is on the true horizon)으로 정의할 수도 있고, 태양의 중심이 수평선에 놓인 것처럼 보이는 순간(the instant when the center of the sun appears to be on the true horizon)으로 정의할 수도 있고,

---

[*] 태양의 경사각(declination angle of the sun)은 태양과 지구의 중심을 잇는 선과 지구의 적도면이 이루는 각도이다. 지구의 공전과 기울어진 지축으로 인하여 계절별로 ±23.45° 사이에서 변화한다.

[**] 스미소니언 연구소(Smithsonian Institution)는 영국의 과학자이자 부호 제임스 스미슨(James Smithson)의 기부를 받아 지식의 증진과 확산을 위하여 1846년 미국의 수도 워싱턴에 설립된 박물관 및 연구그룹으로, 미국 정부가 관장한다.

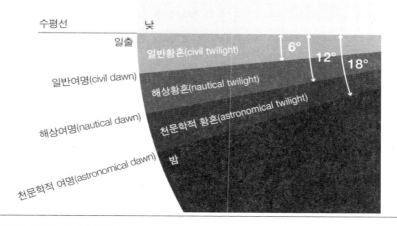

다양한 황혼(twilight)의 정의

출처: https://www.timeanddate.com/astronomy/civil-twilight.html

태양의 상부 테두리가 수평선에 놓인 것처럼 보이는 순간(the instant when the upper limb of the sun appears to be on the true horizon)으로 정의할 수도 있다고 한다. 미국 정부는 위의 세 가지 중에서 마지막 것을 일출 및 일몰에 대한 정의로 사용한다고 하는데, 이는 실제로는 태양이 수평선 아래 있음에도 마치 수평선에 놓인 것처럼 보이게 되는 빛의 굴절 현상을 고려한 것이라고 한다. 빛의 굴절 현상은 낮의 길이를 조금 더 길게 하는 요인이 된다고 한다. 나아가 일출과 일몰의 정의에 대한 연장선상에서, 낮의 길이를 계산할 때 황혼을* 포함시킬지 여부와, 포함시킨다면 이를 어떻게 정의할 것인지는 일출과 일몰 시각, 즉 낮의 길이를 결정하는 데 지대한 영향을 끼친다고 한다. 예를 들어, 일반황혼(civil twilight)은 태양의 중심이 수평선의 6° 아래에

---

* 황혼(twilight)은 해가 뜨기 전이나 해가 진 후 얼마 동안 주위가 희미하게 밝은 상태를 일컫는다.

위치할 때를 저녁이 끝나거나 아침이 시작되는 무렵으로 간주하며, 이때는 인공조명 없이 야외활동이 가능한 시간이라고 한다. 또한 해상황혼(nautical twilight)은 태양의 중심이 수평선의 12° 아래에 위치할 때를, 천문학적 황혼(astronomical twilight)은 태양의 중심이 수평선의 18° 아래에 위치할 때를 저녁이 끝나거나 아침이 시작되는 무렵으로 간주한다고 한다. 그러므로 황혼의 고려 여부에 따라서, 그리고 황혼의 정의에 따라서 낮의 길이도 상당히 달라질 것임에 틀림없다.

이제 낮의 길이를 계산하는 수학모델 이야기를 시작하자. 낮의 길이를 예측하는 수학모델은 필요에 따라 여러 가지가 있을 터인데, 첨성대 건립 당시 신라는 농경사회였을 것이고 농사에는 낮의 길이를 적절하게 예측하는 일이 극히 중요했을 것이므로, 그 당시의 사회여건에 걸맞도록 생태학 및 농학과 관련된 수학모델인 CBM, Brock, Forest-BGC, Ceres를 사용하기로 한다. 이들 모델명이 다소 생소할 수 있지만, 이들 모델이 실린 논문을 추적하여 확인하려는 호기심 많은 독자나 첨성대 이야기를 이어갈 후속 연구자를 위하여 이들을 언급한 논문에 실린 이름을 그대로 인용한 것이니 독자들의 이해를 바란다. 여기서 CBM과 Brock은 일사량을 예측하기 위하여, Forest-BGC는 산림생태계를 연구하기 위하여, Ceres는 열-시간 특성을 파악하기 위하여 고안된 수학모델이다. 식물학 관련 모델을 사용함으로써 이들 수학모델로 계산한 낮의 길이가 첨성대를 건립한 신라인들이 체험적으로 알고 있었을 낮의 길이의 변화추이에 가깝게 정해질 수 있을 것으로 기대한다.

낮의 길이의 변화추이를 예측하기 위하여 이렇게 찾은 4개의 수학모델을 시각적으로 나타내어 서로 비교해 보자. 이를 위하여 첨성대가 위치한 경주의 위도를 알아보니 북위 35°49'53"이고 경도는 동경 129°13'20"인데, 정작 수학모델에 필요한 것은 위도이니 이를 소수점으로 표현하면 북위 35.83°가 된다. 또한 해 뜨는 시각과 해 지는 시각은 편의상 미국 정부에서 사용하는 정의를 그대로 사용하되 황혼 효과는 포함시키지 않기로 했는데 여기에 해

낮의 길이를 예측하기 위한 생태학 및 농학 관련 다양한 수학모델

모델	수식
CBM	$D = 24 - \dfrac{24}{\pi} \cos^{-1}\left[\dfrac{\sin\dfrac{p\pi}{180} + \sin\dfrac{L\pi}{180} sin\phi}{\cos\dfrac{L\pi}{180} cos\phi} \right]$ (hours) $\phi = \sin^{-1}[0.39795 \cos\theta]$ (radians) $\theta = 0.2163108 + 2\tan^{-1}[0.9671396 \tan[0.00860(J-186)]]$ (radians) 여기서 p는 수평선에 대한 태양의 위치로 다음과 같다. $p = 0.0°$ 태양의 중심이 수평선에 놓일 때 $p = 0.267°$ 태양의 상부 테두리가 수평선에 놓일 때 $p = 0.833°$ 태양의 상부 테두리가 수평선에 놓인 것처럼 보일 때 $p = 6.0°$ 일반황혼을 포함시킨 경우 $p = 12.0°$ 해상황혼을 포함시킨 경우 $p = 18.0°$ 천문학적 황혼을 포함시킨 경우
Brock	$D = 2 \times \dfrac{HourAngle}{15}$ (hours) $HourAngle = \dfrac{180}{\pi}\cos^{-1}\left(-\tan\dfrac{L\pi}{180}\tan\dfrac{\phi\pi}{180}\right)$ (degrees) $\phi = 23.45\sin\left(360 \times \dfrac{283+J}{365}\right)$ (degrees)
Forest-BGC	$D = ampl \times \sin[0.01721(J-79)] + 12.0$ (hours) $ampl = \exp(7.42 + 0.045L)/3600$ (hours)
Ceres	$D = 7.639\cos^{-1}(DLV)$ (hours) $DLV = \dfrac{-\sin\dfrac{L\pi}{180}sin\phi - 0.1047}{\cos\dfrac{L\pi}{180}cos\phi} \geq -0.87$ (radians) $\phi = 0.4093\sin[0.0172(J-82.2)]$ (radians)
공통범례	$D =$ 낮의 길이 $L =$ 지구상 위도(degrees) $\phi =$ 태양의 경사각 $\theta =$ 공전궤도상 지구의 회전각 $J =$ 1년 중 날수

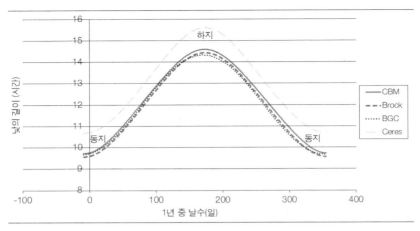

생태학 및 농학 관련 수학모델을 이용하여 계산한 1년 중 낮의 길이의 변화추이

당하는 것이 CBM 모델에서 $p = 0.833°$인 경우이다. 이렇게 하여 1년 중 제1일부터 제365일까지 각 날에 해당하는 낮의 길이를 4개의 수학모델을 이용하여 계산한 후 한 해의 동지로부터 그 이듬해 동지까지 순서대로 늘어놓으면 1년간 낮의 길이의 변화추이가 한 사이클 분량의 사인 또는 코사인 곡선으로 나타남을 확인할 수 있다. 그림으로부터 CBM과 Brock 및 Forest-BGC에 의하여 예측된 낮의 길이는 서로 상당히 가까운 반면, Ceres에 의한 것과는 상당한 차이가 나는 것을 알 수 있다.

그러면 4개의 수학모델 중 어느 것이 첨성대 건립 당시 경주 지역의 낮의 길이에 가장 가까운 것일까? 이를 위하여 한국천문연구원(KASI) 웹사이트에서 2013년 한 해 동안 월별로 정리된 해 뜨는 시각과 해 지는 시각을 구하여 제1일부터 제365일까지 그 차이를 계산한 후, 수학모델에서처럼 2012년 동지부터 2013년 동지까지 순서대로 늘어놓음으로써 낮의 길이의 변화추이를 정리해 보았다. 단 1,400여 년 동안 경주 지역의 해 뜨는 시각과 해 지는 시각이 크게 달라지지 않았다고 가정하였다. 이렇게 하여 4개의 수학모델 중 CBM($p = 0.833°$)과 Brock에 의하여 예측된 낮의 길이의 변화추이 그래프와

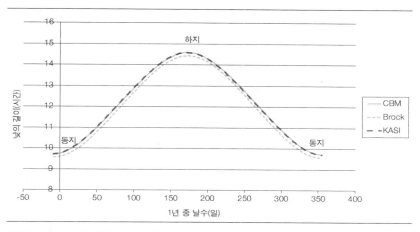

CBM과 Brock에 의한 낮의 길이의 변화추이와 천문연구원 자료 간 비교

겹쳐놓으니 이들 수학모델에 의하여 계산된 값이 천문연구원 자료와 매우 가까움을 확인할 수 있다. 특히 CBM($p = 0.833°$)과 천문연구원의 자료는 육안으로는 그 차이를 알 수 없을 정도로 거의 같다. 어쩌면 천문연구원의 자료도 해 뜨는 시각과 해 지는 시각을 직접 관찰하여 정리한 것이 아니라 CBM을 이용하여 계산한 값을 정리한 것일 수도 있겠다는 생각이 들 정도이다.

이번에는 해 뜨는 시각과 해 지는 시각, 다양한 황혼의 정의에 따라 낮의 길이가 얼마나 달라지는지 CBM을 중심으로 살펴보도록 하자. 여기서 모델의 수식에 포함된 p는 수평선에 대한 태양의 위치로서 $p = 0.0°$는 태양의 중심이 수평선에 놓일 때를 해 뜨는 시각과 해 지는 시각으로 정의하는 경우이고, $p = 0.267°$는 태양의 상부 테두리가 수평선에 놓일 때를, $p = 0.833°$ 태양의 상부 테두리가 수평선에 놓인 것처럼 보일 때를 해 뜨는 시각과 해 지는 시각으로 정의하는 경우이다. 또한 다양한 황혼에 대한 정의로서 $p = 6.0°$는 일반황혼을 포함시킨 경우, $p = 12.0°$는 해상황혼을 포함시킨 경우, $p = 18.0°$는 천문학적 황혼을 포함시킨 경우를 고려한다. 그림에서 보이듯이 $p = 0.0°$, $p = 0.267°$, $p = 0.833°$인 경우에는 서로 간의 차이를

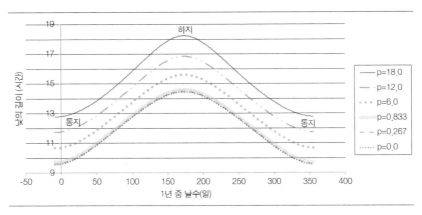

수평선에 대한 태양의 다양한 위치와 황혼의 포함 여부에 따른 CBM의 모델 간 낮의 길이의 변화추이 비교

거의 알아볼 수 없을 만큼 유사하다. 아울러 황혼의 포함 여부는 낮의 길이에 지대한 영향을 미친다는 점을 알 수 있다.

2. 낮의 길이의 변화추이와 첨성대 입면곡률 간의 상관관계

거의 완벽한 사인 또는 코사인 곡선을 보이는 낮의 길이의 변화추이를 보며 '곡선'이라는 유사성만으로 첨성대의 단아한 비선형 입면곡면을 떠올린다는 것이 현재로서는 다소 무리인 것 같다. 더욱이 낮의 길이의 변화추이를 나타내는 데 사용된 단위는 일(day)과 시간(hour)이지만 첨성대 입면곡면은 높이와 지름이라는 길이 단위로 나타낼 수밖에 없기 때문에 둘 사이의 단위가 서로 달라, 직접적인 비교마저 가능하지 않을 것 같다. 즉 비교대상의 단위가 다르다는 것은 마치 공통의 언어가 없는 사람들끼리 서로 소통하려는 것만큼이나 어려운 문제라고 할 수 있겠다. 여기서 빛을 발하는 것이 바로 주어진 현실적 제한조건을 극복하고 문제를 해결해 내는 공학적 사고방식이

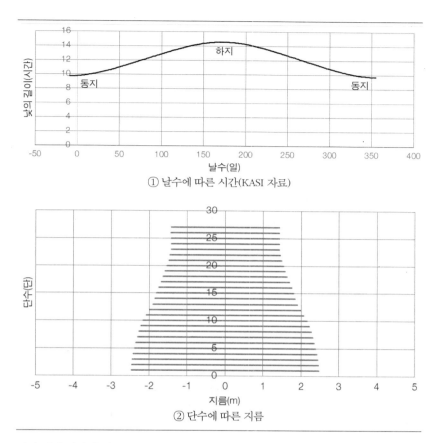

① 날수에 따른 시간(KASI 자료)

② 단수에 따른 지름

낮의 길이 변화 추이와 첨성대 입면곡률은 서로 다른 물리량인지라 둘 사이의 상관관계를 비교하는 것이 일반적으로 가능하지 않다.

다. 즉 단위가 다르더라도 비교할 수 있는 방법은 있다는 말이다. 엔지니어링 문제에서처럼 이들 2개의 비교대상의 단위를 무차원화하면[*] 완벽하지는

---

[*] 무차원화(normalization)는 같은 계열에 속한, 즉 단위가 같은 한 그룹의 값들을 그 중의 최댓값으로 나누어 단위 자체를 없애는 수학적 기법을 일컫는다. 즉 어떤 그룹의 값을 무차원화하면 최댓값은 1.0이 되고 나머지 값들은 1보다 작은 값이 된다.

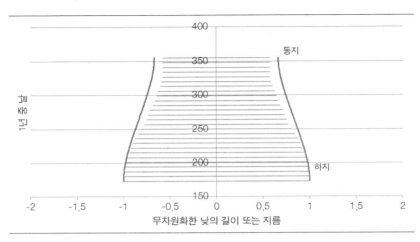

낮의 길이(KASI 자료)와 원통형몸통 지름을 각각 무차원화하고 좌표축을 조정하면 둘 사이의 상관관계를 비교하는 것이 가능하게 된다

않더라도 제한적으로나마 서로를 비교하거나 서로의 상관관계를 유추하는 것이 가능할 수도 있다. 아마 낮의 길이의 변화추이와 첨성대의 입면곡률 간 상관관계를 조사하는 정도의 문제는 충분히 해결할 수 있을 것 같다.

낮의 길이의 변화추이를 무차원화하기 위하여 낮의 길이가 가장 긴 하지 때의 길이로 모든 날의 낮의 길이를 나누고, 첨성대 원통형몸통 각 단의 지름을 무차원화하기 위하여 지름이 가장 큰 제1단의 지름으로 모든 단의 지름을 나누면, 낮의 길이와 원통형몸통 각 단의 지름은 각각 최댓값이 1이고 단위가 없는 비율로 표기되어 서로 비교할 수 있게 된다. 이에 더하여 첨성대의 건립된 형태를 본떠 그래프를 그림으로써 더욱 편리하게 비교할 수 있도록 직교좌표계의 축을 서로 바꾸면, 무차원화한 값은 X-축에 표기되고, Y-축에는 입면곡률을 위해서는 각 단의 단수를 나타내는 서수가,* 낮의 길이의 변

---

* 서수(序數, ordinal)는 사물의 순서를 나타내는 수를 일컫는다. 여기서는 원통형몸통 제1단의 1, 제2단의 2 등등.

화추이를 위해서는 날수가 표기된다. 다음으로 원통형몸통 중 지름이 가장 큰 제1단은 낮의 길이가 가장 긴 하지에 맞추고, 다음으로 큰 제2단은 하지로부터 제7일의 날에 맞추고, 나머지 단의 서수와 날수도 이런 방식으로 대응해 나가면 원통형몸통 지름 중 가장 작은 제27단은 낮의 길이가 가장 짧은 동지에 맞추어진다. 이렇게 하면 각종 수학모델에 의하여 예측된 낮의 길이의 변화추이는 하지로부터 동지까지 반년 동안의 것이 되므로 사인 또는 코사인 곡선 형태의 절반 사이클 분량만 그려지게 된다. 비교그래프 제작의 마지막 단계로 시각적 효과를 극대화하기 위하여 현재는 X-축의 양의 방향에만 표기된 무차원화한 값을 음의 방향에도 표기하여 Y-축에 대하여 좌우대칭이 되게 하면, 첨성대의 입면과 유사한 형태의 그래프를 그릴 수 있게 된다. 따라서 X-축의 값의 범위는 ±1 사이가 되어 무차원화한 모든 값은 이 범위 안에 들게 된다.

이제는 낮의 길이의 변화추이와 첨성대 원통형몸통 곡률의 변화를 직접 비교할 수 있게 되었다. 이를 위하여 앞서 소개된 수학모델 CBM($p = 0.0°$, $p = 0.267°$, $p = 0.833°$, $p = 6.0°$, $p = 12.0°$, $p = 18.0°$), Brock, Forest-BGC, Ceres 모두를 사용하여 낮의 길이의 변화추이를 예측하였다. 이렇게 직접비교가 가능하게 된 요인으로는 첨성대의 입면곡선과 낮의 길이의 변화추이 곡선 간에 유사한 점이 있다는 것은 분명하지만, 이외에도 원통형몸통 27단 사이의 간격이 모두 26개로, 하지로부터 동지까지 1년 52주의 절반인 26주에 꼭 들어맞게 되는 행운도 겹쳤다는 것을 인정해야 하겠다. 완벽한 사인또는 코사인 곡선의 형태를 보였던 낮의 길이의 변화추이를 낮의 길이 최댓값으로 무차원화하니 그 값이 하지로부터 동지까지 비선형 곡선을 이루며 첨성대의 원통형몸통 곡률의 변화추이를 따라 점차 줄어드는 형상으로 됨을 확인할 수 있다. 직접 비교한 그래프를 보면 원통형몸통 높이의 1/3 정도까지는 낮의 길이의 변화추이와 원통형몸통 입면곡률이 그런대로 잘 맞아 들어가다가 그 이상으로 가면서 둘 사이에 차이가 점점 더 벌어지는 것은 어딘

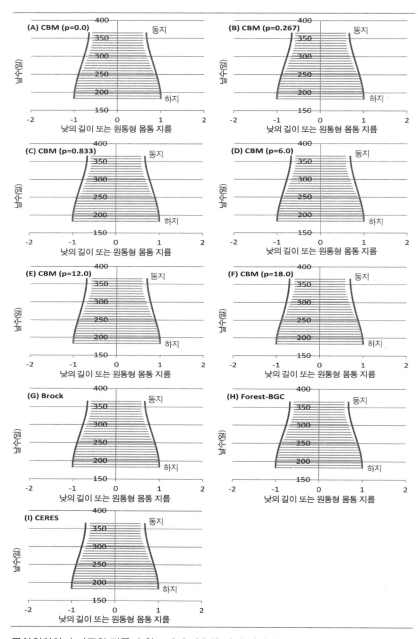

무차원화하여 비교한 각종 수학모델이 예측한 낮의 길이 변화추이와 원통형몸통 곡률

수학모델에 따른 낮의 길이의 최솟값, 최댓값 및 최솟값/최댓값 비율

수학모델		낮의 길이(시간)		최소/최대 비율
		최솟값	최댓값	
CBM	$p = 0.0°$	9.57	14.43	0.663
	$p = 0.267°$	9.62	14.48	0.664
	$p = 0.833°$	9.72	14.59	0.666
	$p = 6.0°$	10.67	15.60	0.684
	$p = 12.0°$	11.74	16.85	0.697
	$p = 18.0°$	12.78	18.24	0.701
Brock		9.57	14.43	0.663
Forest-BGC		9.68	14.33	0.675
Ceres		10.68	15.60	0.684

가 아쉽다. 하지만 전반적인 유사성은 낮의 길이의 변화추이와 첨성대 원통형몸통 입면곡률의 변화 사이에 어떤 상관관계가 있을 것 같은 기대를 갖기에 충분하다.

첨성대의 상부로 올라가며, 즉 동지로 가까워지며 낮의 길이의 변화추이와 첨성대 원통형몸통 곡률의 변화추이 간에 얼마나 큰 차이가 나는지 조금 더 구체적으로 알아보기로 한다. 수학모델별로 예측된 낮의 길이의 최솟값과 최댓값 그리고 그 비율을 조사해 보니 최솟값/최댓값의 비는 0.663~0.701이다. 이에 비하여 첨성대 원통형몸통의 무차원화한 지름의 최소/최대 비율은 0.577로 낮의 길이 비보다 0.086~0.124 정도 더 작으며 직접 비교한 그래프에서 눈으로 확인할 수 있다.

3. 낮의 길이 보정에 의한 상관관계의 개선

여러 가지 수학모델을 통하여 계산된 1년 중 낮의 길이의 변화추이 그래프를 살펴보면, 같은 생태학 및 농학 관련 모델들임에도 근접하게 분포된 일부 모델을 제외하고는 낮의 길이에 상당한 차이가 있음을 알 수 있다. 또한 서로 근접한 분포를 보이는 모델들이라고 하더라도 그 값이 유일하거나 절대적이지 않음도 볼 수 있다. 이들 모델 간 계산된 낮의 길이는 주로 낮의 길이를 어떻게 정의하느냐에 따라, 즉 해 뜨는 시각과 해 지는 시각에 대한 정의, 황혼에 대한 정의 및 이의 포함 여부에 따라 상당한 차이가 있다. 다시 말하자면, 낮의 길이는 보는 이의 관점에 따라, 즉 필요에 따라 얼마든지 달라질 수 있다는 말이 된다. 실제로 낮의 길이를 일사량이 식물의 순수 탄소동화작용에 필요한 70W/m²를 초과하는 동안의 시간으로 제한할 경우, 낮의 길이는 맑은 날에도 약 85% 정도로 줄어든다는 연구결과도 있다. 나아가 비록 수학모델에는 포함되지 않았지만 낮의 길이에 영향을 줄 수 있는 또 하나의 가능성 있는 요인으로 제시된 것이 지형조건인데, 높낮이가 심한 산악지역의 경우 낮의 길이가 기상학적 낮의 길이보다 20%만큼 줄어든다는 보고도 있다. 따라서 만일 수학모델로 계산한 낮의 길이를 이들 요인을 반영하여 보정할 수 있다면, 직접비교에서 보이는 낮의 길이의 변화추이와 원통형몸통곡률 간 차이를 극복할 수 있을지도 모른다는 생각이 든다. 낮의 길이가 줄어든다는 것은 1년 중 낮의 길이가 가장 긴 날의 시간으로부터 가장 짧은 날의 시간까지 똑같은 양이 줄어든다는 것이니, 줄어든 낮의 길이를 무차원화하면 최댓값은 1로 동일하겠지만 낮의 길이의 최솟값/최댓값 비는 기존의 0.663~0.701보다 더 작아질 것이고, 결과적으로 낮의 길이와 원통형몸통입면곡률의 변화 추이 간 차이가 더 줄어들 것 같기도 하다.

앞서 소개된 낮의 길이를 예측하기 위하여 사용된 수학모델에는 지형 및 지세의 영향이 포함될 여지가 없기 때문에 해발고도가 0인 평지를 가정하여

계산한 것이나 다름없다. 그러나 해발 43m의 낮은 지대인 경주를 둘러선 산
들이 그리 높지 않기 때문에 이들 산의 영향을 고려한다고 해도 낮의 길이가
그다지 줄어들 것 같지는 않다. 경주를 둘러선 산으로 가장 높은 산이라야
첨성대로부터 남서쪽으로는 직선거리 24km의 지점에 있는 해발 1,015m의
문복산과 동쪽으로는 직선거리 11km의 지점에 있는 해발 745m의 토함산
정도이니, 첨성대에서 문복산 정상을 올려다보는 각도는[*] 2.4° 정도이고, 토
함산 정상을 올려다보는 각도는 3.9° 정도가 된다. 따라서 이 둘의 합을 지구
의 자전 각속도[**] 15°/시간으로 나누면 전체적으로는 0.42시간(즉 25분) 정도
로 문복산과 토함산 지세의 영향으로 짧아지는 낮의 길이는 미미한 수준임
을 확인할 수 있다. 하지만 현재 경주의 지형 및 지세는 첨성대 건립 이후 발
발한 여러 전쟁과 도시화에 따른 개발로 인하여 건립 당시의 것과 사뭇 다를
수도 있는 것이기에 속단하기에는 아직 이를 수도 있다.

   낮의 길이를 논함에서, 첨성대가 건립될 당시 신라에는 지금까지 언급한

[*]   산의 정상을 올려다보는 각도는 아래 그림과 같이 어떤 지점으로부터 산의 정상까지
     를 잇는 선분을 빗변으로 하는 직각삼각형에서 빗변과 산까지의 직선거리인 밑변이
     이루는 각도이다. 그러므로 $\theta = \tan^{-1}$(높이/밑변)이 된다.

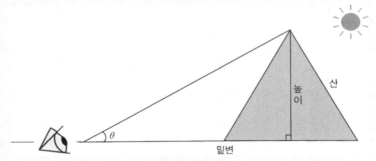

[**]   각속도(angular velocity)는 어떤 물체의 회전운동에서 회전의 중심과 물체의 한 점
     을 연결한 선분이 처음의 위치와 이루는 각도의 단위 시간당 변화를 일컫는다. 따라
     서 지구의 자전 각속도는 지구가 한 바퀴(360°) 자전하는 데 걸리는 시간이 24시간이
     니 360° ÷ 24시간 = 15°/시간이 된다.

기상학, 식물생태학, 지형학 등의 과학적 관점에 더하여 당시 사회에 통용되던 낮이 시작되는 시각과 마치는 시각을 결정하는, 오늘날의 것과는 다른, 어떤 원칙이 있었을지도 모른다. 만일 그렇다면 이를 반영한 낮의 길이에 대한 사회적 해석도 가능할 것 같다. 즉 어떤 사정일지는 모르지만, 만일 당시 사회가 통념상 기상학적 시각보다 낮이 조금 늦게 시작되고 조금 일찍 마치는 일상을 살아가는 사회였다면, 당시 신라인들은 오늘의 과학이론에서 계산되는 것보다 더 짧은 낮시간을 살았던 셈이 된다. 그렇지만 그만큼 아침시간과 저녁시간이 길었을 터이니 결과적으로는 현대와 같은 길이의 하루를 살았을 것이다. 그러므로 이 모든 요인을 고려하여 낮의 길이를 일정하게 줄일 수 있다고 가정하면 교정된 낮의 길이를 다음과 같이 나타낼 수 있다.

$$CD = D - dD$$

여기서 CD는 교정된 낮의 길이이고, D는 교정 전 원래의 낮의 길이, dD는 수정계수이다. 그리고 이 모든 단위는 시간이다. 따라서 앞서 보였듯이 첨성대 원통형몸통과 직접 비교를 위한 무차원화를 하기 위하여 각 값을 최댓값으로 나누면 다음과 같이 된다.

$$\text{무차원화한 } CD = \frac{CD}{CD_{\max}} = \frac{D - dD}{D_{\max} - dD}$$

이렇게 하면 원래의 낮의 길이로부터 동일한 상수 값의 수정계수를 감하였기 때문에 원래의 낮의 길이가 길든 짧든 관계없이 낮의 길이가 짧을수록 무차원화한 낮의 길이 감소 정도는 더욱 커지고 감소 속도는 더욱 가파르게 되어 결과적으로 낮의 길이 상관관계가 크게 개선됨을 알 수 있다.

각 수학모델에 따라 적절한 것으로 선택된 수정계수는 그림의 (괄호) 안에 표기했는데, 이를 반영하여 교정된 낮의 길이와 원통형몸통 곡률의 상관관계는 거의 완벽하게 서로 맞아 들어감을 볼 수 있다. 이 정도로 완벽한 상관관계라면, 이중곡률의 첨성대 원통형몸통 입면곡선이 어쩌면 1년 중 낮의 길

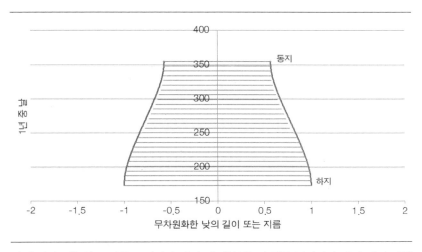

여러 가지 가능한 요인을 고려하여 낮의 길이(KASI 자료)를 보정하니 낮의 길이 변화 추이가 개선되어 첨성대 입면곡률에 더 가까워졌다(dD = 3.3시간)

이의 변화추이를 시각적으로 나타내고자 의도한 설계자의 뜻이 반영된 것일 수도 있겠다는 생각이 드는 것도 무리는 아닐 것 같다. 그렇다고 하여 첨성 대 건립 당시의 신라인들이 이 이야기에서 상상한 것과 같은 방법으로 생각 하여 원통형몸통의 이중곡률을 만들어냈다는 뜻은 절대로 아니다. 다만 어 떤 이유에서인지 모르겠지만, 신라인들은 현재 우리 눈으로 확인하듯 원통 형몸통을 이중곡률로 보이게 만들었고, 오늘날의 통합된 지식으로 추론해 보니 낮의 길이의 변화추이와 상관관계가 있을 수도 있겠다는 것이다. 그러 므로 상상력에 따른 이 이야기가 원통형몸통의 이중곡률의 뜻을 밝히는 유 일한 이야기가 될 수는 없으며, 원통형몸통의 이중곡률은 얼마든지 달리 해 석할 여지가 있다는 뜻이다. 단 원통형몸통의 입면곡선은 이중곡률처럼 보 이지만 실제로는 제23단부터 제27단까지는 지름의 변화가 거의 없기 때문에 진정한 의미의 이중곡률은 아니다.

　　여러 수학모델이 예측하는 낮의 길이의 변화추이는 애초에 낮의 길이를

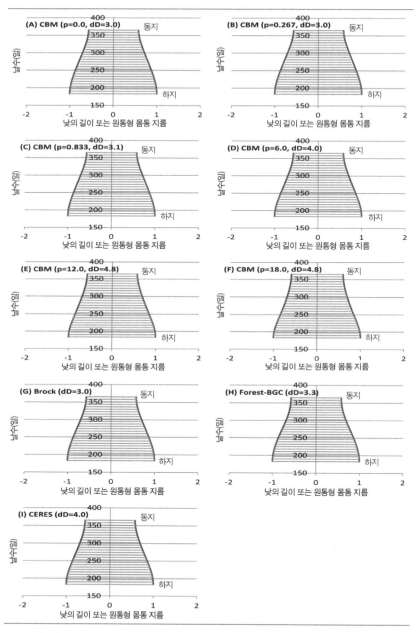

모든 가능한 요인을 반영하여 보정된 낮의 길이 변화추이와 원통형몸통 곡률

어떻게 정의하느냐에 따라, 즉 해 뜨는 시각과 해 지는 시각에 대한 정의, 황혼에 대한 정의 및 이의 포함 여부에 따라 상당한 차이를 보이는 경우도 있었지만, 낮의 길이를 무차원화한 이후의 변화추이는 수정계수로 보정하기 전과 후에 관계없이 서로 간에 차이가 거의 없어 보이는 점에 주목할 필요가 있다. 즉 어떤 수학모델을 사용하든지 낮의 길이를 무차원화하면 그 변화추이가 서로 비슷해진다는 것은 관측하는 이의 관점이나 해 뜨는 시각과 해 지는 시각에 대한 정의, 황혼에 대한 정의 및 이의 포함 여부와 무관해진다는 뜻으로 풀이된다. 따라서 설사 첨성대 건립 당시 신라에서 통용되던 낮의 길이에 대한 인식이 현재의 것과 상당히 다를지라도 낮의 길이를 무차원화하는 이상 그 변화추이에는 그리 문제 될 것이 없다고 할 수 있다. 그러므로 낮의 길이의 변화추이와 원통형몸통의 입면곡률 간에 앞서 보인 그래프로 추론한 바와 같은 상관관계는 관찰된 사실이자 신뢰할 만한 것이라고 하겠다.

4. 첨성대에 새겨진 밤과 낮 길이의 변화

우리는 지금까지 낮의 길이의 변화추이와 첨성대 원통형몸통 입면곡률 간에 존재할 수도 있는 상관관계를 추론하여 매우 긍정적인 결과를 얻었다. 하지만 때로는 무언가 수학적으로 그리고 의미론적으로 뜻하는 바가 있는 것이 분명해 보이는 그런 상관관계라고 할지라도 우연의 일치로 그렇게 되었을 수도 있음을 인정한다. 그렇지만 앞서 논한 첨성대라는 건축물에 포함된 여러 수학적 상징적 의미와 관련하여 이런 상관관계를 생각한다면 이를 단순히 우연의 일치로 보기보다는 천문학적 수학적 지식을 지닌 누군가가 어떤 분명한 의도를 가지고, 즉 어떤 특정한 목적을 위하여 설계한 것이라고 생각하는 것이 더 합리적일 수도 있음을 부인할 수 없다. 그럼에도 첨성대의 쓰임새와 기능에 대한 논쟁은 피라미드나 스톤헨지에 대한 논쟁과 마찬가지로 결론 없이 앞으로도 지속될 것이 거의 확실할 것 같다. 그것이 일찍이 기록을 잃은 채 후대에 홀로 남겨진 첨성대의 운명이기 때문이다.

참고문헌

아래의 참고문헌 목록은 이 장에서 참고한 자료의 목록을 인용한 순서에 따라 정리한 것이다.

▌ 조지 레이코프(George Lakoff). 2009. 『코끼리는 생각하지 마 — 미국의 진보 세력은 왜 선거에서 패배하는가』, 유나영 옮김. 삼인, pp.236.

▌ Hawkins, Gerald S. 1963. "Stonehenge decoded." *Nature* 200(4904), Oct., pp. 306~308.
https://www.nature.com/nature/volumes/200/issues/4904 (비용 요구)

▌ Hawkins, Gerald S. 1964. "Stonehenge: a neolithic computer." *Nature* 202(4939), June, pp.1258~1261.
https://www.nature.com/nature/volumes/202/issues/4939 (비용 요구)

▌ Hoyle, Fred. 1966. "Stonehenge — an eclipse predictor." News, *Nature* 211, pp.454~456.
https://www.nature.com/nature/volumes/211/issues/5048

▌ Newham, C. A. 1966. "Stonehenge — a neolithic observatory." News, *Nature* 211, pp.456~458.
https://www.nature.com/nature/volumes/211/issues/5048

▌ Atkinson, Richard J. C. 1966. "Decoder misled?" Book Reviews, *Nature* 210(5043), June, p.1302.
https://www.nature.com/nature/volumes/210/issues/5043

▌ Kim, Jang Hoon and Klaus Hentschel. 2016. "Day length Variation Symbolically Built into a Fourteen Hundred Year-Old Stone Masonry Tower." *ChiMoKoJa — Histories of China, Mongolia, Korea and Japan*, 2, pp.5~22.
https://www.amazon.com/ChiMoKoJa-Vol-Histories-China-Mongolia/dp/1537122800

▌ Marvin, Charles. F., Herbert H. Kimball and Arnold Guyot. 1918. *Smithsonian Meteorological Tables*, Smithsonian Institution, Washington, rev. ed. 4, 69(1), lxv~ lxvii(pp.65~67).
https://archive.org/details/smithsonianmete00guyogoog

▌ Duffett-Smith, Peter, and Jonathan Zwart. 2011. *Practical Astronomy*, fourth edition. New York: Cambridge Univ. Press, pp.216.

▌ Forsythe, William C., Edward J. Rykiel Jr., Randal S. Stahl, Hsin-I Wu and Robert M. Schoolfield. 1995. "A model comparison for daylength as a function of latitude and day of year." *Ecological Modeling*, Elsevier, 80, pp.87~95.
https://www.sciencedirect.com/journal/ecological-modelling/vol/80/issue/1

▌ Brock, Thomas D. 1981. "Calculating solar radiation for ecological studies." *Ecological Modeling*, Elsevier, 14, pp.1~19.
https://www.sciencedirect.com/science/article/pii/0304380081900119

▌ Running, Steven W., and Joseph C. Coughlan. 1988. "A general model of forest ecosystem processes for regional applications. I. Hydrologic balance, canopy gas exchange and primary production processes." *Ecological Modeling*, Elsevier, 42(2), pp.125~154.
http://citeseerx.ist.psu.edu/viewdoc/download?doi=10.1.1.554.2161&rep=rep1&type=pdf

▌ Ritchie, Joe T. 1991. "Wheat phasic development." *Modeling Plant and Soil Systems*, J. Hanks, J. T. Ritchie(Eds.). Agronomy Monograph, 31, pp.31~54.
https://dl.sciencesocieties.org/publications/books/tocs/agronomymonogra/modelingplantan

▌ Running, Steven W., Ramakrishna R. Nemani, and Roger D. Hungerford, 1987. "Extrapolation of synoptic meteorological data in mountainous terrain and its use for simulating forest evapotranspiration and photosynthesis." *Canadian Journal of Forest Research*, 17(6), pp.472~483.
https://www.nrcresearchpress.com/toc/cjfr/17/6

3부

이야기의 끝

또 다른 이야기의 시작

우리가 어렸을 적에 들었던 "아주 머언 옛날, 머언 나라에 임금님이 살았어요"라며 시작되는 옛날이야기는 대개 "그래서 오래오래 행복하게 살았답니다"라는 식으로 마무리되곤 하였다. 사실 어떤 이야기이건 마무리를 지으려면 이와 같이 맺고 끊는 것에 분명한 맛이 있어야 하는데, 지금까지 펼쳐 보인 첨성대 이야기의 마무리를 지으려고 하니 무엇 하나 깔끔하고 시원하게 끝맺음을 한 것이 없는 것 같아 한편으로는 아쉬운 마음이 떠나지 않는다. 하지만 이는 이 책의 이야기를 시작할 때 그렇게 하겠다고 이미 밝힌 것이었다. 즉 알 도리가 없는 것은 알 수 없는 것으로 인정하고 그대로 남겨두기로 한 것과 객관적으로 관찰 가능한 자료에 근거한 논리전개마저도 절대로 '주장'하지 않고 '이야기'로 취급하다 보니 그렇게 되었다. 첨성대에 대한 진실은 그 누구도 알 수 없는 것이기에 단정적으로 결론을 내리는 것이 오히려 더 이상할 수도 있는 일이라고 생각하며 스스로 위안을 삼는다.

　첨성대 이야기 자체는 계속 이어질 것이겠지만, 그래도 내가 시작한 이야기는 어떻게든 마무리하는 것이 좋겠다. 이에 이 책을 통하여 소개된 기존의 이야기들과 내가 지어낸 새로운 이야기들의 논제를 간단하게 정리하기로 한다. 이는 이미 이야기한 것들을 반복하겠다는 것이 아니라 그것들을 이야기할 때 다하지 못한 것들을 이 자리를 빌려 함께 진술함으로써 나의 이야기를 마무리하려는 것이다. 다시 한 번 분명히 해둘 것은 이야기는 이야기일 뿐 그 이상도 그 이하도 아니라는 것이다.

1. 옛 문헌 속의 첨성대

이 책의 이야기를 시작하며 옛 문헌 속의 첨성대를 살펴보니 이에 대한 역사기록이 얼마나 빈약한지 기가 막힐 지경이었다. 기록이 아예 없는 것보다는 훨씬 낫겠지만 그래도 그렇게까지 없으리라고는 생각지도 못했다. "선덕왕 대에 돌을 다듬어 첨성대를 쌓았다"라는 단 한 줄짜리 최초의 기록마저도 첨성대가 건립되고 나서 634~649년이나 지나서, 더욱이 신라가 멸망한 후 346년이나 지나서 기록된 것이라니. 삼국시대에도 한자를 사용했을 터인데 첨성대 건립 전후의 기록이 전혀 없다는 사실이 도무지 납득하기 어려웠다. 어쩌면 후백제의 견훤이 서라벌을 침공했을 때 관련 기록을 불태웠거나, 싸우지도 않고 신라를 접수한 고려가 관리를 소홀히 하여 잃어버렸는지도 모른다. 또는 왜구가 몽땅 도적질해 갔거나 불태웠는지도 모를 일이다. 광개토왕의 비문도 서슴지 않고 고친 이들의 조상이 왜구라고 생각하니 개연성이 충분히 있을 것 같기도 하다. 이렇듯 온갖 억측이 피어오를 때면 우리 눈앞에 서 있는 첨성대 실물 말고 확실한 것이라고는 아무것도 없는 것 같다. 그래서 '첨성대'라는 이름마저도 원래부터 그렇게 불렸던 것인지 아니면 고려의 승려 일연이 그렇게 부르기 시작한 것인지 의심의 눈초리로 바라보게 되었다. 물론 이것에 대해서도 진실을 알 수 없기는 마찬가지이지만 말이다.

첨성대 건립 (632~647)	기록 없음

⬇ (건립 후 634~649년 경과)

『삼국유사』 (1281)	"별기에 이르기를 이 왕대에 돌을 다듬어 첨성대를 쌓았다고 한다."

⬇ (173년/ 건립 후 807~822년 경과)

『세종실록지리지』(1454)	"부성의 남쪽 모퉁이에 있다. 당나라 태종 정관 7년 계사에 신라 선덕여왕이 쌓은 것이다. 돌을 쌓아 만들었는데, 위는 방형이고, 아래는 원형으로 높이가 19척 5치, 위의 둘레가 21척 6치, 아래의 둘레가 35척 7치이다. 그 가운데를 통하게 하여, 사람이 가운데로 올라가게 되어 있다."

⬇ (76년/ 건립 후 883~898년 경과)

『신증동국여지승람』(1530)	"본부 동남쪽 3리에 있다. 선덕여왕 때에 돌을 다듬어 대를 쌓았는데, 위는 모나고 아래는 둥글다. 높이는 19척이며 그 속은 비어서, 사람이 속으로부터 오르내리면서 천문을 관측한다."

역사기록상 첨성대 관련 진술내용 변천과정

　　무식한 소리로 들릴 수도 있겠지만, 『삼국유사』의 단 한 줄짜리 기록이 『세종실록지리지』와 『신증동국여지승람』그리고 『동사강목』을 거치며 역사가 되었고, 오늘날에 이르러서는 다양하고 풍성한 이야기로 확장되며 변모해 온 과정을 보면 그야말로 무에서 유가 만들어진 것 같아 이들을 집필하거나 주장한 사람들의 문학적 상상력이 정말 대단하다는 생각마저 들게 한다. 역사기록이란 그럴 수밖에 없는 것이려니 하고 그 한계를 인정할 수도 있겠지만, 그렇다고 하더라도 근거가 분명한 것과 확실한 근거도 없이 추정하는 것과의 사이에는 분명한 구분이 있어야 할 것 같다. 수백 년이 지나도록 아무 기록이 없어 사실 여부도 알 수 없는 사건을 역사기록으로 남은 것이라는 이유 하나만으로 묻지도 따지지도 않고 사실인 것처럼 취급하여 논하고, 이렇게 논한 것을 근거로 또 다른 것을 추론하는 것은 타당하지도 바람직하지도 않을 것 같다.

옛 문헌 속 첨성대의 사정이 이럴진대 의심하는 것 자체를 부정적으로만 여길 일만은 아닐 듯싶다. 세상의 모든 새로운 생각과 이를 시도하는 일은 기존의 관점을 의심하는 것으로부터 시작하기 때문이다. 이는 첨성대의 기능 및 쓰임새와 관련하여 20세기 후반 들어 등장한 여러 이야기들을 보아도 알 수 있는 일이다. 진실은 알 수 없는 것이기에 이들 이야기의 등장이 비록 첨성대 논란의 빌미는 되었을지언정, 첨성대 이야기를 다양하고 풍성하게 만든 것은 부인할 수 없는 사실이다. 그 덕분에 나도, 첨성대의 기능이나 쓰임새와는 상관없는 것이지만, 새로운 이야기를 지어낼 수 있었다.

2. 첨성대 실측자료 — 실측도 및 복원도

지금으로부터 10년여 전 내가 첨성대 연구를 처음 시작할 당시 첨성대 도면을 구하지 못하여 잠시나마 매우 난감한 지경에 처한 적이 있다. 논문 마감일은 다가오는데, 그럴듯한 아이디어는 머릿속에서 맴돌았지만, 도면이 없으니 아이디어를 확인하여 논리를 전개할 도리가 없었다. 다행히 2개월여를 남겨둔 시점에 재미과학자 이동우의 도움으로 표지를 포함하여 모두 17매로 구성된 A0 크기의 실측도 및 복원도 사본을 입수하여 무사히 논문을 마무리할 수 있었다. 이에 마음속 고마움을 조금이나마 표현하고자 논문을 마무리한 후 내가 전해 받은 도면 일체를 문화재청에 이동우의 이름으로 기증하였다. 물론 도면을 기증하기 전에 나의 계속될 첨성대 연구를 위하여 사본의 사본을 만들어두었다. 그리고 도면 17매에 담긴 이미지 모두를 문화재청 정보화 담당관의 허락을 받아 이 책에 삽입해 놓았다. 이는 독자들의 이해를 돕기 위함이기도 하지만 나와 같이 도면 확보에 어려움을 겪을지도 모르는,

첨성대 이야기를 이어갈, 그 누군가를 위함이기도 하다.

그렇다. 누구나 인정할 수밖에 없는 객관적 사실과 정황을 언급하며 첨성대를 논함에 도면은 절대적으로 필요한 것이다. 마치 미지의 여행을 떠날 때 챙겨 간 지도가 유용한 것처럼 첨성대 이야기를 전개하는 데 실측도와 복원도는 매우 유용하였다. 요즈음은 GPS를[*] 장착한 자동차를 타고 처음 가는 길도 지도 없이 용감하게 나설 수 있지만, 10년 전만 하더라도 지도는 자동차 여행에 필수품이었다. 만일 첨성대 실측도와 복원도를 끝내 확보하지 못하였더라면, 나는 아마 이 책을 포함하여 여하한 형태의 첨성대 이야기도 아직까지 제대로 펼치지 못했을 것이다. 지금도 도면을 입수할 당시의 감동과 안도감이 생생하게 기억난다. 나에게 도면을 전해준 이에 대한 감사의 마음이 아직도 가시지 않고 있다.

첨성대의 실측도와 복원도의 유용함을 논함에 나보다 두어 세대를 먼저 살며 1962년 말부터 1963년 초에 이르는 1개월을 조금 넘는 기간 동안 첨성대를 실측하고 그 결과를 도면으로 남긴 당시 국립경주박물관장 홍사준의 업적을 빼놓을 수 없다. 그 당시는 한국전쟁이 끝난 지 10년도 지나지 않은 때인지라 우리나라 사람들 모두가 먹고사는 문제를 해결하느라 급급하여 첨성대 실측에 시간과 에너지를 쏟는다는 것이 무척 어려운 상황이었을 터인데 이를 과감하게 추진했으니 직업정신에 투철한 이라고 하겠다. 나에게 '직업정신에 투철하다'는 것은 자신이 처한 위치에서 해야 할 일을 최선을 다하여 철저하고 만족스럽게 수행하는 이들에게 돌리는 최고의 극찬이니 이를 부정적인 표현으로 오해하지 않기 바란다. 그 덕분에 홍사준의 실측 이후 시작된 여러 가지 첨성대 관련 연구는 비로소 과학적 요건을 갖출 수 있었고 그 이야기는 더욱 풍요로워질 수 있었다.

---

[*] GPS(Global Positioning System)는 위성과 연계된 위치 파악 또는 위치 확인 시스템을 일컫는다. 비행기, 선박, 자동차 및 스마트폰에 장착되어 길 안내 서비스를 제공한다.

3. 첨성대의 얼개

첨성대의 얼개를 파악하는 일은 실측자료를 기반으로 하여 실물을 관찰하는 과정으로 이루어지는 것이 일반적인 순서겠지만, 나의 경우 실측도와 복원도의 입수가 늦어지는 바람에 첨성대에 대한 연구를 앞서 수행한 이들의 논문을 읽으며 먼저 대략의 얼개를 파악하였다. 그 후 도면을 보았고, 첨성대를 몇 차례 방문하여 실물을 관찰하였다. 이렇게 논문을 먼저 읽은 얼개 파악 순서가 나에게는 일찍부터 첨성대 이야기의 논점을 분명히 할 수 있게 해주는 긍정적인 효과가 있었다. 마치 방문할 지역에 대해 사전에 공부를 하고 나서 여행을 떠나는 경우와 비슷한 효과였다.

내가 입수한 실측도 및 복원도가 홍사준이 직접 작성한 것인지 또는 홍사준의 실측도 및 복원도를 누군가가 보완하고 확장하여 작성한 것을 전해 받은 것인지 알 수 없지만, 이에는 첨성대의 전반적인 형태를 보여주는 평면도와 입면도 및 단면도를 비롯하여 각 단별 평면도와 쌓인 돌 하나하나의 크기와 형태 및 개수까지도 파악할 수 있을 정도로 상세한 정보가 포함되어 있다.

"아하! 내가 읽은 대다수 논문의 서두에 나오는 첨성대에 대한 정보는 거의 다 실측도와 복원도에 이미 묘사되어 있는 것들이로구나!"

다만 원통형몸통 제1단부터 제12단까지 내부채움흙에 파묻혀 가려진 부분의 석재는 첨성대 밖에서 볼 수 있는 각 단의 외부 표면 윤곽선만 나타나 있기 때문에 석재의 온전한 크기나 형태를 알 수 없고, 따라서 해당하는 석재의 무게도 추정할 수 없는 형편이다.

첨성대를 이루는 단의 수와 돌의 개수는 이미 앞서 소개했지만, 우리의 기억력이 그리 좋지 않기에 첨성대 이야기를 마무리하며 다시 한 번 그 얼개를 간략하게 정리하는 것이 좋겠다. 첨성대는 기단부 2개 단, 원통형몸통 27개 단 그리고 상부 정자석 2개 단을 합하여 모두 31개 단으로 이루어져 있다. 원통형몸통 제1단부터 제27단까지 내부공간을 두르며 몸통을 구성하는 돌의 수는 각 단에 놓인 돌의 수를 모두 합하여 362개가 된다. 여기에 남창구 양옆의 문설주 2개, 제26단의 정자석 위에 올려진 판석 1개가 추가되어 원통형 몸통을 이루고 있다. 이로써 원통형몸통을 이루는 돌의 개수를 모두 합하면, 27개 단의 몸통에서 362개, 문설주 2개, 판석 1개로 신기하게도 1년의 날수에 해당하는 365개가 된다. 여기에 제28, 29단에 해당하는 상부 정자석 8개를 더하면 373개가 되고, 제19, 20, 25, 26단의 내부 정자석 8개도 합하면 381개가 된다. 그리고 홍사준의 실측자료에 제시된 기단부 돌의 개수가 정확하다는 가정하에, 윗단 돌의 개수 12개를 합하면 393개가 되고, 땅속에 묻혀 있는 아랫단 돌의 개수 8개까지 더하면 첨성대 건립에 사용된 돌의 총 개수는 401개가 된다.

첨성대는 현재 맨눈으로도 알아챌 수 있을 정도로 기울어진 모습이 완연하다. 이에 대하여 1,400여 년 동안 첨성대의 무게를 지탱해 온 지반의 침하 내지 부동침하를 원인으로 지목하는 분위기가 지배적이다. 그렇다고 하여 1,400년 전에 지어져 값어치를 따질 수 없을 정도로 귀중한 문화유산에 어떤 영향을 줄지 알 수 없는 상황에서 함부로 땅을 파보거나 지표면에 구멍을 뚫어 조사하겠다고 나서는 것도 마땅치 않을 것 같다. 토질공학 이론에 따르면 지반은 흙 알갱이와 간극(間隙, void)으로 구성되는데 간극은 공기와 물로 채워져 있다고 한다. 따라서 흙 알갱이의 비율이 높을수록 단단하고 안정된 지반이 되지만, 간극의 비율이 높으면 다양한 요인에 의하여 물이나 공기가 간극으로부터 빠져나가며 간극이 좁아질 수 있고, 그 결과 지반은 침하나 부동침하를 동반하며 변형할 소지가 높아지게 된다. 이 경우 지반은 안정을 찾아가는 방향으로 변형하는 것이지만 그 위에 앉혀진 건축물은 부동침하로 인하여 기울어지거나 심한 균열이 가는 심각한 피해를 겪을 수도 있다. 하지만 기초와 지반은 일단 건축물이 완성된 후에는 변동상황을 관찰할 수도 없고, 이상이 있다고 하더라도 쉽사리 접근할 수도 없기 때문에 지반 관련 문제의 해결에는 늘 어려움이 따르기 마련이다. 이렇게 해결책이 불확실하고 어렵기도 하면서 피하고 싶지만 방치할 수도 없는 문제라면 완벽한 해결책이 나오기를 바라며 속수무책으로 기다리느니 차라리 문제가 더 악화될 경우 어떻게 대응할 것인지에 대한 대안을 마련하여 미리 대비하는 것이 더 나을 것이다.

따라서 먼저 첨성대가 북동 방향으로 $2.07°$ 기울어진 현재 상태의 원인이 전적으로 지반 문제 때문이라는 가정하에 이 지경에 이르기까지 겪었을 것으로 생각되는 두 가지 가능한 과정을 생각해 보기로 하자. 첫째, 첨성대를 건립할 당시 조성된 지반이 초기부터 불안정했을지도 모르는 일이다. 이 경우 건립 공정이 진척됨에 따라 증가하는 무게로 인하여 기울어짐이 점차 증가하다가 완공과 함께 기울어짐을 멈추고 현재에 이르게 되었을 가능성을 생각할 수 있다. 이 경우는 1,400여 년 동안 더는 기울어지지 않고 지반이 안정된 것이므로 만일 현재의 기울기가 수용할 수 있는 정도라면 그리 문제 될 것이 없을 것 같다. 둘째, 건립 당시 조성된 지반이 안정적으로 첨성대를 지지하다가 세월이 흐르며 겪게 되는 외적 요인으로 인하여 지반에 부동침하가 발생함에 따라 현재의 모습으로 기울어졌을 가능성도 생각할 수 있다. 여기서 외적 요인으로는 기상조건의 변화에 따른 지하수 높이의 변동이나 한국전쟁 당시 무거운 전차가 첨성대 주변을 지나며 발생시켰을지도 모를 지반의 진동 또는 지진에 의한 지반의 진동을 수반한 지하수 높이의 변동 등을 생각할 수 있겠다. 지하수 높이의 변동과 지반의 진동은 지반을 구성하는 흙 알갱이와 간극 간의 비율을 변동케 함으로써 부동침하의 원인이 되었을 가능성을 암시한다. 이 경우에는 기울어짐의 변화추이를 알아야 한다. 즉 그런 외적 요인으로 인하여 기울어짐이 발생한 후 더는 기울어짐이 없었는지 아니면 기울어짐이 지속적으로 증가하여 현재와 같은 상태에 이르게 되었는지, 또는 현재도 기울어짐이 계속되고 있는지 등을 알아야 한다. 하지만 현재 누군가가 기울어짐의 변화추이를 추적하고 있다고 하더라도 그것을 시작한 시점이 비교적 최근의 일일 것이므로 그 이전의 기울어짐으로부터 오늘에 이르는 추이는 알 도리가 없는 것이기에 얼마나 소용이 있을지 알 수 없는 일이다.

어쩌면 첨성대의 기울어짐이 전적으로 지반 문제만이 아닐 가능성도 생각할 수 있다. 즉 당시 기술의 한계 또는 건립공법의 문제로 인하여 애초부터 어느 정도의 기울어짐을 수반하여 건립되었을 가능성도 생각할 수 있겠다는 뜻이다. 이 경우에 대하여는 6장 '새로운 이야기 하나 — 첨성대가 던지는 수수께끼'에서 이렇게 생각할 수도 있는 정황과 함께 근거자료를 자세히 풀어 설명하였다.

4. 수(數)로 이루어진 첨성대와 그 상징성

첨성대의 수학적 의미론적 상징성은 첨성대의 아름다운 자태에 더하여 신비로움마저 느끼게 하는 근원이라고 할 수 있다. 이에 대한 이야기는 여러 연구자들의 논문을 통하여 이미 알려진 바를 모아놓은 것에 지나지 않지만, 독자들의 기억을 위하여 또한 첨성대 이야기의 마무리를 위하여 다시 한 번 정리하는 것이 좋겠다.

원통형몸통을 이루는 단의 수 27은 지구궤도를 도는 달의 공전주기 27일과 일치한다. 여기에 첨성대 꼭대기의 상부 정자석 2개 단을 더한 단의 수 29는 음력으로 1개월의 날수 29일에 해당하고, 기단부 2개 단을 더하면 모두 31개 단으로 양력으로 1개월의 날수에 해당한다. 나아가 원통형몸통 제13단으로부터 제15단 사이에 설치된 남창구의 위와 아래로 각각 놓인 단의 수 12는 1년을 이루는 12개월의 수가 되고, 이들의 합인 24는 1년을 이루는 24절기의 수와 일치한다. 원통형몸통 제1단부터 제6단까지 각 단에 놓인 돌의 개수는 각각 16, 15, 15, 16, 16, 15개로 24절기 사이사이의 날수에 해당한다. 또한 원통형몸통을 이루는 돌의 개수는 내부 정자석을 제외하고서 27개 단의 몸통을 이루는 362개, 남창구 양 옆의 문설주 2개, 판석 1개를 합하면 1년의 날수에 해당하는 365개가 된다. 이에 더하여 원통형몸통 아래 정사각형 기단 모서리의 동남측 귀퉁이와 북서측 귀퉁이를 잇는 대각선은 동지 때 일출 방향을 가리킨다. 이들 수의 일치만으로도 첨성대의 예사롭지 않은 기운이 느껴지는데, 이것이 끝이 아니다.

첨성대를 구성하는 돌의 수와 단의 수에 대한 또 다른 해석도 있다. 선덕왕이 신라 제27대 왕이니 이는 원통형몸통을 이루는 단의 수 27과 관련이 있을 수도 있다. 또한 내부 정자석을 제외하고 원통형몸통을 두르는 돌의 수 362에 남창구 양 옆 문설주를 이루는 돌의 수 2를 더하면 364가 된다. 여기에 원통형몸통 위의 절반을 덮는 판석 1개를 더하여 얻은 수 365는 앞서 얻은 두 수 27 및 364와 함께 $27^2 + 364^2 = 365^2$인 피타고라스 관계를 보이고 있다. 여기서 27은 신라 제27대 왕 선덕의 수라고 할 수 있다. 364는 원통형몸통을 이루는 돌의 개수이니 첨성대의 수라고 할 수 있다. 365는 1년을 이루는 날의 수이자 지구가 태양을 공전하는 주기를 나타내는 수이니 하늘의 수라고 할 수 있다. 따라서 이 관계를 '신라 제27대 왕 선덕이 첨성대를 통하여 하늘을 올려다본다'고 해석할 수도 있다.

첨성대에서 피타고라스 정리가 사용된 또 하나의 사례가 있다. 원통형몸통 제1단에 대한 제27단의 지름의 비는 대략 3 : 5이고 첨성대 전체 높이에 대한 기단의 대각선 길이의 비는 4 : 5이다. 조금 적극적인 자세로 이를 해석하자면, 이들 비의 구성요소는 다름 아닌 3 : 4 : 5 직각삼각형의 밑변 : 높이 : 빗변의 비를 사용한 것이 되고, 3 : 5와 4 : 5는 각각 그 사인과 코사인 값이 된다. 당시의 신라인들에게 사인과 코사인에 대한 개념 자체가 있었는지 확신할 수는 없지만, 연대기적 정황상 『주비산경』이 당시의 신라인들에게 알려졌을 가능성은 있는 것이므로 어쩌면 『주비산경』의 현도에 예시된 비율이 사용되었을 수도 있다.

첨성대 각 부분의 치수에 숨은 또 하나의 수학적 암시는 첨성대 기단 아랫단 하부 모서리로부터 그와 마주보는 상부 정자석 윗단 바깥 면 상부 모서리까지 이은 선분과 기단 아랫단 하부로부터 상부 정자석 윗단 윗면에 이르는 전체 높이 9.4m가 이루는 각도가 23.6°로 놀랍게도 태양 주위를 공전하는 지구의 궤도에 대하여 지축의 기울어진 각도, 즉 황도경사 23.5°와 거의 같다. 이를 두고 과연 당시의 신라인들이 이렇게까지 세심하게 첨성대의 치수를 정했을까라는 합리적 의심도 들지만, 그렇다고 전적으로 무시할 수만도 없는 일이다.

5. 다양한 이야기

첨성대에 얽힌 이야기의 다양성은 한마디로 첨성대의 쓰임새 및 기능 그리고 그 예사롭지 않은 형상에 관한 우리의 관심과 궁금증을 반영하는 것이라고 풀이할 수 있다. 물론 그 중심에는 우리 눈앞에 서 있는 첨성대 실물에 비하여 양적으로나 내용 면에서 충실치 못한 역사기록에 대한 합리적 의심이 자리 잡고 있다. 우리가 자랑스럽게 여기는 문화유산이 제대로 평가받지 못하는 것처럼 보이는 이런 상황이 한편으로는 불편하고 안타깝지만, 그런 현실을 부정하거나 바꿀 만한 증거 또는 입증 가능한 정황이나 논리가 등장하지 않는 한 안타까운 상황은 지속될 수밖에 없을 것 같다. 하지만 다른 한편으로는 그로 인하여 첨성대 이야기는 더욱 풍성해지고 다양해질 수 있었다. 이렇게 모든 것에는 좋은 면과 좋지 않은 면이 공존하는 것 같다. 그러므로 현재로서는 어떻게 해볼 도리가 없는 첨성대의 쓰임새 및 기능을 규명하고자 온 힘을 다하여 매달리기보다는 관점을 달리하여 지금까지 제기된 첨성대의 다양한 이야기를 즐기는 편이 더 나을 듯싶다. 그러다 보면 언젠가는 강력한 설득논리가 등장하여 우리가 원하는 방향으로 상황이 바뀔 수도 있는 일이다.

이런 차원에서 지금까지 등장한 첨성대 이야기를 정리하였다. 이야기의 진위 여부나 개인적 취향 또는 호불호(好不好)를 떠나 그냥 이야기 자체를 즐겨보자.

- 고대 천문관측소이다.
- 천문관측소는 아니다.
- 상설 천문대는 아니지만 혜성의 출현 등 특이한 때에 한하여 천문대로 활용하였다.
- 천문관측소라기보다는 관측기기 자체로 활용하였다.
- 제기를 받치는 제대를 본떠 만든 천문관측소의 상징물이다.
- 천원지방설로 대변되는 당시 천체수리학 교과서 『주비산경』의 상징물이다.
- 불교 우주관의 중심 수미산을 본떠 만든 일종의 수미좌이자 수미단이다.
- 김유신 생가의 우물 재매정을 거꾸로 세운 형태로 신앙적 상징물이다.
- 제천의식을 지내던 제단이다.
- 여인의 치마 입은 몸매를 닮아 다산과 풍요를 기원하는 상징물이다.
- 호리병을 닮았다.
- 앞발을 뻗고 앉아 있는 고양이의 뒷모습을 닮았다.

이들 다양한 이야기로 보건대 첨성대에 관심이 있는 사람이라면 누구든지 자신의 이야기를 지어낸 것 같다. 물론 이들 각각의 이야기가 단지 하나의 '이야기'인 만큼 입증할 필요도 책임도 없었지만, 대부분의 경우 자신의 이야기를 신뢰할 만한 것으로 보이게 하려다 보니 불가피하게 다른 이의 이야기를 부정하게 되었고, 이로 말미암아 말싸움이 일어나게 되는 구조적 틀이 형성되었던 것 같다. 진실을 알 수 없을 뿐만 아니라 입증할 수도 없는 이야기는 그냥 이야기로 말하고 이야기로 들어야 한다.

6. 새로운 이야기 하나 — 첨성대가 던지는 수수께끼

"1,400년 전 신라 사람들은 첨성대를 어떤 방법으로 지었을까?"

이 이야기는 이 질문에 대한 답을 찾아가는 과정이다. 이야기를 펼치며 건축학도의 관점에서 문제를 제기하고 답을 찾아 헤매지만, 건축시공기술의 문제를 누구나 알아들을 수 있도록 상식에 근거하여 풀어나갔기 때문에 이야기를 듣고 이해하는 데 건축공학적 배경지식이 도움은 되겠지만 꼭 필요한 것은 아니다. 사실 어렸을 적에 장난감 블록으로 집 짓는 것을 경험한 정도면 충분하다고 하겠다. "그렇다면 특별한 기술 없이 한 단 한 단 차례로 쌓아 올렸다는 것인데 그것이 무슨 이야깃거리가 된단 말인가?" 이런 의문이 들 법도 하다. 이야기의 핵심은 바로 이 지점에 있다. 이 이야기는 그런 의문에 대하여 '오늘날 우리 모두가 당연하게 여기는 그것이 과연 그 당시에도 당연한 것이었겠는가?'를 되묻고 있다.

우리 주변에 널려 있는 건설현장에는 어김없이 커다란 트럭이 건설자재를 운반해 오고, 육중한 크레인이 무거운 짐을 높고 멀리 떨어진 곳으로 나르고, 각종 전동연장을 사용하여 사람의 체력으로 발휘하기에는 불가능한 어마어마한 힘으로 정교한 작업을 수행하는 장면이 펼쳐진다. 오늘날 우리는 이런 도구와 시스템을 사용하여 높고 커다란 건축물을 짓고 있기 때문에 지상으로부터 9.1m 남짓한 높이의 첨성대 정도의 건축물은 큰 어려움 없이 지을 수 있을 것이라고 누구나 확신한다. 그러나 시간을 거슬러 올라간 1,400년 전 당시 신라인들이 19세기에 등장하여 20세기에 꽃을 피운 그런 건설장비를 사용하여 첨성대를 지었을 것 같지는 않다. 그렇다면 어떻게 지었단 말인가? 진실은 알 수 없는 일이지만, 이에 대한 여러 가능한 대답 중 하나를 위하여 첨성대의 현재 모습으로부터 제기될 수 있는 의문점을 모아 다음과 같이 정리하였다.

• 수수께끼 1: 실측도면에 따르면 첨성대의 기단 면 중앙과 남창구 중앙의 방위각이 서로 간에 3°의 차이를 보이는데 이에 대한 이유가 분명하지 않다.

• 수수께끼 2: 원통형몸통 각 단의 평면은 완벽한 동그라미가 아니라 일그러진 형태의 동그라미이다. 각 단의 북 - 동쪽과 남 - 서쪽 부분에서는 동그라미 안으로 일그러져 들어가는 형태를 보이는 단의 수가 그렇지 않은 경우보다 더 많이 관찰되고, 입면 곡률의 변화가 큰 부분의 단일수록, 즉 기단으로부터 위로 올라가 위치한 단일수록 평면의 일그러진 정도가 더 심화되는 추세를 보이며, 평면 원주 둘레길이의 일그러진 부위의 범위도 더 커진다.

• 수수께끼 3: 실측도면에 따르면 이웃하는 단과 단 사이에는 불규칙한 어긋남이 있으며, 평면의 일그러진 원형의 경우와 달리 일정한 방향성을 보이지도 않고 어긋난 정도 역시 단의 위치가 높아진다고 하여 더 심해지지도 않는다.

• 수수께끼 4: 원통형몸통의 기울기와 각 단 중심의 상대적 위치가 단별로 들쑥날쑥할 뿐만 아니라 단의 위치가 위로 올라갈수록 기울기가 증가하는 추세이다. 이러한 들쑥날쑥한 불규칙성으로 말미암아 기울기로부터 예측된 편심거리와 측정된 값 사이에 차이가 클 수밖에 없는데 그 이유가 분명치 않다.

• 수수께끼 5: 원통형몸통 각 단의 수평 깊이가 850~950mm의 넓적한 돌을 모르타르도 사용하지 않은 상태에서 쌓아 첨성대의 단과 단 사이 및 돌과 돌 사이 수평·수직 줄눈의 정렬상태를 현재와 같이 부분적으로뿐만 아니라 전체적으로도 매우 완벽한 것으로 보이도록 조성했다는 사실은 경이롭기까지 하다. 만일 돌을 쌓기 전에 외부로 노출된 표면과 함께 돌의 좌우상하 접촉면을 미리 다듬었다면, 돌 하나하나의 다듬어지는 면의 각도와 외부 표면의 곡률을 정밀하게 작업하지 않는 한, 아마 현재 볼 수 있는 것과 같은 수평·수직 줄눈의 정렬상태는 결코 유지될 수 없을 것이다.

• 수수께끼 6: 원통형몸통의 제12단까지만 채워져 있는 내부채움흙의 존재 이유에 대하여, 구조적 안정을 위한 것이라는 결과론적 추론은 가능하지만 실제로 당시 건축자가 어떤 의도로 내부에 채운 흙을 남겨두었는지는 분명하지 않다.

• 수수께끼 7: 상부 정자석과 기단, 남창구의 향하는 방위 모두가 다르게 지어졌다는 사실이 이상하다. 더욱이 모서리가 동지 일출을 향하도록 방향을 정해놓은 기단과는 달리 남창구나 상부 정자석의 방향은 특별한 뜻이 있는 것 같지 않을 뿐만 아니라 그렇게 정해진 이유도 분명하지 않다. 어쩌면 애초에는 모서리가 동지 일출을 향하는 기단면의 방향과 일치하도록 의도했지만, 현장의 사정으로 인하여 방향을 제대로 잡지 못하게 되었는지도 모를 일이다.

이와 같이 관찰 가능한 객관적 사실로부터 제기된 의문에 대하여 호기심 많은 독자들과 함께 생각하며 그 과정을 즐기고자 이들 의문을 '첨성대가 던지는 일곱 개의 수수께끼'라고 이름하였다. 그리고 첨성대는 이 모든 의문을 한꺼번에 품고 있기 때문에 이 모든 수수께끼에 대하여 답이 될 수 있는 어느 한 방법이야말로 1,400년 전 신라인들이 채택했음직한 방법일 수 있다는 제한조건도 덧붙였다. 즉 이 수수께끼는 명백한 수학문제는 아니지만 일곱 개의 수수께끼를 모두 충족시키는 하나의 답을 찾아야 하기 때문에 마치 일곱 개의 연립방정식을 푸는 이치와 비슷하다고 할 수 있다. 그렇다고 하여 그렇게 찾은 답이 반드시 '정답'일 필요는 없다는 점도 분명히 하였다. 그 누구도 진실은 알 수 없는 것이기에 이는 여러 가능한 답 중 하나일 뿐이기 때문이다. 지금으로서는 이야기 자체를 즐기는 것으로 충분하다.

7. 새로운 이야기 둘 ― 첨성대에 새겨진 밤과 낮 길이의 변화

  이 이야기는 돌로 만들어진 건축물로서 이전 시대와 동시대를 통틀어 그 사례를 찾아볼 수 없을 정도로 독특한 첨성대의 단아하고 아름다운 입면곡선이 어떻게 만들어질 수 있는 것인지 추론하는 과정을 중심으로 꾸며낸 것이다. 이야기의 줄거리는 첨성대 입면곡선의 곡률이 천체의 운동에 따라 결정되는 낮의 길이 또는 밤의 길이의 연중 변화 추이로부터 만들어질 수 있다는 것으로 단순하다. 이야기의 제목만 놓고 보면 자칫 첨성대의 기능이나 쓰임새를 '주장'하는 것으로 오해할 소지가 있지만, 실제로는 관찰 가능한 객관적 사실만 이야기로 풀어낸 것이다. 낮과 밤은 태양 주위의 궤도를 공전하는 지구의 자전으로부터 생성되는 것이니, 우주와 지구가 존속하는 한, 쉼 없이 계속될 것이다. 따라서 만일 이 이야기대로 이렇게 끊임없이 반복되는 낮과 밤 길이의 변화 추이가 첨성대의 입면곡선에 형상화된 것이 사실이라면, 거기에는 어떤 뜻이 담겨 있을 가능성이 있다. 또는 이러저러한 의도를 가지고 그렇게 지었을 것이라고 추론할 수도 있겠다. 하지만 이야기는 더 나아가지 않고 여기서 멈춘다. 이는 첫 번째 이야기에서와 마찬가지로 진실은 알 수 없는 것이기에 하나의 '이야기'로 말하고 '이야기'로 들어야 하기 때문이다. 진실을 알지 못하면서 관찰된 사실에 더하여 확실하지도 않은 것을 '주장'하는 것은 욕심이자 이야기의 논점을 흐리게 하는 지름길이리라. 또한 이 이야기의 실마리가 된 한 만남으로부터 시작하여 하나의 이야기로 만들어지기까지의 전 과정도 독자들에게 읽는 즐거움을 더할 것 같아서 이야기에 포함시켰다.

  계절이 바뀌며 낮의 길이와 밤의 길이가 변화한다는 사실은 동서고금을 막론하고 누구나 일상에서 체험하는 일일 것이다. 하지만 이를 정량화하는 일, 즉 표준시간을 정하고, 해 뜨는 시각과 해 지는 시각을 예측하고 관찰하고 기록으로 남기는 일은 예나 지금이나 국가기관이 주관하는 것 같다. 누구에게나 똑같이 적용되는 삶의 틀이라고 할 수 있는 시간을 정하는 것은 그만큼 중요한 문제이기 때문이리라. 오늘날에는 시계가 보편화되어 언제 어디서나 누구든지 시간의 흐름을 측정할 수 있지만, 오늘날의 것과 같은 시계가 존재하지 않던 시절에는 이를 대신하는 적절한 도구와 장비로서 해시계와 물시계를 사용했던 것 같다. 시간이라는 것이 본래 자연현상을 관찰하여 얻은 지혜의 산물이니만큼 해 그림자의 변화와 떨어지는 물의 양으로부터 시간의 흐름을 간파하여 관리했다는 사실은 너무나도 대단하여 어찌 보면 신이 부여하신 인간의 타고난 능력인 것 같기도 하다. 이렇듯 오늘이라고 하는 현재를 살아가는 우리와 첨성대 건립 당시인 과거를 살았던 신라인 사이에는 비록 도구와 정보의 차이는 있겠지만 지혜는 마찬가지였을 것 같다. 따라서 옛것을 논할 때에는 늘 겸손해야 하겠다. 오늘을 살아가는 우리의 지성이 1,400여 년 전의 물질적으로 더 부족한 시절을 살았던 사람들의 지성보다 우월하다고 간주하는 것은 큰 오산일 수도 있겠다. 적절한 도구와 정보 없이 그 당시의 사회체제에 내팽개쳐진다면 그 누구라도 오늘날 우리가 답답하게 여기기도 하고 측은하게 여기기도 하는 그런 삶을 그들의 방식대로 살아갈 수밖에 없으리라.

이 이야기에서는 다양한 수학모델에 따라 또한 해 뜨는 시각과 해 지는 시각에 대한 여러 가지 정의에 따라 낮의 길이 또는 밤의 길이가 달라짐에도, 이들을 시각화하면 어떠한 경우에도 첨성대 입면곡선의 곡률을 만들어낼 수 있음을 보였다. 달리 말하자면 첨성대 입면곡선 곡률의 변화가 다양한 수학모델 간 생성되는 낮의 길이 또는 밤의 길이의 차이에 그리 민감하지 않은 셈이 된다. 따라서 이는 비록 첨성대 건립 당시에 측정된 낮의 길이 또는 밤의 길이의 변화 추이가 오늘날 관측되거나 수학모델에 의하여 예측된 것처럼 정교하지 않더라도 이로부터 첨성대 입면곡선 곡률의 변화 추이로 시각화될 수 있다는 것을 암시하는 것이기에 이 이야기를 풀어나가는 입장에서 볼 때 매우 고무적인 현상이라고 할 수 있다. 이 과정에서 첨성대 원통형몸통 각 단의 지름과 낮의 길이는 단위가 서로 달라 본래는 직접적인 비교가 불가능한 물리량이었지만, 각각의 최대치로 나누어 무차원화함으로써 최댓값이 '1'인 비율로 만들어져 직접 비교할 수 있는 기반이 만들어졌다. 또한 원통형몸통 27개 단 사이 간격의 수가 26이 되는데, 이는 1년의 절반 즉 하지에서 동지까지(밤의 길이와 비교하는 경우에는 동지에서 하지까지)의 기간에 걸친 주간(week)의 수에 해당하는 행운도 있었기에 낮의 길이의 변화 추이와 원통형몸통 입면곡선 곡률의 변화 간에 직접적인 비교가 가능하게 되었다.

사실 낮과 밤의 경계는 칼로 무를 베듯 깔끔하게 구분할 수 있는 것이 아니라는 것을 우리는 잘 알고 있다. 하루 24시간에는 밤에서 낮으로 넘어가는 즈음에는 여명이, 낮에서 밤으로 넘어가는 즈음에는 땅거미가 찾아오며 낮도 아니고 밤도 아닌 일종의 '과도기'라고 할 수 있는 시간이 포함되어 있기 마련이다. 그러므로 낮의 길이와 밤의 길이는 이 과도기를 낮과 밤 중 어느 편에 얼마나 포함시킬 것인지에 따라 결정된다. 또는 하루 24시간이 밤과 낮 그리고 여명기로 구성되어 있다고 생각하여 이 과도기를 따로 취급할 수도 있겠다. 이 이야기에서는 여러 가지 수학모델에 의하여 예측된 낮의 길이를 이런 사정을 감안한 보정계수만큼 줄임으로써 첨성대 입면곡선의 곡률과 유사한 변화추이를 만들어낼 수 있었다.

8. 우연인가, 설계인가?

지금까지 우리는 첨성대를 이루는 돌의 개수와 단의 수, 각 부분의 치수와 형태로부터 수학적으로 유의미한 관계를 유추할 수 있음을 알게 되었고, 그 사이사이에 담겨 있을지도 모를 여러 가지 뜻도 살펴보았다. 이들을 정리하면 다음과 같다.

- 원통형몸통을 이루는 단의 수 27은 신라 제27대 왕 선덕의 수라고 할 수 있다.
- 원통형몸통을 이루는 단의 수 27은 지구궤도를 도는 달의 공전주기 27일 과 일치한다.
- 원통형몸통을 이루는 단의 수 27에 첨성대 꼭대기의 상부 정자석 2개 단을 더한 단의 수 29는 음력으로 1개월의 날수 29일에 해당한다.
- 원통형몸통을 이루는 단의 수 27에 첨성대 꼭대기의 상부 정자석 2개 단을 더한 수 29에 기단부 2개 단을 더하면 모두 31개 단으로 양력으로 1개월의 날수에 해당한다.
- 원통형몸통을 두르는 돌의 수 362개에 남창구 양 옆의 문설주 2개, 제26단의 내부 정자석 위에 올려진 판석 1개를 모두 합치면 1년의 날수에 해당하는 365개가 된다.
- 원통형몸통을 이루는 단의 수 27, 원통형몸통을 두르는 돌의 수 362, 이것에 남창구 양 옆 문설주 2개를 더한 수 364, 여기에 제26단의 내부 정자석 위에 올려진 판석 1개를 더한 수 365는 $27^2 + 364^2 = 365^2$인 피타고라스 관계를 보인다.
- 원통형몸통 제13단으로부터 제15단 사이에 설치된 남창구의 위와 아래로 각각 놓인 단의 수 12는 1년을 이루는 12개월의 수가 되고, 이들의 합인 24는 1년을 이루는 24절기의 수와 일치한다.
- 원통형몸통 아래 정사각형 기단 모서리의 동남측 모서리와 북서측 모서리를 잇는 대각선은 동지 때 일출 방향을 가리킨다.
- 원통형몸통 제1단에 대한 제27단의 지름의 비는 대략 3 : 5이고 첨성대 전체 높이에 대한 기단의 대각선 길이의 비는 4 : 5로서 3 : 4 : 5 직각삼각형의 밑변 : 높이 : 빗변의 비가 되고, 3 : 5와 4 : 5는 각각 그 사인과 코사인 값이 된다.
- 첨성대 기단 아랫단 하부 모서리로부터 그와 마주보는 상부 정자석 윗단

바깥 면 상부 모서리까지 이은 선분과 기단 아랫단 하부로부터 상부 정자석 윗단 윗면에 이르는 전체 높이 9.4m가 이루는 각도는 23.6°로 태양 주위를 공전하는 지구의 궤도에 대하여 지축의 기울어진 각도, 즉 황도경사 23.5°와 거의 같다.

- 첨성대 원통형몸통 입면곡선의 곡률의 변화 추이는 하지로부터 동지까지 (또는 동지로부터 하지까지) 낮의 길이(또는 밤의 길이)의 변화추이를 시각화 한 것과 거의 일치한다.

이상에서 언급된 유의미한 관계의 대부분이 원통형몸통과 관련된 것으로 보아 당시의 신라인들이 원통형몸통을 특별히 공들여 쌓은 것 같다. 이 모든 것들은 역사기록에는 전혀 언급되지 않았지만 오늘날 첨성대 실물로부터 관찰되는 객관적 사실에 기반하여 추측한 관계들이다. 지금까지 여러 사람들이 이들을 부분적으로 엮어 자신의 이야기로 꾸며내었는데, 그중에 더러는 '이야기'에 그치지 않고 자신의 이야기가 '참'이라고 주장하다가 논란에 휩싸이기도 하였다. 그래서 이 책에서는 이 모든 것을 그냥 '이야기'로 말하였다.

이제는 관점을 달리하여 첨성대 실물을 관찰하여 얻은 객관적 사실들이 우리가 알고 있는 기존의 상식이나 정보와 관련이 있는 것처럼 보이는 이 상황에 주목하고자 한다. 관찰자에 의하여 의미가 부여된 이들 관계의 필연성은 현재로서는 입증할 도리가 없기 때문에 현재로서는 그 신뢰도가 클 것 같지는 않지만, 무조건 무시할 일만도 아닌 것 같다. 이를 좋게 말하면 관찰자의 노력에 의하여 발견된 긍정적인 관계라고 할 수도 있지만, 좋지 않게 말하면 억지로 꿰어 맞춘 것이라고 할 수도 있을 것이다. 즉 우연히 그렇게 된 것일 뿐이라고 해도 대꾸할 말이 별로 없을 것 같다. 실물을 관찰하여 얻은 유의미한 관계라는 것 말고는 마땅히 논박할 여지도 없을 듯싶다. 그럼에도 관찰을 통하여 그런 개연성을 유추할 수 있다는 것은 분명한 사실이다.

이제 논점이 분명해진 것 같다. 즉 첨성대를 이루는 돌의 개수와 단의 수,

각 부분의 치수와 형태로부터 유추되는 수학적으로 유의미한 관계가 어찌하다 보니 우연히 만들어진 것인가 아니면 처음부터 의도적으로 그렇게 설계된 것인가에 대한 문제로 정리될 수 있다. 그리고 이 두 가지 경우 모두 후대에 예리한 눈을 가진 관찰자들에 의하여 발견된 것이라고 할 수 있겠다. 그렇다면 첨성대의 기하학적 형태로부터 유추되는 수학적으로 유의미한 관계가 우연의 산물일지 또는 설계의 산물일지 어떻게 알아낼 수 있단 말인가? 이에 대하여 사람마다 의견이 서로 다를 수 있다는 것과 진실은 알 도리가 없다는 것을 전제로 논리를 전개하고자 한다.

만일 학창시절 친했던 친구와 졸업 후 소식도 모른 채 여러 해를 지내던 어느 날 모처럼 떠난 여행길에서 마주친다면 얼마나 반가울까? 이 경우는 그야말로 우연이라고 할 수 있다. 그런데 그 후 그 친구와 집 근처에서 또 마주치고, 시장에서도 마주치고, 멀리 떠난 출장지에서도 마주치고, 심지어 그 친구와는 전혀 상관없는 지방의 가족모임에서도 마주친다면 이제는 반가움보다 두려운 생각마저 들게 될 것이고 자신의 주변에서 무언가 이상한 일이 진행되고 있다고 의심하기에 충분한 상황으로 전개된다. 이렇게 '우연'이 연거푸 발생하게 되면 더는 '우연'이라고 할 수 없을 것 같다. 상식에 따르면 이같은 우연의 연속은 그 친구 또는 누군가의 의도에 따라 벌어진 일일 것이라고 합리적 의심을 하는 것이 더 타당한 추론일 것이다.

마찬가지로 돌의 개수와 단의 수, 각 부분의 치수 등과 같은 기하학적 형태로부터 유추되는 유의미한 수학적 관계 한두 가지 정도는 첨성대뿐 아니라 그 어느 조형물이나 건축물에서도 세심한 관찰을 통하여 그리 어렵지 않게 찾을 수 있는 것 같다. 예를 들어 19세기 전반부에 영국 《런던 옵저버(London Observer)》의 편집자로 일하던 존 테일러(John Taylor)는 기원전 2600년경에 세워진 것으로 알려진 이집트 기자(Giza)의 대피라미드(The Great Pyramid)를 다녀온 여행객들로부터 수년에 걸쳐 모은 실측자료를 토대로 피라미드 하부 테두리를 높이의 제곱으로 나누면 3.144로 원주율 파이(π)

에 매우 근접한 값이 된다는 것을 발견하고는 이집트 건축자들이 피라미드에 파이 값을 의도적으로 포함시켰을 것이라고 추론하였다. 그러나 이 경우에도 진실은 알 수 없는 것이지만 그의 추론은 사람들의 주목을 받지 못하고 곧 잊혔다. 피라미드 실측 자료 말고는 존 테일러의 추론을 입증할 만한 다른 자료가 없으니 테일러는 억울하겠지만 어쩌다 우연히 그렇게 맞아 들어간 것이라고 간주하는 시각이 우세했던 것 같다.

마찬가지로 첨성대를 이루는 돌의 개수와 단의 수, 각 부분 치수와 형태로부터 유추한 수학적으로 유의미한 관계도 실물 말고는 입증할 만한 자료가 없으니 그 하나하나를 따로 떼어놓고서는 그야말로 우연히 그렇게 맞아 들어갔을 개연성이 높다고 하는 것이 논리적이라고 하겠다. 하지만 첨성대에서처럼 여러 개의 그런 '우연'이 반복되며 동시에 함께 존재하고, 그것들이 모아져 하나의 이야기를 이루는 경우를 두고도 '우연'이라는 표를 붙이는 것이 과연 타당한 일인지 모르겠다. 어쩌면 오늘을 사는 우리는 첨성대 건립 당시 이 모든 지식을 지닌 천재 건축자의 의도를 담아 설계한 결과를 보고 있는지도 모를 일이다.

참고문헌

▌ Tompkins, Peter. 1971. *Secrets of the Great Pyramid.* New York: Harper Colophon Books, pp. 416.

부록

용어설명

참고문헌

용어설명

아래 정리된 어휘는 이 책의 이야기를 이해하는 데 도움이 될 만한 것들을 찾아 그 해설을 붙인 것으로 어휘가 등장하는 쪽의 끝 각주에 정리된 것을 부록으로 한데 모은 것이다.

숫자, 알파벳

▌24절기

중국과 한국의 역법(曆法)에서 사용되었으며 태양의 황경(黃經)을 15° 간격으로 나누어 태양이 각 점을 통과하는 순간을 일컫는 것으로, 달력에는 입춘(立春), 우수(雨水), 경칩(驚蟄), 춘분(春分), 청명(淸明), 곡우(穀雨), 입하(立夏), 소만(小滿), 망종(芒種), 하지(夏至), 소서(小暑), 대서(大暑), 입추(立秋), 처서(處暑), 백로(白露), 추분(秋分), 한로(寒露), 상강(霜降), 입동(立冬), 소설(小雪), 대설(大雪), 동지(冬至), 소한(小寒), 대한(大寒) 등으로 표시된다.

▌GPS(Global Positioning System)

위성과 연계된 위치 파악 또는 위치 확인 시스템을 일컫는다. 비행기, 선박, 자동차 및 스마트폰에 장착되어 길 안내 서비스를 제공한다.

ㄱ

▌각속도(angular velocity)

어떤 물체의 회전운동에서 회전의 중심과 물체의 한 점을 연결한 선분이 처음의 위치와 이루는 각도의 단위 시간당 변화를 일컫는다. 따라서 지구의 자전 각속도는 지구가 한 바퀴(360°) 자전하는 데 걸리는 시간이 24시간이니 360°÷24시간 = 15°/시간이 된다.

▌ **건문**(乾文)

하늘의 해, 달, 별을 가리킨다.

▌ **곡률**(curvature)

곡선의 휘어진 정도를 나타내는 물리량으로 수학적으로는 곡선의 함수를 거듭 미분하여 얻을 수 있다. 쉽게 말하여 지구와 축구공의 곡률을 비교하면 곡률의 크기가 뜻하는 바를 실감 나게 알 수 있다. 지구의 크기는 축구공에 비하여 엄청나게 크지만, 곡률은 엄청나게 작다. 이는 축구공 표면의 굽혀진 정도가 지구 표면의 굽혀짐보다 훨씬 크다는 뜻이다.

▌ **구고현**(句股弦)

직각삼각형 각 변의 명칭으로 구(句)는 높이, 고(股)는 밑변, 현(弦)은 빗변을 일컫는다고 한다.

▌ **규표**(圭表)

해 그림자를 재는 기구를 일컫는다.

▌ **기울기**(drift angle)

수직으로 서 있어야 할 건물이 여러 요인으로 인하여 이를 이탈하여 기울어진 정도를 뜻한다.

ㄴ

▌ **낭렵**(狼鬣)

낭성(狼星) 또는 천랑성(天狼星)이라고도 하며, 밤하늘에서 가장 밝은 별이라고 한다. 이 별은 큰개자리에 있는 쌍성(雙星)이며, 두 별 중 밝은 별은 태양보다 약간 크고 온도도 상당히 높으며, 50년 회귀주기로 지구에 접근한다고 한다.

ㄷ

▌ **단면도**(section)

건물을 수직방향으로 끊어 그린 그림을 일컫는다. 따라서 평면도는 일종의 수평방향 단면도라고 할 수 있다.

▌ **들여쌓기**

한 단의 돌덩이를 그 아랫단의 돌덩이에 맞추어 수직 정렬하여 올려놓지 않고 내부로 조금씩 어긋나게 쌓아 전체적으로는 비스듬하게 쌓는 공법이다. 첨성대의 경우 들여쌓기로 인하여 아랫단보다 원통형몸통의 지름이 줄어들게 된다.

ㄹ

■ 리서치게이트(ResearchGate)

과학자, 엔지니어 등의 연구자들을 위한 소셜 네트워크 사이트로서 이를 통하여 논문 원본을 공개하고, 질문-답변을 할 수 있고, 협력연구자를 찾을 수 있다.

ㅁ

■ 마감재(finishing materials)

사용하는 사람이 안전하고 편안하게 생활하고 보기에도 아름답고 에너지의 효율도 높이도록 건물 뼈대의 표면을 덮는 재료를 일컫는다.

■ 마구리

길쭉한 막대의 양쪽 끝 머리를 일컫는다.

■ 마중물

펌프질을 할 때 지하수를 끌어올리기 위하여 붓는 물로서 어떤 일을 시작하는데 필요한 실마리 또는 계기를 일컫는다.

■ 마찰력(frictional force)

미끄러짐에 저항하는 힘을 일컫는다. 물리적으로는 미끄러지는 면의 재질에 따른 마찰 계수와 미끄러지는 물체의 무게 또는 마찰면에 수직으로 작용하는 힘의 곱이다.

■ 모르타르(mortar)

건설공사에서 벽돌이나 블록 및 돌을 쌓을 때 사용하는 일종의 접착제로서 시멘트와 물과 모래를 섞어 만들며, 이웃하는 벽돌과 벽돌 간의 수평을 맞추는 역할도 하고 굳은 후에는 줄눈이 된다.

■ 무차원화(normalization)

같은 계열에 속한, 즉 단위가 같은 한 그룹의 값들을 그중의 최댓값으로 나누어 단위 자체를 없애는 수학적 기법을 일컫는다. 즉 어떤 그룹의 값을 무차원화하면 최댓값은 1.0이 되고 나머지 값들은 1보다 작은 값이 된다.

ㅂ

■ 박혁거세 오릉(五陵)

신라 오릉 또는 경주 오릉이라고도 하며 신라 시조 박혁거세와 그 아내 알영 왕비, 제2대 남해왕, 제3대 유리왕, 제5대 파사왕 등 신라 건국 초기 4명의 박씨 성을 가진 임금의 무덤이라고 전해진다.

■ 배치도(layout)

지형의 높낮이와 접근로 및 이웃하는 구조물 등 건물과 주변 지형지물과의 관계를 그린 건물을 앉힐 대지의 평면도를 일컫는다.

■ **변형**(deformation)

작용하는 하중을 비롯한 여러 원인으로 인하여 건축물의 각 부분이 이동하고 회전하는 정도를 뜻한다.

■ **부동침하**(differential settlement)

건물의 무게로 말미암아 지반이 아래로 가라앉을 때 이에 대한 지반의 저항력이 고르지 못하거나 건물의 무게가 건물 평면에 고르게 분포되지 않아 어느 한 부분의 기초가 다른 부분의 기초에 비하여 상대적으로 더 가라앉거나 덜 가라앉게 되는 현상을 일컫는다. 부동침하가 발생하면 건축구조물 각 부분에는 예상치 못한 응력이 발생하게 되고 이는 원인 모를 균열로 이어질 가능성이 크다.

■ **분점**(分點)

태양이 적도를 통과하는 점이자 천구(天球) 위의 황도와 적도의 교차점으로 춘분점과 추분점이 있다.

■ **비선형성**(nonlinearity)

선형(linear), 즉 직선이 아니라는 뜻이다. 일반적으로는 곡선이나 곡면의 기하학적 특성을 일컫지만, 경우에 따라서는 2개 이상의 기울기로 연결된 꺾은선 그래프의 형태적 특성을 지칭하기도 한다.

■ **비정형**(irregular shape)

원형이나 사각형 등 일반적으로 반듯하다고 생각되는 형태 이외의 형태를 일컫는다.

ㅅ

■ **사시**(四時)

4계절을 뜻한다.

■ **사이클**(cycle)

한 사이클(1 cycle)은 사인 곡선이나 코사인 곡선처럼 값이 주기적으로 반복되는 곡선에서 ±값을 거쳐 처음 값으로 돌아오기까지의 한 주기의 구간을 일컫는다. 사인 곡선과 코사인 곡선에서 1사이클은 360° 또는 2π radian에 해당한다.

■ **사인**(sine) **또는 코사인**(cosine)

직각삼각형에서 빗변의 길이에 대한 높이의 비 또는 밑변의 길이의 비를 일컫는다. 즉 직각삼각형의 빗변과 밑변이 이루는 각도가 θ라면

$$\sin\theta = \frac{\text{높이}}{\text{빗변의 길이}} \;,\; \cos\theta = \frac{\text{밑변의 길이}}{\text{빗변의 길이}}$$

▌사인 곡선(sine curve)

X-축을 각도로 하고, Y-축을 그에 대한 사인 값으로 하여 직교좌표계에 그린 그래프를 일컫는다.

▌사인 곡선의 반주기(half-cycle of sine curve)

X-축을 각도로 하고, Y-축을 그에 대한 사인(sine) 값으로 하여 직교좌표계에 나타낸 반주기(180° 또는 π radian)만큼의 그래프를 일컫는다.

▌상수(constant)

상황에 따라 변하지 않고 일정한 값을 유지하는 수를 일컫는다.

▌서수(序數, ordinal)

사물의 순서를 나타내는 수를 일컫는다. 여기서는 원통형 몸텅 제1단의 1, 제2단의 2 등등.

▌성제(星祭)

『삼국사기』권 31, 잡지(雜志) 제사(祭祀)에 나오는 말로 별을 향하여 지내는 제사를 뜻한다.

▌솔즈베리(Salisbury)

잉글랜드 남부 월트셔(Wiltshire) 카운티의 역시 남부에 위치한 유일한 도시로 인구는 4만 정도라고 한다.

▌수미단(須彌壇)

수미산을 본떠 만든 제단을 일컫는다.

▌수미산(須彌山)

불교에서 말하는 상상 속의 산으로 황금과 은, 유리와 수정으로 이루어져 있다고 한다. 불교의 우주관에 따르면 세상의 중심에 있는 산이자 인간에게 정복된 적이 없는 산이라고 한다. 힌두교에서는 시바신이 거주하는 산이라고 한다.

▌수미좌(須彌座)

불교에서 나무나 돌 또는 금속으로 수미산의 형태를 본떠 만든 것으로 그 위에 불상을 안치하였다고 한다.

▌수평분력

어떤 물체에 작용하는 힘을 편의상 직교좌표계의 각 방향으로 작용하는 힘의 합으로 가정할 때 그중 수평축 방향의 힘을 일컫는다.

▌수학모델(mathematical model)

과학 분야에서 관찰할 수 있는 어떤 자연현상이나 공학 분야에서 관찰할 수 있는 어떤 시스템의 작동결과를 예측하기 위하여 만든 수학식을 일컫는다.

▌ 스미소니언 연구소(Smithsonian Institution)

영국의 과학자이자 부호 제임스 스미슨(James Smithson)의 기부를 받아 지식의 증진과 확산을 위하여 1846년 미국의 수도 워싱턴에 설립된 박물관 및 연구그룹으로, 미국 정부가 관장한다.

▌ 스톤헨지(Stonehenge)

기원전 2000~1500년에 세워진 것으로 추정되는 높이 4.1m, 폭 2.1m, 무게 25톤중 정도의 돌 수십 개로 구성된 거석군으로, 솔츠베리로부터 북쪽으로 13km 정도 떨어진 평원에 거대한 원을 그리며 서 있다. 이를 두고 해시계 또는 고대 계산기 등 여러 가지 설이 제기되지만, 첨성대와 마찬가지로 누가, 어떻게, 왜 만들었는지 확실하지 않다고 한다.

ㅇ

▌ 야사(野史)

민간에서 사사로이 기록한 역사를 일컫는다.

▌ 안정(安定, stability)

미끄러지거나 넘어지지 않고 일정한 상태를 유지하려는 경향을 일컫는다.

▌ 얼개

어떤 사물이나 조직의 전체를 이루는 짜임새나 구조

▌ 연한(年限)

정해지거나 지나간 햇수를 뜻하는 것으로, 매년 정해진 절기(節氣)를 뜻하기도 한다.

▌ 영조척(營造尺)

목수들이 건물이나 성곽 및 다리 등을 지을 때 사용하던 자를 일컫는다.

▌ 융·복합 학제(multidisciplinary)

여러 학문 분야가 함께 관여하여 만들어지는 새로운 학문적 관계를 일컫는 말이다.

▌ 이중곡률(double curvature)

하나의 곡선 안에 존재하는 알파벳의 'S'처럼 휘거나 굽혀진 방향이 2개인 곡률을 일컬으며 복곡률(複曲率)이라고도 한다. 여기서 곡률(curvature)은 곡선의 휘어진 정도를 나타내는 물리량으로 수학적으로는 곡선의 함수를 거듭 미분하여 얻을 수 있다.

▌ 입면도(elevation)

건물의 앞뒤 면과 양 옆면을 그린 그림을 일컫는다.

ㅈ

■ **자남**(磁南)

지구 자기장이 가리키는 남쪽 방향을 일컬으며, 시간이 지남에 따라 변화한다고 한다.

■ **잡석**(雜石)

다듬어지지 않은 여러 크기와 다양한 형태의 돌무리를 일컫는다.

■ **전개도**(development)

입체의 표면을 2차원으로 펼쳐 그린 그림을 일컫는다.

■ **정사**(正史)

정확한 사실에 기반한 역사 또는 정부에서 공식적으로 기록한 역사를 일컫는다.

■ **정지공사**(整地工事)

지반을 단단하게 다져서 안정되게 하는 작업을 일컫는다.

■ **조적조**(組積造 masonry)

벽돌, 블록, 돌과 같이 일정한 규격의 자재를 쌓아 건축구조물을 건립하는 구조형식을 일컫는다.

■ 『**주비산경**(周髀算經)』

수리천문학을 다룬 중국 수학의 고전으로 기원전 4세기경 전국시대 이전에 저술된 것으로 알려져 있으며, 피타고라스 정리 외에도 분수의 곱셈, 나눗셈, 통분 및 제곱근 등에 대한 설명을 담고 있다고 한다.

■ **주비**(周髀)**의 법**(法)

개천설(蓋天說)이라고도 하는데 중국 고대 우주관이자 천동설의 하나로 '하늘은 둥글고 땅은 네모'라는 천원지방설(天圓地方說)을 일컫는다. 하늘은 북극을 중심으로 회전하고 태양은 계절에 따라 다른 반경을 가지고 원운동한다고 한다.

■ **줄눈**

돌이나 벽돌 등의 재료를 사용하여 지은 구조물에서 돌과 돌 또는 벽돌과 벽돌 사이의 면을 따라 구조물의 표면에 만들어진 선을 일컫는다.

■ **지반**(地盤, ground)

건축물의 기초 아래 놓여 건축물을 지탱하도록 다져진 흙을 일컫는다. 무거운 돌로 지어진 첨성대의 무게를 견디도록 하려면 일정한 깊이로 흙을 파낸 후 잡석, 자갈, 모래 등을 섞어 상당한 두께로 지반이 단단하게 다져졌을 것으로 보인다.

■ **지점**(至點)

하지점과 동지점을 통틀어 이르는 말이다.

■ **직교좌표계**(Cartesian Coordinate System)

2차원의 경우 서로 직교하는 임의의 X-축과 Y-축으로 정의되고 두 축은 평면을 이루며 두 축이 만나는 점이 원점이 된다. (X, Y) 값을 가진 임의의 점의 평면상 위치를 나타낸다. 3차원의 경우 서로 직교하는 임의의 X-축, Y-축, Z-축으로 정의되며, 서로 직교하는 XY 평면, XZ 평면, YZ 평면으로 이루어진 공간으로 세 축이 만나는 점이 원점이 된다. (X, Y, Z) 값을 가진 임의의 점의 공간상 위치를 나타낸다.

▌ 진남(眞南)
지구 표면상 남북극을 잇는 가상의 선인 자오선(meridian)상에서 남극을 향하는 방향을 일컫는다.

▌ 진동대(shaking table)
구조물의 지진에 의한 동적 특성을 파악하기 위하여 만들어놓은 크고 견고한 지지대이다. 지진의 발생을 흉내 내어 진동대가 변위, 속도, 가속도의 물리량을 갖도록 흔든 후 그 위에 설치된 건축물 모형의 반응을 관찰하고 분석하여 설계에 적용한다.

ㅊ

▌ 척관법(尺貫法)
길이의 단위를 척(尺), 부피의 단위를 승(가), 무게의 단위를 관(貫)으로 하는 옛 도량형법을 일컫는다.

▌ 천원지방설(天圓地方說)
'하늘은 둥글고 땅은 네모나다'는 사상으로 고대 중국의 우주론이라고 할 수 있다.

▌ 첨성대 논란
일반적으로 한국과학사학회가 주관하여 1973년, 1979년, 1981년에 열린 세 차례의 토론회를 거치며 일어났던 논쟁을 일컫는다. 수학, 건축학, 천문학, 물리학, 과학사, 동양사학 등 다양한 전공 배경을 지닌 사람들이 참석한 토론회의 주요 쟁점은 첨성대의 기능, 즉 첨성대가 왜 건립되었고 어떤 용도로 사용되었는지에 있었다.

▌ 치병(齒餠)
떡을 깨물어 이[齒]가 많은 사람을 신라 3대왕으로 정했다는 『삼국사기』에 소개된 이야기이다.

▌ 칠형도(七衡圖)
우주의 구조와 크기를 설명하는 7개의 원으로, 북극성을 중앙에 두고 바깥 원이 동지의 궤도, 내부의 원이 하지의 궤도, 그 중간의 원이 춘·추분의 궤도를 나타낸다.

▌ 침하(settlement)
건물의 무게로 말미암아 지반이 아래로 가라앉는 상태를 일컫는다.

▌**코사인**(cosine) **또는 사인**(sine)

직각삼각형에서 빗변의 길이에 대한 높이의 비 또는 밑변의 길이의 비를 일컫는다. 즉 직각삼각형의 빗변과 밑변이 이루는 각도가 θ라면

$$\cos \theta = \frac{\text{밑변의 길이}}{\text{빗변의 길이}} \quad , \quad \sin \theta = \frac{\text{높이}}{\text{빗변의 길이}}$$

▌**코사인 곡선**(cosine curve)

X-축을 각도로 하고, Y-축을 그에 대한 코사인 값으로 하여 직교좌표계에 그린 그래프를 일컫는다.

▌**코사인 곡선의 반주기**(half-cycle of cosine curve)

X-축을 각도로 하고, Y-축을 그에 대한 코사인(cpsine) 값으로 하여 직교좌표계에 나타낸 반주기(180° 또는 π radian) 만큼의 그래프를 일컫는다.

▌**태양의 경사각**(declination angle of the sun)

태양과 지구의 중심을 잇는 선과 지구의 적도면이 이루는 각도이다. 지구의 공전과 기울어진 지축으로 인하여 계절별로 ±23.45° 사이에서 변화한다.

▌**트레이싱**(tracing)

기존의 도면 위에 반투명한 건축도면 용지를 덮어대고 그 밑으로 보이는 선을 따라 그려 도면을 재생하는 과정을 일컫는다.

▌**트레이싱지**(tracing paper)

기존의 도면 위에 덮어대고 그 밑으로 보이는 선을 따라 그릴 수 있도록 만들어진 반투명한 건축도면 용지를 일컫는다.

▌**파선**(dashed line)

짧은 선들을 일정한 간격으로 벌려놓아 만든 선(-----)을 일컫는다.

▌**편심거리**(偏心, eccentricity)

일반적으로 어떤 원의 중심과 인접한 다른 원의 중심 간 거리를 뜻하는데, 여기서는 원통형몸통 한 단의 중심과 다른 단의 중심 간 거리를 뜻한다.

▌**평면도**(plan)

시점을 무한대의 거리에 두고 바닥으로부터 사람의 허리 높이 정도에서 끊어 아래를 보며 그린 그림을 일컫는다.

▌포백척(布帛尺)

바느질을 하거나 가죽옷감을 재는 데 사용하는 자를 일컫는다.

▌피타고라스 정리

직각삼각형에서 밑변의 제곱과 높이의 제곱의 합은 빗변의 제곱과 같다는 정리이다.

ㅎ

▌현도(弦圖)

피타고라스 정리를 증명하는 중국식 버전으로 알려져 있다.

▌혼천의(渾天儀)

중국 고대 우주관이자 천동설의 하나인 혼천설(渾天說)에 기반한 천체의 모형으로 기원전 2세기경에 만들어졌는데 천체의 움직임을 나타내는 여러 개의 둥근 테가 설치되어 있다. 삼국시대를 거쳐 고려시대까지는 중국의 것을 수입하여 사용했지만, 세종 때 장영실이 우리 하늘에 맞는 혼천의를 만들었다고 한다.

▌화룡점정(畫龍點睛)

용의 그림에 마지막으로 눈동자를 그려 넣어 그림을 완성한다는 고사성어로, 가장 중요한 부분을 마침으로 어떤 일을 완성한다는 뜻이다.

▌황도(黃道)

태양이 1년 동안 지나는 하늘의 길로 지구의 공전궤도를 통하여 관찰된다. 황도경사는 황도와 적도가 이루는 각도로 황도면에서 지축의 기울어진 각도이다. 이로 인하여 계절에 따른 태양 고도의 차이가 발생한다.

▌황도곡선(黃道曲線)

태양이 1년 동안 지나는 하늘의 길을 계절에 따라 변화하는 태양의 남중고도로 나타낸 곡선을 일컫는다.

▌황혼(twilight)

해가 뜨기 전이나 해가 진 후 얼마 동안 주위가 희미하게 밝은 상태를 일컫는다.

▌회전곡면모선(廻轉曲面母線)

어느 한 축을 중심으로 회전시켜 얻게 되는 3차원 곡면형태의 기본이 되는 직선이나 곡선을 일컫는다.

참고문헌

아래의 참고문헌 목록은 인용 순서에 따라 각 장 말미에 정리된 것을 장을 구분하지 않고 한데 모아놓은 것이다. 정리 순서는 먼저 저자가 분명하지 않은 자료를 나열하고, 다음으로 가나다순으로, 다음으로 영문 알파벳순을 연대순으로 하였다. 저자가 없는 자료의 경우에는 제목의 가나다 및 알파벳순으로 정리하였다.

▮『조선고적도보(朝鮮古蹟圖譜)』 3. 1916. 조선총독부.
http://portal.nrich.go.kr/kor/filePopUpImage.do?relmenucd=616&relkey=3&file
TypeCd=364&popType=P&file_idx=199125&rowType=Y&st=1&sk=첨성대#link

▮「첨성대 실측」. 1963. 자료기사. 《미술사학연구》(구《고고미술》). 한국미술사학회, p.395.

▮"Korean Meteorology — Old and New." *News, Nature*, 85(2150), 12 January (1911). pp.341~342.
https://www.nature.com/articles/085341a0

▮김봉규. 2011. 「신라의 천문관측 기록과 첨성대의 역할」, 《한국천문학회보》, 36(1), pp.24~24.

▮ 김부식, 1145. 『삼국사기』, 한국사데이터베이스. 국사편찬위원회.
http://db.history.go.kr/item/level.do?itemId=sg

▮ 김용운·김용국. 1996. 『중국수학사』. 민음사, pp.489.

▮ 김장훈, 2008년 10월 30일 문화재 연구소 김덕문의 입회하에 첨성대 내부에 직접 들어
가 실측함.

▮ 김장훈·박상훈. 2009. 「첨성대 건립에 대한 시공방법론 — 첨성대의 얼개를 통한 논
증」. 《문화재》, 42(2). 국립문화재연구소, pp.40~61.
http://www.nrich.go.kr/kor/subscriptionDataUsrView.do?menuIdx=1106&idx=86
&gubun=J

▮ 남천우. 1987. 「첨성대 이설의 원인 — 이용범씨의 첨성대존의 재론을 보고」. 《한국과
학사학회지》, 9(1), pp.95~108.

▮ 레이코프, 조지(George Lakoff). 2009. 『코끼리는 생각하지 마 — 미국의 진보 세력은
왜 선거에서 패배하는가』, 유나영 옮김. 삼인, pp.236.

▮ 문중양. 2006. 『우리역사 과학기행』. 동아시아, pp.19~36.

▮ 문화재관리국 문화재연구소. 1985. 「황남대총 북분발굴조사보고서」. pp.31~37.

▮ 문화재청. 경주 재매정, 문화재검색, 문화유산정보.
http://www.heritage.go.kr/heri/cul/imgHeritage.do?ccimId=1627864&ccbaKdcd=
13&ccbaAsno=02460000&ccbaCtcd=37

▮ 박창범. 2002. 『하늘에 새긴 우리 역사: 천문기록에 담긴 한국사의 수수께끼』. 김영사,
pp.252.

▮ 손호웅·이성민. 2003. 「석조구조물의 효율적 유지관리를 위한 지질공학적 및 구조동
역학적 특성연구」. 《지구물리》, 6(4), pp.277~294.

▮ 송민구. 1981. 「경주 첨성대 실측 및 복원도에 의한 비례분석」. 《한국과학사학회지》,
3(1), pp.52~75.

▮ 송민구. 1987. 『한국의 옛 조형의미』. 기문당, pp.232.

▮ 안정복, 1783. 『동사강목』, 한국고전종합DB. 한국고전번역원, .
http://db.itkc.or.kr/dir/item?itemId=BT#/dir/node?dataId=ITKC_BT_1366A_0110_0
00_0310

▮ 와다 유지(和田雄治). 1910. 「경주첨성대의 설(慶州瞻星臺ノ說)」. 『한국관측소학술보문
(韓國觀測所學術報文, Scientific Memoirs of The Korean Meteorological Observatory)』,

제1권(Vol. 1). 농상공부 관측소(農商工部 觀測所), pp.32~38.
http://www.nl.go.kr/nl/search/search.jsp?img=n&hanja=&sort=&desc=desc&all=o
n&topF1=title_author&kwd=%ED%95%9C%EA%B5%AD%EA%B4%80%EC%B8%A1
%EC%86%8C%ED%95%99%EC%88%A0%EB%B3%B4%EB%AC%B8&x=17&y=23 (뷰
어프로그램 설치 후 열람 가능)

▮ 유복모 · 장상규 · 김원대. 1995. 「첨성대의 기능 및 현황에 대한 고찰」, 『대한토목학회
학술발표회 논문집』, pp.42~45.

▮ 유홍준. 1993. 『나의 문화유산답사기』, 1권. 창작과비평사, pp.349.

▮ 이동우. 1986. 「경주첨성대의 형태와 구조 ─ 왜 첨성대는 오늘날까지 그 형태를 유지
해 왔는가?」. 《건설기술 연구속보》, 4(10). 한국건설기술연구원, pp.4~18.

▮ 이동우. 1998. 「경주 첨성대의 축조에 관한 구조공학적 고찰」. 《한국전통과학기술학회
지》, 4(1), pp.59~86.

▮ 이동우. 2008. 『경주첨성대 실측도 및 복원도』, 표지 포함 도면 17매.

▮ 이문규. 2004. 「첨성대를 어떻게 볼 것인가 ─ 첨성대 해석의 역사와 신라시대의 천문
관」. 《한국과학사학회지》, 26(1), pp.3~28.

▮ 이용범. 1973. 「첨성대존의(瞻星臺存疑)」, 《진단학보》(38), 12. 진단학회, pp.26~48.
http://www.dbpia.co.kr/Article/NODE02076490 (회원 가입 후 열람 가능)

▮ 이행 외. 1530. 『신증동국여지승람』 원문, 규장각. 한국연구원.
http://kyujanggak.snu.ac.kr/home/index.do?idx=06&siteCd=KYU&topMenuId=206
&targetId=379

▮ 이행 외. 1530. 『신증동국여지승람』, 한국고전종합DB. 한국고전번역원.
http://db.itkc.or.kr/dir/item?itemId=BT#dir/node?grpId=&itemId=BT&gubun=boo
k&depth=5&cate1=G&cate2=&dataGubun=최종정보&dataId=ITKC_BT_1299A_0220_
010_0020

▮ 일연. 1281. 『삼국유사』, 한국사데이터베이스. 국사편찬위원회.
http://db.history.go.kr/item/level.do?sort=levelId&dir=ASC&start=1&limit=20&page=1
&pre_page=1&setId=-1&prevPage=0&prevLimit=&itemId=sy&types=r&synonym=off&
chinessChar=on&brokerPagingInfo=&levelId=sy_001r_0020_0330_0010&position=-1

▮ 전상운. 1994. 『한국과학기술사』. 정음사, pp.392.

▮ 정인지 외. 1454. 『세종실록지리지』, 조선왕조실록. 국사편찬위원회.

http://sillok.history.go.kr/id/kda_40006001

▌ 조선총독부관측소. 1917. 「6. 경주첨성대의 설(慶州瞻星臺ノ說)」, 『조선고대관측기록
조사보고(朝鮮古代觀測記錄調査報告)』, pp.144~151.
http://www.nl.go.kr/nl/search/search.jsp?img=n&hanja=&sort=&desc=desc&all=o
n&topF1=title&kwd=%EC%A1%B0%EC%84%A0%EA%B3%A0%EB%8C%80%EA%B4
%80%EC%B8%A1%EA%B8%B0%EB%A1%9D%EC%A1%B0%EC%82%AC%EB%B3%B
4%EA%B3%A0&x=28&y=16 (뷰어프로그램 설치 후 열람 가능)

▌ 조용욱. 1999. 「한국수학교육의 역사적 고찰」. 《교육과학연구》, 교육과학연구소,
1999(4). 신라대학교, pp.219~232.

▌ 조위. 1883. 『매계집』, 이동재 역. 평사리, 2009. pp.602.

▌ 조위. 『매계집』 원문, 한국문집총간, KRpia.
http://www.krpia.co.kr/viewer/open?plctId=PLCT00005160&nodeId=NODE05248697

▌ 한국미술사학회. 1963. 「첨성대 실측」, 자료기사. 《미술사학연구》(구《고고미술》),
p.395.

▌ 한국천문연구원(KAI), 2011. 「첨성대는 천문대였다 — 천문(연) 7일 한국천문학회에서
발표」, 4월 7일 보도자료.
https://www.kasi.re.kr/kor/publication/post/newsMaterial/2424

▌ 홍사준. 1965. 「경주 첨성대 실측조서」, 《미술사학연구》(구《고고미술》). 한국미술사
학회, pp.63~65.

▌ Atkinson, Richard J. C. 1966. "Decoder misled?" Book Reviews, *Nature* 210(5043),
June, p.1302.
https://www.nature.com/nature/volumes/210/issues/5043

▌ Brock, Thomas D. 1981. "Calculating solar radiation for ecological studies."
Ecological Modeling, Elsevier, 14, pp.1~19.
https://www.sciencedirect.com/science/article/pii/0304380081900119

▌ Duffett-Smith, Peter, and Jonathan Zwart. 2011. *Practical Astronomy*, fourth edition.
New York: Cambridge Univ. Press, pp.216.

▌ Forsythe, William C., Edward J. Rykiel Jr., Randal S. Stahl, Hsin-I, Wu and Robert
M. Schoolfield. 1995. "A model comparison for daylength as a function of latitude
and day of year." *Ecological Modeling*, Elsevier, 80, pp.87~95.

https://www.sciencedirect.com/journal/ecological-modelling/vol/80/issue/1

▌ Harrison, Lucia C. 1960. *Sun, Earth, Time and Man*. Chicago: Rand McNally & Co., pp.287.

▌ Hawkins, Gerald S. 1963. "Stonehenge decoded." *Nature* 200(4904), Oct., pp. 306~308.
https://www.nature.com/nature/volumes/200/issues/4904 (비용 요구)

▌ Hawkins, Gerald S. 1964. "Stonehenge: a neolithic computer." *Nature* 202(4939), June, pp.1258~1261.
https://www.nature.com/nature/volumes/202/issues/4939 (비용 요구)

▌ Hoyle, Fred. 1966. "Stonehenge — an eclipse predictor." News, *Nature* 211, pp.454~456.
https://www.nature.com/nature/volumes/211/issues/5048

▌ Isler, Martin. 2001. *Sticks, Stones and Shadows: Building the Egyptian Pyramids*. Univ. of Oklahoma Press, pp.352.

▌ Kim, Jang Hoon and Klaus Hentschel. 2016. "Day length Variation Symbolically Built into a Fourteen Hundred Year-Old Stone Masonry Tower." *ChiMoKoJa — Histories of China, Mongolia, Korea and Japan*, 2, pp.5~22.
https://www.amazon.com/ChiMoKoJa-Vol-Histories-China-Mongolia/dp/1537122800

▌ Kim, Jang Hoon and Park, Sang Hun. 2009. "Mathematical Interpretation of a Thirteen Hundred Year Old Stone Masonry Observatory." *NEXUS Network Journal*, 11(1), pp.23~34.
http://link.springer.com/chapter/10.1007%2F978-3-7643-8974-1_3

▌ Kim, Yong-Woon. 1974. "Structure of Ch'ŏmsŏngdae in the Light of the Choupei Suanchin." *Korea Journal*, 14(9), Sept., pp.4~11.
http://www.ekoreajournal.net/issue/view_pop.htm?Idx=1141

▌ Marvin, Charles. F., Herbert H. Kimball and Arnold Guyot. 1918. *Smithsonian Meteorological Tables*, Smithsonian Institution, Washington, rev. ed. 4, 69(1), lxv~lxvii(pp.65~67).
https://archive.org/details/smithsonianmete00guyogoog

▌ Needham, Joseph with the collaboration of Wang Ling. 1959. Science and Civilization in China, vol. 3 — *Mathematics and The Science of The Heaven and The Earth*, pp.297~298.

https://archive.org/stream/ScienceAndCivilisationInChina/Needham_Joseph_Scienc
e_and_Civilisation_in_China_Vol_3_Mathematics_and_the_Sciences_of_the_Heaven
s_and_the_Earth#page/n351/mode/2up

▎ Newham, C. A. 1966. "Stonehenge — a neolithic observatory." News, *Nature* 211,
pp.456~458.
https://www.nature.com/nature/volumes/211/issues/5048

▎ Ritchie, Joe T. 1991. "Wheat phasic development." *Modeling Plant and Soil Systems*,
J. Hanks, J. T. Ritchie(Eds.). Agronomy Monograph, 31, pp.31~54.
https://dl.sciencesocieties.org/publications/books/tocs/agronomymonogra/modeli
ngplantan

▎ Rufus, W. Carl. 1936. "Astronomy in Korea." *Transactions of The Korea Branch of
The Royal Asiatic Society*, vol. 26, pp.1~48.
http://www.raskb.com/content/full-texts-volume

▎ Running, Steven W., and Joseph C. Coughlan. 1988. "A general model of forest
ecosystem processes for regional applications. I. Hydrologic balance, canopy gas
exchange and primary production processes." *Ecological Modeling*, Elsevier, 42(2),
pp.125~154.
http://citeseerx.ist.psu.edu/viewdoc/download?doi=10.1.1.554.2161&rep=rep1&ty
pe=pdf

▎ Running, Steven W., Ramakrishna R. Nemani, and Roger D. Hungerford, 1987.
"Extrapolation of synoptic meteorological data in mountainous terrain and its use
for simulating forest evapotranspiration and photosynthesis." *Canadian Journal of
Forest Research*, 17(6), pp.472~483.
https://www.nrcresearchpress.com/toc/cjfr/17/6

▎ Song, Sang-Yong. 1983. "A Brief History of Study of the Ch'ŏmsŏng-dae in
Kyŏngju." *Korea Journal,* August, pp.16~21.

▎ Sullivan, Louis H. 1896. "The Tall Office Building Artistically Considered."
Lippincott's Magazine, March, pp.403~409.
https://archive.org/details/tallofficebuildi00sull

▎ Tompkins, Peter. 1971. *Secrets of the Great Pyramid.* New York: Harper Colophon
Books, pp.416.

첨성대의 건축학적 수수께끼

ⓒ 김장훈, 2019. Printed in Seoul, Korea

초판 1쇄 찍은날 2019년 7월 29일
초판 1쇄 펴낸날 2019년 8월 7일

지은이	김장훈
펴낸이	한성봉
편집	안상준 · 하명성 · 이동현 · 조유나 · 박민지 · 최창문 · 김학제
디자인	전혜진 · 김현중
마케팅	이한주 · 박신용 · 강은혜
경영지원	국지연 · 지성실
펴낸곳	도서출판 동아시아
등록	1998년 3월 5일 제1998-000243호
주소	서울시 중구 소파로 131 [남산동3가 34-5]
페이스북	www.facebook.com/dongasiabooks
전자우편	dongasiabook@naver.com
블로그	blog.naver.com/dongasiabook
인스타그램	www.instagram.com/dongasiabook
전화	02) 757-9724, 5
팩스	02) 757-9726

ISBN	978-89-6262-295-9 03910

이 도서의 국립중앙도서관 출판예정도서목록(CIP)은
서지정보유통지원시스템 홈페이지(http://seoji.nl.go.kr)와
국가자료종합목록 구축시스템(http://kolis-net.nl.go.kr)에서
이용하실 수 있습니다. (CIP제어번호 : CIP2019029243)

만든 사람들

편집	김경아
본문조판	김경아
표지디자인	김경주